인성과 리더십

| 4차 산업혁명시대 스워라밸 |

구자억 유흥위 유연웅 안수진 최선애 공저

양서원

머 리 말

동서고금을 막론하고 리더에 의해 집단, 조직 및 국가가 유지되고 발전하여 왔다. 특히 무한경쟁 사회에서 성공과 성취 지향적인 현대인들에게 리더십의 중요성은 더욱 강조되고 있다. 리더십하면 연상되는 것은 나폴레옹, 칭기즈 칸, 이순신 등의 군사적 영웅이나 위기에 처한 국가에 비전을 제시하고 이끌었던 처칠, 링컨, 간디와 같은 국가적 지도자들이다. 산업혁명시대 이후의 리더십은 철강 왕 카네기를 비롯한 세계 일류 기업의 CEO들의 조직관리 및 처세술 등으로 표현된다. 최근에는 혁신지향 리더십, 인본주의 리더십을 비롯하여 글로벌, 블루오션, 챌린지 리더십과 같은 신조류 리더십이 각광을 받게 되었다.

우리는 현재 4차 산업혁명시대에 진입한 사회에 살고 있다. 인공지능을 기반으로 한 4차 산업혁명시대에는 기존의 3차에 걸친 산업혁명과는 전혀 다르게 인간과 AI가 공존과 경쟁을 하는 초연결 사회로 변화될 것으로 예상하고 있다. 따라서 인간과 인공지능 기계가 함께 공존하는 사회에서 인간이 존엄성을 유지하면서 삶을 더 유용하고 풍요롭게 할 수 있는 새로운 리더십이 요구될 것으로 예상된다. 4차 산업혁명 이전까지는 지식을 기반으로 한 중요성이 강조되었지만 4차 산업혁명 시대에는 지식의 중요성이 상대적으로 미미해지고 있다. 새로운 지식은 금세 낡은 지식이 되고 얼마나 많이 아느냐보다 어떤 것을 선택하는지가 더 중요한 가치 중심 사회로 변화하고 있다. 앞으로 도래할 미래는 인터넷을 기반으로 한 모든 사물들이 연결된 초연결 사회로서 사람과 사물, 사물과 사물 간 정보가 상호 소통하는 시대로 변화하며 그 변화의 속도와 폭은 우리의 상상을 뛰어넘을 것으로 예상되고 있다. 따라서 4차 산업혁명시대의 리더는 많은 지식을 쌓아 상대보다 더 많은 것을 아는 사람이 아닌 통찰, 직관, 비전, 창의, 책임감을 바탕으로 관계를 중시하는 소통형으로 조직을 관리해 나가야 할 것이다. 특히, 4차 산업혁명시대 주역이 될 청년기 대학생들은 자신 스스로가 가치 중심이 되어 모든 사람과 사회를 조화롭게 상생시킬 수 있는 능력의 리더십을 키워나가야 할 것이다. 따라서 시대의 발전에 걸맞게 모든 것이 변화하는 4차 산업혁명시대에 청년기 대학생들에게 필요한 리더십의 이론과 실천에 대한 이해와 활용이 필요하게 되었다.

본 교재의 특징으로서는 첫째, 4차 산업시대의 인간으로서 가장 중요한 덕목인 인성을 기반으로 한 리더십에 대한 이해를 기반으로 하고 있으며, 둘째, 경쟁 중심의 사회에서 청년기에 잃어버리기 쉬운 바른 자아를 찾고 확립하여 건강한 사회인으로서 독립적인 인격체를 확립하도록 하였다. 이를 통해 대학생으로서 가장 중요한 학습, 사회인으로서 일, 그리고 가정에서의 가족의 일원으로서 자신의 소중함과 중요성을 인식할 수 있도록 하였다. 이를 통해 시간, 장소, 상황에 따라 자신에게 주어진 다양한 역할을 훌륭하게 수행해 나가는 일 · 가정 · 학습의 병행을 통한 리더십인 스워라밸 리더십(study-work & life balance leadership)에 대한 학습과 실습을 병행하도록 구성하였다.

본 교재는 총 3개 Part, 12개 Chapter로 구성하여 4차 산업혁명시대 인성을 기반으로 대학생들이 학습과 일 그리고 가정생활에 시간과 노력의 균형을 유지하고, 자신의 삶을 관조하는 생활화 리더십을 체득해 나가도록 하였다.

Part 1 4차 산업혁명과 리더십 이해에서는

총 3개 Chapter로 구성하여 4차 산업혁명과 리더십에 대한 이해와 인성을 기반으로 한 리더십 및 리더십 이론의 변천과정에 대하여 살펴본다.

Part 2 대학생활과 개인 · 집단 · 조직에서는

총 4개 Chapter로 구성하여 개인 · 집단 · 조직의 이해, 인간관계와 사회적 문제해결, 대학생과 스워라밸(study-work & life balance) 및 대학생(청년기) 특성과 리더십 개발에 대하여 살펴본다.

Part 3 리더십 연습하기에서는

총 5개 Chapter로 구성하여 나는 누구인가를 살펴보는 자기이해, 리더가 되기 위한 전초전, 비전 공유와 개발, 팀워크 구축하기, 난관 극복하기, 리더가 되기 위한 로드맵 구상 및 실습을 하도록 하였다.

5명의 집필진들은 오랜 기간 대학에서의 리더십 강의경험을 바탕으로 급속히 변화하는 시대에 대학생들이 리더가 되는 데 부족한 부분을 체득하기 적합한 교재 발간의 필요성에 대한 공감대가 형성되어 함께 본서를 집필하게 되었다. 본 교재는 장차 사회의 각 분야에서 리더로서 역할을 하게 될 대학생들을 대상으로 리더십을 생활화 실천이 가능하고 체득화해 나가도록 이론과 실습의 균형을 맞추어 구성하였다. 교재 발간까지는 대학 강의실에서 리더십의 실제에 목말라했던 대학생들, 각 분야에서 만난 리더십 연구자 및 전문가들과의 교류가 큰 힘이 되었다. 특히 서경대학교 인성교양대학 리더십 담당교수님들과 한국학교컨설팅연구소 연구위원님들의 적극적인 관심과 참여 덕분에 교재를 완성할 수 있게 되어 모두에게 감사의 말씀을 드린다.

끝으로 원고를 출판할 수 있도록 배려해 주신 양서원 출판그룹 박철용 회장님과 관계직원 여러분들의 세심하고 배려 깊은 관심과 수고에 감사를 표하며, 본 교재를 통하여 청년기 대학생들은 자신이 속한 조직과 커뮤니티에서 리더십을 발휘하면서 글로벌 리더로 성장해 나가는 데 도움이 되기를 기대해 본다.

2019년 2월
저자일동

차 례

Part 1 4차 산업혁명과 리더십 이해

Chapter 01 4차 산업혁명과 리더십

Chapter 02 리더십과 인성

Part 3 리더십 연습하기

Chapter 08 리더되기 전초전

Chapter 09 비전 공유와 개발

Chapter 10 팀워크 구축하기

Part 1

4차 산업혁명과 리더십 이해

4차 산업혁명과 리더십

Chapter 01

1. 시대 변화 과정과 4차 산업혁명의 이해
2. 시대변화와 리더십

학습 목표

1. 산업혁명과 시대 변화를 이해할 수 있다.
2. 4차 산업혁명과 리더십의 필요성을 이해할 수 있다.
3. 4차 산업혁명시대에 요구되는 인재상을 이해할 수 있다.

주요 내용

1. 시대 변화와 4차 산업혁명의 이해
2. 시대별 리더십의 변화 이해
3. 4차 산업혁명시대에 요구되는 인재

인성과 리더십

4차 산업혁명시대 스워라밸

study-work & life balance leadership

01

4차 산업혁명과 리더십

1 시대 변화 과정과 4차 산업혁명의 이해

2016년 초 스위스 다보스포럼에서 제기된 4차 산업혁명은 전 세계적으로 엄청난 영향을 미치고 있다. 2016년에 인공지능 로봇 알파고(AlphaGo)가 이세돌 9단과 세기의 대결에서 승리하고, 인공지능의 다양한 기술이 대중에 선보여지면서 4차 산업혁명시대가 성큼 우리 곁에 다가와 있음을 부인할 수 없게 되었다. 지난 3차에 걸친 산업혁명에서 대부분의 인간은 사전에 산업혁명에 관련된 그 어떠한 준비나 계획도 없이 맞이하였다. 또한 산업혁명에 대한 불안감과 함께 기대를 하면서 시대의 변화에 적응하여 왔다. 지나온 역사가 증명하듯이 변화하는 시대에 적응한 개인과 조직 및 국가는 성장하고 발전하였으며, 적응하지 못한 개인과 조직 및 국가는 빈곤, 도태 및 후진국으로 퇴보하였다. 여러 분야의 전문가들은 새로운 산업혁명시대에 생겨나고, 사라지는 직업은 무엇이며 나아가 청소년들은 우리가 알지 못하는 직업에 종사할 가능성이 많다는 등의 여러 가지 전망을 하고 있다. 따라서 급속하게 진행되는 4차 산업혁명은 개인에게는 생애주기에 따라 어떤 직업을 선택하고 어떻게 적응하면서 살아가야 하는가 고민하게 한다.

1) 변화하는 시대의 이해

4차에 걸친 산업혁명을 통하여 인간의 육체적인 노동은 점점 줄어들게 되었고 정신노동이 발달하였다. 인공지능을 기반으로 하는 4차 산업혁명시대에는 정신노동의 47%가 사라지게 될 것이라는 전망과 함께 어떻게 대처할 것인가에 대하여 글로벌 기업들은 지속적으로 고민하고 대비하고 있다. 선진 기업들이 사업을 이끌어나가는 방식과 방향성, 그리고 계획하고 있는 미래 전략과 비전을 살펴보면 개인도 새로운 시대를 대비하여 어떻게 준비해 나가야 할지에 대한 답을 찾을 수 있을 것이다. 그러나 4차 산업혁명시대를 준비하는 기업들의 미래 먹거리는 신기술이 아니고 혁명적인 것이 아니다. 단지, 기존에 있는 이론과 기술들을 활용한 융·복합화를 통한 새로운 사업의 퍼즐을 완성하는 것이라 할 수 있다. 우리는 4차 산업혁명을 앞에 두고 있으면서 새로운 기술이나 혁명이 일어날 것이라는 기대를 하고, 또 그런 일들만이 성공적인 사업이 될 것이라는 생각을 하지만 기존의 사업을 어떻게 운영할지 다시 생각하는 것이 진정한 혁신이라는 것이다. 따라서 미래의 새로운 진로와 직업을 찾는 젊은이들은 미래는 조각을 찾아 개인의 적성에 맞는 퍼즐을 완성하는 것이라는 단순하지만 중요한 원리를 이해할 필요가 있다.

4차 산업혁명시대를 맞이하면서 기계와 로봇이 인간을 대체하며, 인공지능이 발전함에 따라 인간은 일자리와 일거리를 잃는다고 불안해하고 있다. 그러나 지난 시대의 변화과정을 돌아보면, 기계화와 자동화가 진행되면서 기존의 일자리가 없어진다고 두려워했지만, 생산의 자동화가 이루어지고, 기술의 발전으로 사람들은 기계가 하는 일과는 다른 더 가치 있는 일을 하게 되었다는 것이다.

표 1-1 산업혁명의 이해

1차 산업혁명	2차 산업혁명	3차 산업혁명	4차 산업혁명

18세기	19세기~20세기 초	20세기 후반	2015년~
증기기관 기반의 기계화 혁명	전기에너지 기반의 대량생산혁명	컴퓨터와 인터넷 지식 정보혁명	IOT, CPS 인공지능 기반의 만물 초지능 혁명
증기기관을 활용하여 영국의 섬유공업이 거대 산업화	공장에 전력이 공급 컨베이어벨트를 사용 대량 생산과 보급	인터넷과 스마트 혁명으로 미국 주도의 글로벌 IT 기업 부상	사람, 사물, 공간을 초연결, 초지능화하여 산업구조사회 시스템 혁신
증기와 전기를 통한 1차 기계혁명		정보와 인공을 통한 2차 기계혁명	

표 1-2 4차 산업혁명의 특징

3차 산업혁명 이전	구 분	4차 산업혁명
대량화, 첨단화, 집단화, 지식화, 정보화	키워드	유연화, 자율화, 개별화, 전문화, 인간화
선형적, 점진적 방식	속 도	빠른 속도, 기하급수적 방식
개별적 기술 발전	범 위	포괄적 기술 발전과 변화
새로운 제품 개발	시스템 혁신	새로운 시스템으로 생활 소통 방식의 변화
기업 (생산자)	생산수단의 소유 (시장 지배력)	지식근로자 (소비자)

역사가 증명하듯이 개인이나 조직이 미래가 불안하다고 해서 현 상황에 안주한다면 더 나은 미래를 기대하기 어렵고 준비하기 힘들다. 따라서 우리가 아직 겪어보지 못한 무엇, 우리가 만들어내는 무엇을 위해 지식을 공유해 나가야 한다. 또한 더 많은 가치를 창출하고, 사회와 인간에게 가치 있는 미래를 만들어 가기 위한 삶이 필요한 것이다.

2) 직업의 변천

인류는 현대에 들어 모든 환경에서 미래를 예측하기 힘들 정도로 그 변화의 속도가 가속화되어 가고 있다. 직업의 세계에서도 마찬가지로 변화가 급속하게 진전되어 수많은 직업이 생성 · 소멸 · 성장 · 쇠퇴를 거듭하고 있다. 미국에서는 직업사전이 간행되고 있는 매 10년마다 약 1/4의 직업이 바뀌는 것으로 나타났다.

산업혁명 이후, 특히 21세기는 산업사회에서 지식기반사회로 급속하게 이행하고 있으며, 기술과 정보라는 지식을 활용하여 제품생산과 서비스를 제공하여 고부가가치를 창출하지 않으면 안 되는 직업 변화의 경향이 뚜렷하다. 직업의 변화는 산업구조의 변화와 그 맥을 같이 한다고 할 수 있다. 물론 생성된 모든 직업이 지속적인 성장을 하는 것은 아니어서 시대적 필요성과 괴리된 직업들은 자연스럽게 사라지기도 한다. 이처럼 직업의 생명력은 궁극적으로 여러 가지 변화에 얼마나 적응할 수 있느냐의 문제이다.

지난 반 세기 동안 우리나라 직업구조는 사회 변화의 흐름을 반영하여 급격한 변화를 겪었다. 최근으로 올수록 전문 · 기술직 · 행정 · 관리직, 그리고 판매직과 서비스직의 종사자 수는 지속적으로 증가하고 있다. 이는 21세기 한국사회가 '산업사회'에서 '지식기반사회'로 전환되고 있음을 보여 주는 하나의 징표로 이해할 수 있다.

해방 후 60여 년 동안 우리나라를 풍미했던 '유망' 직업에는 많은 변화가 있었다. 본격적인 산업화가 시작되면서 1950년대에 골목길을 누비던 굴뚝청소부들은 역사의 뒤안길로 사라져 버렸다. 1980~1990년대에는 도심 속을 활보하던 화이트칼라들의 전성시대였다. 정보통신과 문화 · 연예 · 스포츠산업이 융성했던 1990년대 후반은 전문 직종 종사자들의 선망이 되곤 했다. 최근에는 급격한 세계화와 정보화 사회로의 진입 추세 속에서 노동시장은 하루가 다르게 변화하고 있다. 직업은 사회적 흐름에 따라 생성 · 소멸되는 시대상을 반영하는 거울과도 같다. 해외는 물론, 국내에서도 산업발달과 시대별로 중점을 두고 있는 산업에 따라 새로운 직업이 탄생했고, 소멸되어 왔다. 시대에 따라 달라진 직업의 변천사를 통해 미래에 대학생들이 살게 될 산업 · 경제구조를 가늠해 볼 수 있을 것이다.

표 1-3 10년 단위 우리나라 직업의 변천

구 분	직 업
1950년대	• 굴뚝청소부 시대, 근대화를 위한 신문물 도입기 • 1차 산업 종사 인구비율 80%
1960년대	• 기능공 · 공장노동자 시대 · 경제도약기 • 1차 산업과 함께 경공업이 주력산업으로 자리매김
1970년대	• 건설노동자 · 은행원 시대 · 산업화 진전기 • 수출과 중화학공업이 중심산업으로 부상
1980년대	• 화이트칼라 · 유통업자 시대, 첨단산업 및 서비스업 태동기 • 삶의 질과 관련된 산업인 증권 · 보험업에 대한 관심
1990년대	• 전문직종 시대, 문화산업 발전기 • IT가 발달하면서 정보통신산업 · 금융전문산업 각광
2000년대	• 인간관리 · 복지전문가 시대, 인간중심의 발전기 • 인터넷분야 전문직, 실버산업, 환경산업 인기
2000년대 중반	• 4차 산업혁명기 • IOT, CPS, 인공지능 기반의 만물 초지능산업, 융복합산업

2 시대변화와 리더십

인간은 과거나 지금이나 사회적인 동물이다. 따라서 태어나면서부터 가정이라는 가장 기초적인 집단의 구성원이 되고, 학교, 지역사회, 국가의 일원으로 사회화 과정을 거치면서 살아가게 된다. 인간의 개인적 기능[1]으로서 행동은 본인이 소속되어 있는 환경 즉, 학교, 회사, 종교, 지역사회의 영향을 받게 된다. 이러한 조직 속에서의 인간은 공동의 목적 달성 기능, 집단 유지 기능을 지니게 된다.

일반적으로 인간행동은 사회환경과 다른 사람과의 상호작용으로 나타난다. 이러한 인간행동은 소속되어 있는 조직의 구성원으로 작용하게 되며, 조직 활동을 통하여 자아실현의 욕구를 충족하도록 노력한다. 사회적 상호작용은 개인과 개인, 조직과 개인, 조직과 조직 간 관계를 통하여 단합과 발전 또는 갈등과 퇴보를 하게 된다. 이러한 상호작용 과정을 통하여 개인은 리더십과 팔로워십을 체득하게 된다.

고대에서 산업화사회, 지식정보사회를 거쳐 4차 산업혁명사회로 발전하면서 리더십의 환경도 변화하였다. 조직은 수직적 조직에서 수평적 조직[2]으로, 권력의 원천은 지위와 명령에서 전문성으로 변화하였다. 또한 개인의 욕구가 다양해지고 개인의 개별적인 가치가 존중되는 사회로 급격하게 변화함으로써 조직 운영은 더욱 복잡해지고 있다. 사회의 변화에 따라 사회계층 구조가 민주화, 유연화해지고 리더는 신분이 아닌 역할로서 가능하게 되고, 조직의 분산화, 팀별화가 가속됨으로써 리더십은 필수적이 되었다. 따라서 현대사회에서 리더는 변화하는 환경과 조직원의 행동 특성 등의 다양한 변인을 분석하여 조직을 관리해야 한다.

1) 가치관 수립 및 향상, 구체적인 행동 규정, 가치관을 표현하는 행동방식 습득, 생활자세 확립 등
2) 민주화 및 전문화의 조직

1) 시대별 리더십

리더십은 전통적으로는 집단의 목표를 달성하기 위하여 리더(leader)가 팔로워(follower)의 동기를 부여시키기 위한 영향력을 행사하는 과정으로 볼 수 있으나 현대적인 개념으로는 리더와 팔로워 간에 영향을 미치고 동기를 부여하는 교환적 관계로 점차 변화해 왔다. 리더십의 변화는 지휘와 통솔을 통한 명령과 복종의 수직적 관계(top–down)에서 리더가 팔로워의 의견을 받아들여(buttom–up) 업무를 향상시키고 조직을 발전시키기 위한 멤버–릴레이션십(member relationship)으로 변화되어 가고 있다.

이러한 리더의 역할은 시대 흐름에 따라 통제자 → 관리자 → 리더 → 코치의 형태로 변화하고 있다. 따라서 바람직한 리더의 모습도 변화하여 왔으며 리더십의 개념도 정태적(static)인 개념이 아닌 동태적(dynamic)인 개념으로 이해해야 할 것이다. 시대의 변화에 따른 리더와 리더십은 다음과 같이 살펴볼 수 있다.

(1) 농경시대

농경시대에는 종족과 토지의 보호와 경계를 위한 강력한 통제력이 요구되는 시기이다. 이 시기에는 신체, 지능, 책임감, 통제능력 등 리더의 개인적 특성과 자질이 효과적인 리더십과 관련이 있었다. 따라서 리더는 외모, 성격 등 모든 면에서 타고나는 것이며, 이러한 리더의 특성을 가진 사람은 효과적인 리더가 될 수 있었다.

(2) 산업화 시대

19세기 초반까지 다양한 기업 조직이 나타나면서 리더의 전통적인 특성과 더불어, 공동의 목표를 위해 리더와 팔로워 상호작용과 행동, 사회 변화를 위한 영향력이 중요하게 부각되었다. 1950년 후반부터는 리더의 행동이 조직의 성과와 얼마나 관련이 있는지를 제시한 리더의 행동 유형이 중요시되었다. 또한 1970년대에는 변화하는 다양한 상황에 따라 조직 구성원의 속성, 조직의 문화, 일의 성질 등에 따라 적절히 대응하는 리더의 유형이 중요시되었다. 1990년대에는 경영 환경의 변화가 심한 상황에서 조직이 끊임없이 변화해야 하며, 리더는 조직 구성원이 조직 목표 달성을 위해 노력하도록 의식이나 행동을 바꿀 수 있는 능력을 요구받게 되었다.

(3) 지식정보화 사회

지식정보화 사회 이후에는 인권과 인격을 중요시하는 품성이 리더의 중요한 덕목과 역할로 부각되었다. 따라서 진정성, 윤리, 섬김의 자세가 기본이 되는 가운데 집단의 지성적 시스템 즉, 복잡성, 연결망(network), 조직의 적응력 등이 공존하는 것이 리더에게 요구되어 왔다.

표 1-4 시대별 리더십 변화

시 대	농경시대	산업화 시대	지식정보화 시대	4차 산업시대
역 할	통제자	관리자	리더, 팀장	코치, 멘토
	정 체	변 화	발 전	융 합 (직관, 창의성)
리더상	지시형	노무형	두뇌형, 전략형	융합형, 하이퍼형
통제방법	top-down managership	top-down managership	지식, 정보중심 bottom-up relationship	사람, 사회. 기술의 초연결, 다방향 membership
임무	보호, 경계 신분화	생산, 관리, 판매	지식, 정보	사물 초연결 사람과 사물 소통, 트랜드 워칭
운영방식	리더 역량과시 "나를 믿고 따르라"	법과 규정 중시 "법과 규정을 지켜 주시오"	다수의 의견과 인권 중시 "조직의 이익을 추구합시다"	초생명 융합과 트랜드 워칭 "전략적으로 앞서 갑시다"

2) 4차 산업혁명과 리더십

지금까지 세 차례의 산업혁명을 선도한 국가들은 인류사의 주도권을 차지하고 선진국으로 위상을 선도해 왔다. 제1차 산업혁명(증기기관 시대)을 선도한 영국은 유럽 변방의 섬나라의 지리적 약점을 극복하고 17~19세기에 걸쳐 '해가 지지 않는 나라, 대영제국'을 건설할 수 있었다. 제2차 산업혁명(전기 및 내연기관 시대)을 선도한 미국과 독일 등은 신생국이라는 약점을 극복하고 20세기 이후 글로벌 패권국의 지위를 유지하고 있다. 또한 제3차 산업혁명(디지털 시대)을 선도한 미국과 일본 등은 디지털 강국으로 변모하여 현재 글로벌 경제를 주도하는 영향력을 행사 중이다. 4차 산업혁명시대에는 일자리와 조직 구조가 변화하게 된다. 따라서 이에 요구되는 조직문화나 리더십도 자연스럽게 바뀌게 될 전망이다.

(1) 4차 산업혁명시대 인간과 조직

앞으로 4차 산업혁명은 과학기술(thing)의 생산혁명, 경제사회(we)의 분배혁명, 인간(me)의 소비혁명이라는 세 분야의 혁명이 될 것으로 예상된다.

특히 생산혁명 분야는 모든 산업분야가 지식정보(IT)기반에서 인간보다 정확하며 빠르고 지치지 않는 전문가 혹은 노동자들(smart working robots)로 구축될 것이다. 전문영역과 단순영역 공히 인간이 하던 일을 인공지능을 장착한 로봇이나 기계들이 처리하게 될 것이라는 전망이 바로 4차 산업혁명의 핵심이자 인간과의 관계유지 방향이 될 것이다. 4차 산업혁명시대 노동의 패러다임은 '기술에 의한 실업'을 유발할 것으로 예상되고 있다.

표 1-5 4차 산업혁명시대 요구되는 조직과 역량 및 기술

구 분	역량과 기술	
인간 역량 (창의, 가치지향 협업능력)	복합적 문제해결능력	복잡한 이슈에 대한 해결능력
	사회적 기술	감성지능, 협상, 설득, 서비스 정신
	공정관리 기술	경청, 비판적 사고, 관찰 기술
	시스템 기술	의사결정 기술, 시스템 분석 기술
	인지능력	창의력, 논리적 추론능력, 문제정의
조직 경계	개방형 혁신 (가치창출을 위해 조직 내외부에서 결합 및 해체되는 유연한 조직)	조직 내 기능이 독립조직으로 존재
		조직경계가 허물어진 일회용 조직으로 될 전망

(2) 4차 산업혁명과 리더

4차 산업혁명은 기존의 3차에 걸친 산업혁명과는 전혀 다르게 인간과 AI가 공존과 경쟁을 하는 사회로 변화시킬 것으로 예상하고 있다. 따라서 인간이 존엄성을 유지하면서 인간에게 보다 더 유용하고 경쟁력 있는 AI를 만들고 활용할 수 있도록 해야 할 것이다. 앞으로의 사회는 다양성을 존중하고 유용성과 실용성을 추구하며, 사람과 사물이 새로운 체험과 경쟁을 하는 초양극화 사회에 대한 대비가 필요하다.

① 4차 산업혁명시대 트렌드 워칭

4차 산업혁명의 시대에는 트렌드 워칭을 통하여 미래를 타진하는 또 다른 모습의 창의적인 리더가 요구된다. 또한 4차 산업혁명 기술로 이루어질 제4의 혁신은 하이퍼월드[3]가 될 것이다. 바로 그 속에서 융합의 중심으로서의 인간, 연결점으로서의 인간의 능력이 다시 주목받는 시대가 될 것이다. 4차 산업혁명시대의 리더는 트렌드 워칭을 통

3) 모든 사물이 연결되는 초연결 사회, 인공지능으로 무장한 초지능 사회, 모든 산업의 경계가 무너지는 초산업 사회.

해 수시로 미래를 타진하고, 미래의 트렌드를 경쟁자보다 먼저 파악하며, 분석한 것을 전략과 접목시키고 실행하면서 미래 경쟁력 확보를 위한 전략을 수립해야 한다.

② 4차 산업혁명과 소통

4차 산업혁명시대 리더는 관계를 중시하는 소통형이 되도록 요구받고 있다. 또한 4차 산업혁명은 인터넷을 기반으로 모든 사물을 연결하여 사람과 사물, 사물과 사물 간의 정보를 상호 소통하는 것을 말한다. 따라서 4차 산업혁명시대에 성공하는 리더는 소통, 통찰, 직관, 비전, 창의, 책임감을 바탕으로 조직을 관리해야 훌륭한 리더십을 발휘할 수 있게 될 것이다. 따라서 4차 산업혁명시대에는 다음과 같은 소통의 리더가 요구된다.

첫째, 구성원과 소통을 잘해야 한다.

리더는 사소한 문제까지 시시콜콜하게 업무를 간섭하거나 업무와 관련 없는 불필요한 말을 많이 하는 사람이 아니다. 리더는 구성원들에게 방향과 비전 및 꿈을 제시하는 사람이다. 리더와 구성원 간의 진정한 소통의 언어는 리더의 솔선수범적인 행동이 조직을 일사분란하게 만드는 것이다. 리더가 비전과 구성원의 꿈을 연결하지 못하면 그 조직에는 미래가 없다.

둘째, 구성원들의 말을 경청하고 행동은 일관성을 보여줘야 한다.

경청은 상대의 마음을 열게 하는 힘으로 리더의 권위는 경청으로부터 나온다. 구성원들은 리더가 자신의 말을 진지하게 듣는다는 사실을 알 때 신뢰를 보낸다. 구성원에게 리더 자신의 의견을 먼저 말하지 말고 구성원이 무엇을 생각하는지 경청하는 것이 중요하다.

셋째, 구성원들이 일할 수 있는 좋은 환경 구조를 만들어야 한다.

리더가 직원 개인의 능력에서 잘못의 원인을 찾아내는 것은 바람직하지 않다. 따라서 조직의 시스템에서 원인을 찾아내 환경 구조를 개선해야 한다.

넷째, 행동으로 보여줘야 한다.

조직은 리더의 성향에 따라 결과가 나온다. 구성원들을 움직이게 하고 싶다면 리더 자신이 더 열심히 행동하면 되기 때문이다. 리더 본인이 행동으로 솔선수범하는 것이 필요하다.

다섯째, 리더는 협업의 분위기로 이끌어야 한다.

리더는 사람들에게 인간 대 인간으로 말하고 이해시키는 스토리가 있다. 미래의 리더는 다양한 인재가 서로 협업하도록 이끌어 나가는 리더십이 필요하다. 따라서 중간 관리자도 일에 의미와 맥락을 부여하는 리더십으로 변화해 나가야 한다.

(3) 4차 산업혁명 선도 구글의 인재상(세계교육정책 인포메이션, 2016)

① T자형 인재

T자형 인재는 한 분야의 전문가가 아닌, 자신이 맡은 역할과 관련된 '폭넓은 지식(role-related knowledge)'을 지닌 인재를 의미한다. 4차 산업혁명 사회에서는 자신의 전문 분야뿐만 아니라 다양한 분야에 관심을 가지고 폭넓은 지식이 필요하다. 이를 어떻게 서로 융합하고 응용할 것인지 그 활용법을 생각하고 고민하는 것이 바로 T자형 인재들의 특징이다. 이는 단순히 공부나 업무 등에만 국한되는 것이 아니라 사고방식이나 인간관계에도 해당된다.

② 현장 리더십

앞으로 다가올 미래에는 자신이 스스로의 주인이 되어 주체적으로 생각하고 행동할 필요가 있다. 예상하지 못했던 뜻밖의 상황이 벌어졌을 때 리더십을 발휘하여 그 상황을 적극적으로 극복해 나가야 한다. 따라서 꼭 학교나 회사 등의 조직에서 리더의 위치에 있는 사람만이 리더십을 갖추어야 하는 것은 아니다. 자신이 주인이라는 생각으로 어려움에 빠졌을 때 주도적으로 상황을 이끌어 나가는 능력은 미래 인재가 반드시 갖추어야 할 능력이다. 수동적인 생각으로는 결코 자신의 능력을 온전히 펼칠 수 없을뿐더러, 현장을 완전히 파악한 뒤 장악했을 때 자신의 잠재력을 마음껏 펼칠 수 있기 때문이다.

③ 메타 인지능력

메타 인지능력이란 자신이 어떤 상황에 처했는지를 정확하게 분석하고 그 상황에서 어떤 판단을 내려야 하는지를 결정하는 능력이다. 어떤 것을 택하고 어떤 것을 버려야 하는지 그 상황에서 가장 적절한 판단을 내려야 한정된 시간과 에너지를 효율적으로 사용할 수 있게 된다. 서로 다른 것들을 적절하게 융합하고, 문제와 갈등을 해결하는 능력 역시 이에 해당한다. 이 능력이 발휘되었을 때 비로소 크고 작은 문제를 해결하고 한 차원 더 높은 해결책을 내놓을 수 있게 되는 통합적 사고, 종합적 사고이다. 여러 가지 지식을 단순히 병렬적으로 묶거나 결합하는 것을 넘어서 상상력과 창의력을 통해 더 나은 해결책을 만들어 내는 것, 그것이 바로 메타 인지능력을 바탕으로 한 미래 인재상이라고 할 수 있다.

④ 주인 의식

우리는 스스로를 주인으로 생각하고 능동적으로 생각하고 움직여야 한다. 이를 위해서는 기본적으로 자기가 하고 싶은 일을 찾아서 해야 한다는 것을 전제로 하고 있다. 내가 내 삶의 주인이고, 내가 맡은 일의 주인이라는 생각을 가지고 있는 인재만이 남들은 불가능하다고 고개를 내젓는 무모한 일에도 도전해 볼 수 있게 된다. 주인의식은 곧 책임감과도 깊은 연관을 가지고 있다. 이는 단순한 윤리적 책임감을 의미하는 것이 아닌 개개인이 창조성을 지닌 하나의 주도적 인물임을 깨닫고 있다는 뜻이 된다.

⑤ 겸손

때로 우리는 크고 작은 성공에 심취하여 주변을 살피지 못하는 경우가 많은데 그런 사람일수록 작은 실패에도 크게 좌절하고 낙심하게 된다. 미래 사회를 이끌어갈 인재는 자만과 독선을 버려야 한다. 겸손이라는 것은 단순히 다른 사람의 입장을 생각하고 예의 바르게 행동해야 한다는 윤리적 측면에서의 겸손만을 뜻하는 것이 아니라 개개인의 능력과 성과를 돌이켜 보는 반성적 의미도 지니고 있다. 자신의 능력을 과신하지 않고, 성공에 대한 자만심을 버려야 비로소 많은 사람에게 인정받는 인재가 될 수 있을 것이다.

리더십과 인성

Chapter 02

1. 리더십의 개념
2. 4차 산업혁명과 인성 리더십

학습 목표

1. 리더십의 개념을 이해할 수 있다.
2. 4차 산업혁명시대 리더십과 인성의 중요성을 이해할 수 있다.
3. 리더가 지녀야 할 인성 덕목을 인식할 수 있다.

주요 내용

1. 리더십의 개념
2. 4차 산업혁명과 인성기반 리더십의 필요성
3. 시대 변화와 리더에게 요구되는 인성 덕목

인성과 리더십

4차 산업혁명시대 스워라밸

study-work & life balance leadership

02 리더십과 인성

1 리더십의 개념

인간은 사회생활을 하는 가운데 그 사회를 이끌어갈 리더를 필요로 하며 인류의 역사는 리더십과 더불어 진행되어 왔다고 해도 과언이 아니다. 대부분의 사람들은 리더십이 각급 조직과 사회의 변화나 혁신의 견인차로서 역할을 하고 조직의 성패에 영향을 미치게 된다는 생각에 별다른 이의를 제기하지 않는다.

1) 리더십의 정의

리더십에 대한 정의는 리더십을 연구하는 사람들의 수만큼이나 다양하다(Stogdill, 1974). 리더십에 대한 정의는 300여 개가 넘으며 리더십을 연구하는 사람마다 각각 다르게 정의를 내리고 있다. 이렇게 수많은 학자들이 리더십을 연구하면서 느끼는 공통된 생각은 리더십에 대하여 통일된 정의를 내릴 수 없다는 점이다.

선행 연구에 따라 리더십 구성요소를 근거로 하여 리더십을 정의하자면 리더가 자신의 특성(카리스마, 전문성, 성품 등)을 바탕으로 이해 관계자 및 구성원 신뢰 관계를 구축하고 의사소통을 하며 영향력을 미쳐서 조직의 변화를 모색하여 비전을 달성하고 성과를 창출하는 총체적 과정이라고 설명할 수 있을 것이다. 이를 체제론적 입장에서 다시 기술하면, 리더십이란 다양한 인간관계를 기초로 한 사회적 과정을 거쳐 결과로서 나타나는 목표 성취를 위한 에너지이자 영향력이다. 이것은 마치 단순한 물질이 변화하여 힘이 발생하는 과정에서 내외적 요인들이 서로 영향을 미치게 되는 물질 산화 과정과 흡사하다. 리더십도 동일한 현상이다. 일정한 상황에서 리더와 추종자 간의 역학적 작용이 리더십의 과정과 결과를 결정하게 하는 것이다(최은수 외, 2013).

따라서 리더십은 인류의 문화와 함께 가장 오래된 단어 중 하나이고, 집단 및 조직의 성패를 좌우하는 유일하고 결정적인 요인이며(Bass & Stogdill), 가장 흔히 볼 수 있는 단어이면서도 지구상에서 가장 이해되지 못하고 있는 현상이다(Burns, 1978).

(1) 전통적 관점의 리더십

전통적 관점에서 리더십은 '집단의 목표를 달성하기 위해 리더가 구성원에게 동기를 부여시키고, 그들에게 영향력을 행사하는 과정'으로 정의된다. 따라서 집단 임무 수행의 성패는 리더가 결정적인 열쇠를 쥐고 있다고 보기 때문에 리더가 어떤 인물이며, 어떤 행동을 하고, 어떤 방식으로 권력을 획득하는가가 주요 연구 대상이었다.

(2) 현대적 관점의 리더십

현대적 관점에서 리더십은 좀 더 통합적 개념으로 접근하여 '조직과 집단의 목표달성을 위해 각 구성원들이 다른 구성원들에게 영향을 미치고, 동기 부여시키는 교환적 과정'이라고 정의하였다(강정애 외, 2011). 즉, 리더십을 상호적(reciprocal) 과정으로 파악하며 부하는 리더의 절대적 영향을 받는다는 것이다. 예컨대 리더의 인간적 매력에 이끌려서, 또는 리더의 추궁을 받지 않기 위해서 일을 열심히 한다. 그러나 리더 역시 부하의 영향을 받는다. 리더는 부하의 요구를 잘 살펴서 리더십 행동을 조정한다. 또한 리더와 부하는 모두 외부적 요구에 따라 적절히 대처를 해야 하고, 자신들에게 유리한 환경을 조성해 나가야 한다. 현대적 관점의 리더십은 변환적(transformational) 과정에 주목한다.

2) 리더십 영향의 원천

리더의 리더십의 핵심은 영향력 행사의 과정이라고 할 수 있다. 또한 영향력을 발휘할 수 있는 것은 리더의 권한 때문이다. 리더의 영향력의 원천은 다음과 같이 살펴볼 수 있다(김주엽, 송계충, 정범구, 박상민, 2012).

(1) 보상적 권력

보상적 권력(Compensatory power)은 말 그대로 리더가 구성원에게 가치가 부여될 수 있다고 생각되는 보상을 제공할 수 있는 능력을 의미한다. 이때 리더의 권력은 구성원들에게 제공할 수 있는 보상을 소유하고 통제할 수 있는 수준에 따라 달라질 수 있다. 보상적 권력은 크게 '개인적 권력'과 '직위적 권력'으로 나뉠 수 있다. '개인적 권력'은 구성원에게 줄 수 있는 인정, 칭찬과 같은 개인이 가지고 있는 것이며, '직위적 권력'은 리더가 직위를 사용해 부여할 수 있는 급여, 권력, 승진과 같은 것을 의미한다.

(2) 강압적 권력

강압적 권력(Coercive power)은 리더가 구성원을 강압하거나 처벌할 수 있는 능력을 뜻한다. 마찬가지로 '개인적 권력'과 '직위적 권력'으로 나누어 설명할 수 있다. '개인적 권력'은 리더가 자신에게 보내는 비판이나 낮은 수준의 인정을 받으면 불쾌함을 느껴 벌을 받는다는 인식을 가질 수 있다. '직위적 권력'은 조직 내 강등, 감봉, 해고와 같은 직위와 관련된 처벌이 해당된다.

(3) 합법적 권력

합법적 권력(Legitimate power)은 리더가 조직 내 특정 지위에 있으므로 소유하게 되는 역할적 부분을 말한다. 이때 리더는 특정 지위에서 역할을 수행함으로써 여러 가지 지시나 요구가 구성원들에게 합법적이고 정당하다고 받아들여진다. 이러한 권력은 리더의 직위 때문에 부여된 것으로 리더 고유의 특성과는 별개이다.

(4) 전문적 권력

전문적 권력(Expert power)은 과업에 대한 리더의 전문적 지식으로 인해 생긴다. 구성원들은 리더가 과업과 관련된 전문 지식과 정보를 가지고 있기 때문에 그 전문성으로 하여금 업무를 효과적으로 수행할 수 있다고 믿는다. 이것은 리더가 위치한 직위 때문이 아닌 리더가 가진 관련 지식과 노하우, 정보와 같은 리더 고유의 특성에 의한 것이다.

(5) 준거적 권력

준거적 권력(Referent power)은 구성원들이 자신들과 리더를 존경하며 모방하고 동일시하는 것이다. 그 정도가 크면 클수록 리더의 준거권력은 상대적으로 커진다. 이는 전문적 권력과 마찬가지로 온전히 리더 고유의 특성에 의한 것으로 리더의 공식적 직위와 직접적 관련이 없다.

3) 리더십의 구성요소

리더십(Leadership)이란 조직의 지도자가 조직의 구성원들을 힘, 권력, 기술 등의 수단을 통하여 조직의 목표를 달성하기 위한 방향으로 이끄는 행위의 일체를 말한다. 리더십은 리더와 구성원, 상황의 세 요소로 구성된다. 리더는 리더십의 주체로서 조직을 이끌어 나간다.

'리더십(Leadership)'을 이해하기 위해 리더십을 구성하는 5가지 요소 '상황(Situation)', '비전(Vision)', '팔로워(Follower, Followership)', '리더(Leader)', '영향력(Influence)'을 살펴볼 필요가 있다. [그림 2-1]은 리더십을 구성하는 5가지 요인을 도식화한 것이다.

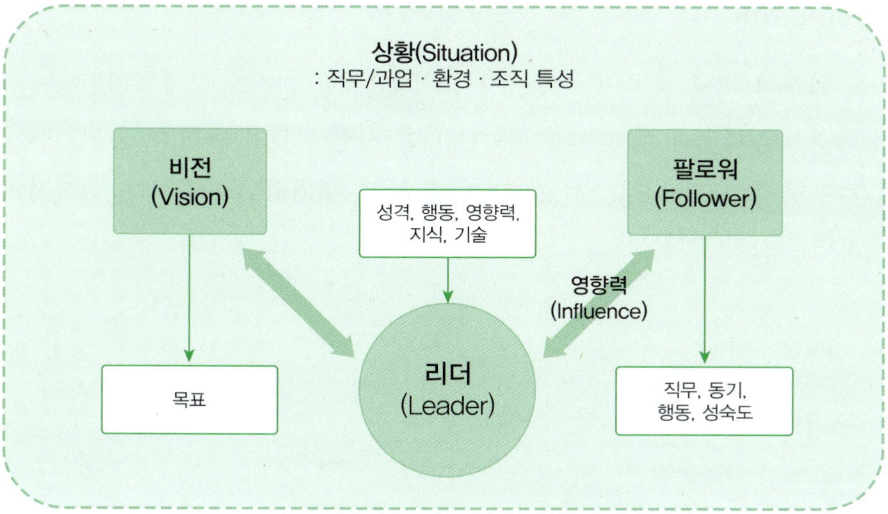

그림 2-1 리더십 구성 5요소

자료 : 박유진(2009). 재구성.

(1) 리더

리더(Leader)는 '길을 안내하는 사람'이다. 다양한 능력이 요구되지만, 특히, 중요한 변화에 직면하였을 때, 방향을 제시하는 능력을 갖추어야 한다. 리더는 전방향적으로 리더십을 보이는데 그 관계는 다음 [그림 2-2]와 같다.

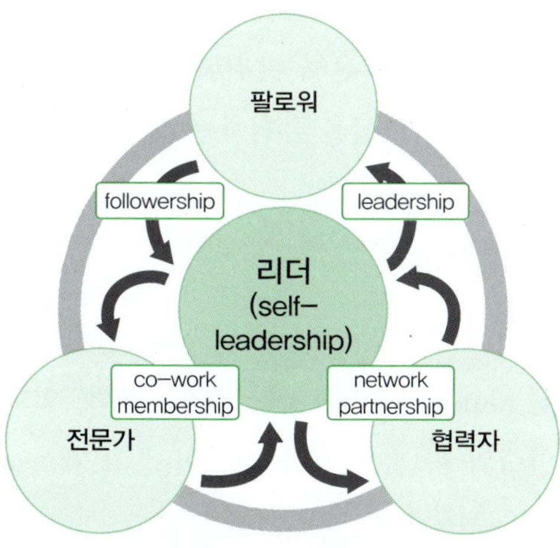

그림 2-2 전방향적 리더십

① 리더의 의미

리더는 자신이 지닌 성격 및 행동, 지식과 기술력을 바탕으로 구성원들에게 영향력을 행사하면서 리더십을 행사한다. 리더는 다른 사람의 말을 들어주고 대답하며, 다른 사람을 가르쳐 주며 조언하고, 서로 토론하게 하고, 평가하는 사람이다. 리더십의 의미를 살펴보면 다음과 같다.

표 2-1 리더십의 의미

L : Listen(들어주고)

E : Educate(가르쳐주고)

A : Assist(조언하고)

D : Discuss(토론하게 하고)

E : Evaluate(평가하고)

R : Response(대답하는)

리더가 영향력을 행사하는 수단의 종류에 따라서 다양한 유형의 리더십으로 분류될 수 있다. 조직의 구성원은 리더가 어떤 리더십을 행사하는지에 따라 직무에 대한 동기를 각기 다른 수준으로 받아들이게 되며 리더에 대해 복종적 혹은 저항적 행동을 보이게 된다. 한편 상황은 두 가지 속성이 있는데 첫째는 공식적 업무와 비공식적 업무를 포함한 직무이며, 또 하나는 리더십이 효과적으로 발휘하기 위한 전제조건으로서의 변수이다. 다시 말해서 리더가 효과적으로 리더십을 발휘하는 데 영향을 미치는 현상을 말한다.

② 리더에게 요구되는 특성

Weber는 "리더가 되기 위해서는 열정과 강한 책임감, 목표를 세우는 힘을 가져야 한다"고 주장하였고, H. A. Simon은 "지도자란 지성, 활력, 인화력 등의 천부적인 재능을 가지고 있는 사람이 연습과 학습, 경험을 쌓으면서 그 재능을 원숙한 기술로 발전시킬 때 태어나는 것이다"라고 하였다. 이들 외에도 리더가 되기 위한 요건에 대한 학자들의 정의가 다양한 편이다. 1930~1940년대에 행해진 미국에서의 리더십 특성 연구결과를 종합하면 다음과 같다.

표 2-2 요구되는 리더의 특성과 효과성

상관관계	특성	
낮은 효과성	신체적 · 체질적 요인	활동성, 기력, 차림새, 외모, 키, 체중
높은 효과성	능력	행정능력, 지능, 판단력, 지식, 실무능력, 언어능력
	성격 특성	성취욕구, 야망, 적응력, 공격성, 조심성, 반권위주의, 지배성, 감정적 균형성, 통제력, 열정, 외향성, 독립성, 주도성, 불순응성, 통찰력, 진실성, 객관성, 독창성, 끈기, 책임감, 자신감, 유머 감각, 스트레스 내성
	사회적 특성	협조성, 대인관계능력, 감수성, 명성, 인기, 사회성, 사회경제적 지위

자료 : Jago(1982), 최병순(2011). 부분 수정.

(2) 팔로워

팔로워(Follower, Followership)는 따르는 사람, 돕는 사람을 의미하며 리더십의 또 다른 이름이라고 할 수 있다. Robert E. Kelly는 팔로워십이란 리더를 리더답게 재탄생시키는 것으로 설명하며, 조직의 성공에 리더가 기여하는 것은 많아야 20% 정도이며, 나머지 80%가 팔로워의 기여라고 말했다.

팔로워는 리더를 따르며 업무를 보며, 리더를 보좌하며 원하는 방향으로 판단을 유도한다. 때로는 리더의 반대 측에 서서 리더의 판단이 잘못된 길로 들어서는 것을 바로 잡아 주는 사람이다.

따라서 팔로워, 즉, 구성원이 리더를 이해하지 못하고 반대로 리더가 팔로워인 구성원을 이해하지 못하는 조직은 결코 성공할 수 없다. 성공한 리더들의 곁엔 올바른 팔로

우십을 지닌 팔로워들이 있었다. 이에 올바른 팔로워십의 개념에 포함되어야 할 내용은 다음과 같다.

표 2-3 팔로워십의 주요 내용

① 팔로워십 : 구성원이 피리더로서 갖추어야 할 지식, 기술, 지혜, 태도, 능력
② 구성원으로서 조직과 리더의 성공을 위해 조직에 적극적으로 참여하는 것
③ 비전 달성을 위해 헌신할 수 있는 능력 및 타인과 함께 할 수 있는 융화력
④ 리더를 잘 보좌하고 조직이 성공할 수 있도록 최대한 지원하는 것
⑤ 리더의 능력을 극대화시켜 리더십을 살리는 필수 요소
⑥ 리더의 부족함을 채워줄 수 있는 능력
⑦ 윗사람을 제대로 보좌하고 따를 줄 아는 기술과 이를 통해 리더십을 완성하는 것
⑧ 구성원의 최종목적지는 리더가 되는 것으로 리더가 될 수 있게 해 주는 능력을 말함

(3) 상황

상황(Situation)은 조직에 대한 실질적인 현 주소를 직시하는 것이다. 현 위치에 대한 현실을 직시하고 여기에 맞는 적절한 상황 판단 능력을 갖추어야 한다. 수많은 상황에서 완벽하게 성공할 수 있는 리더는 없다. 완벽한 리더에 대한 환상은 오히려 리더를 실패의 길로 빠지게 한다.

리더는 자신이 가지고 있는 고유의 리더십을 정확하게 파악하고, 확충하며 나아가 계발을 통해 다양한 방법을 터득해야 한다. 기본적으로 타고난 리더십을 기준으로 다양한 조직의 상황에 맞춰 조직의 궁극적인 목적과 구성원의 뜻에 부합되는 방법을 찾는 노력을 해야 할 것이다. 결론적으로 리더의 능력은 환경에 따라 크게 달라지기 때문이다.

일반적으로 리더가 갖춰야 할 리더십에 대해 다음과 같은 요인들을 들고 있다. 그리고 이러한 요인들이 뒷받침되어야 리더로서 인정을 받고 구성원들이 따를 것으로 이해되고 있다.

정직, 사랑, 커뮤니케이션 능력, 초연, 관대, 시간관리, 비전, 인격, 헌신, 소통, 용서, 겸손, 유머, 지혜로운 계획, 감화력, 소명, 경청, 섬김, 기다림, 승부욕, 혜안, 인맥, 전략적 사고, 자아존중감, 자기효능감, 친화력 등

이와 같은 요인들을 갖추고 있는 리더가 피해야 하는 유혹에는 무엇이 있을까? 바로 게으름과 과도한 분주함, 권력에 대한 욕심, 분노와 독선과 같은 부정적 감정, 남을 향한 비판과 자존심, 넘길 수 있는 작은 문제들, 위치에 대한 교만, 허영심, 그리고 탐욕과 같은 유혹들을 들 수 있다.

실제로 일부 학자들의 연구에 따르면 리더와 같이 특정 권력을 갖는 위치에 오르게 되면 도파민[1]이라는 호르몬이 분비되며 이는 마약과도 같은 효과를 보인다고 한다. 따라서 마약과도 같이 짜릿한 도파민을 경험하게 되면 탐욕에 대한 집착을 보이기도 한다. 진정한 리더가 되기 위해 이러한 유혹을 이겨내야만 위에서 제시된 요인에 따른 인정을 받고 구성원들이 따르게 될 것이다.

리더가 구성원에게 초점을 맞추고 보다 건강한 리더십을 갖추기 위해 유혹을 이겨내고 금전적인 보상이나 편안한 삶, 경제적 이익, 그리고 현재의 즐거움이나 자기 시간과 같은 부분들을 포기해야 할 것이다. 리더가 통하는 리더십을 갖추기 위해 리더는 책임감과 함께 자기 희생의 정신, 외로움, 타인으로부터 올 수 있는 비난이나 압력과 같은 대가를 치르게 된다.

진정한 리더의 덕목에 대해서 토론되거나 요구되는 것도 많다. 이를테면, 첫째, '카리스마와 결단력, 추진력, 도전정신'과 같은 카리스마 있는 리더의 덕목 둘째, '겸손, 서번트, 경청, 감성, 배려, 애정'과 같은 인간존중이 기반이 된 리더의 덕목 셋째, '균형감각, 중용'과 같은 리더의 덕목들이 요구된다. 이 세 가지 카테고리의 서로 다른 리더의 덕목들을 과연 다 가질 수 있을까?

1) 뇌신경 세포의 흥분을 전달하는 역할을 하는 신경전달물질의 하나로 쾌락과 행복감에 관련된 감정을 느끼게 해주는 호르몬으로 이용되는 물질

조직의 문화와 상황에 따라 적합한 리더의 덕목은 다르다. 나아가 리더 한 사람이 이 많은 것을 다 갖추기 어렵다. 위기와 도전의 상황에서 이건희 삼성 회장은 카리스마가 있는 강력한 리더십으로 세계적인 글로벌 기업인으로서의 위상을 확립하였다. 그야말로 '변화와 혁신'에 초점이 맞춰진 것이다. '카리스마, 결단력, 추진력, 도전정신'과 같은 리더의 덕목들은 충분히 파악되지만 '겸손, 서번트, 감성, 경청, 배려, 애정'의 덕목은 어떠한가?

다양한 상황이 만들어 내는 진정한 리더를 향한 덕목에는 정답이 없다. 다만 목표와 목적이 명확해야 할 것이며, 모든 자원과 전략이 집중될 수 있도록 리더는 의사결정의 순서와 시기, 그리고 결정 속도를 조절해야 할 것이다. 따라서 상황이 만드는 진정한 리더의 덕목은 미래를 읽는 눈인 '통찰력'과 상황에 따라 발현될 수 있는 '유연성' 그리고 변화의 시대에 맞는 '빠른 의사결정', 마지막으로 '창조'가 요구된다.

Plato는 "리더는 어린 시절부터 높은 수준의 지식을 습득해야 하며, 체력 단련 또한 게을리해서는 안 된다. 학습을 통한 깊은 지식 함양 없이 결코 다른 사람들을 이끌 수 없다"라고 말했다. 학습을 통한 지식은 새로운 트렌드를 재빨리 감지하게 하고 대응하는 능력을 탁월하게 한다.

(4) 비전

리더의 유능함은 훌륭한 '성품'과 동시에 '비전(Vision)'을 성취하는 능력을 들 수 있다. 비전은 조직의 구성원의 삶 또는 조직의 궁극적 목표 성취를 위해 올바른 방향으로 정렬시켜 주는 역할을 수행한다.

리더의 역할은 조직 구성원들로 하여금 확고한 목표를 중심으로 지속적인 성과를 내도록 진두지휘를 하는 것이다. 눈앞에 있는 당장의 이익을 넘어 조직 전체의 꿈과 비전을 창출해내는 것이다. 비전을 갖고 제시할 수 있는 리더는 급변하는 상황 속에서도 확신을 가지고 미래를 보는 '통찰력'을 지니며 구성원은 이를 통해 '희망'을 본다. 세계적인 심리학자이자 영향력 있는 경영사상가 중 한 사람인 Daniel Goleman은 가장 좋은 리더십에 대해 비전을 가진 리더십이라고 주장하였다.

비전(vision)의 사전적 정의를 보면, 상상력, 직감력, 통찰력 등을 뜻하거나 미래상, 전망, 선견지명과 같은 맥락의 뜻을 갖고 있다. 비전에는 '의미 있는 목적', '뚜렷한 가치', '미래에 대한 청사진'이라는 세 가지 핵심 요소가 있다. 이는 자신의 가치관 탐색을 통해 자신이 나아가고자 하는 방향의 미래를 생생하게 그려 최종적으로 잠재력을 극대화시키고자 하는 구체적인 접근 방식이 된다. 즉, 비전을 설정하는 것은 결국 행동에 옮겨 즉각적 결과를 얻을 수 있는 새로운 기술과 습관을 얻고자 하는 데 그 목적이 있다.

(5) 영향력

Maxwell(2005)의 연구에 따르면 영향력(Influence)을 행사하는 방향에 따라 리더십의 종류가 달라질 수 있다고 밝혔다. 리더가 상급자에게 리더십을 발휘하게 되면 '상향적 리더십'을 행사하게 되고, 리더가 부하에게 리더십을 발휘하게 되면 '하향적 리더십'을 행사하게 된다. 반면, 리더가 동료나 이해관계자에게는 '수평적 리더십'을 행사한다.

본질적으로 리더와 팔로워 간의 문제는 영향력의 문제이다. 리더십에서 '영향력'은 구성원을 끌어 모으고 추종자를 만드는 힘이 될 수 있다. 바람직한 영향력을 통해 성과를 창출하는 전 과정에서 영향력을 행사하게 되며 영향력의 원천으로 리더가 제시하는 비전, 서로를 존중하고 배려하며 동기부여 받는 것, 경청과 칭찬, 섬김과 봉사 등을 통해 발현된다.

영향력에 따른 리더십의 구조는 [그림 2-3]과 같다. 특정 상황에서 영향을 행사하거나 감화시키는 역할을 하는 리더의 영향력은 영향을 받는 추종자의 양자 간 노력으로 달성하고자 하는 목표를 성취하는 데 큰 역할을 한다.

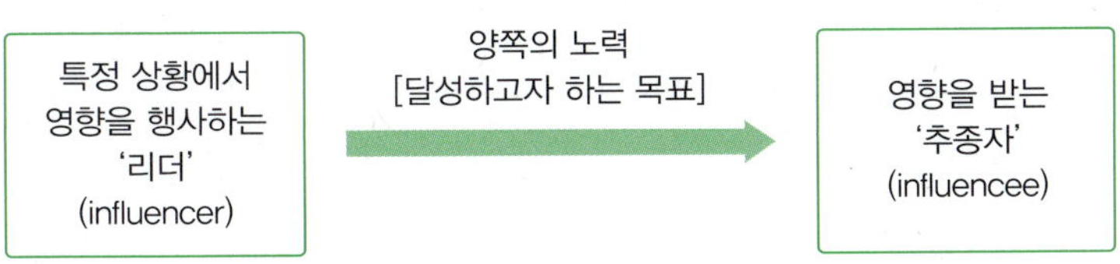

그림 2-3 영향력에 따른 리더십의 구조

4) 리더십 효과성

리더가 리더십을 어떻게 발휘하는지를 평가함으로써 효과성을 알아볼 수가 있다. 리더십 효과성이란 리더십 발휘의 결과 혹은 리더가 리더십 발휘를 통해서 목표를 달성한 정도라고 정의할 수 있다(최병순, 2011). 이러한 리더십 효과성을 평가하기 위한 방법으로 목표달성 접근법과 시스템 접근법, 전략적 환경요소 접근법 그리고 경쟁가치 접근법이 있다(Robbins, 2001).

(1) 목표달성 접근법

이 방법은 목표 달성 수단 혹은 방법보다는 목표 자체의 달성 정도를 평가하는 방법이다. 이는 가장 단순한 방법이어서 실제로 활용하기에도 용이할 것이다.

(2) 시스템 접근법

리더가 시스템, 즉 투입(Input)–변환(Transformation)–산출(Output)의 과정에서 리더가 수행한 모든 요소를 평가하는 방법이다. 즉 목표뿐만 아니라 과정까지 평가하기 때문에 위의 목표달성 접근법보다 진일보한 방법이라 할 수 있다.

(3) 전략적 환경요소 접근법

리더가 주변의 환경으로부터 각종 요구를 파악하고 이를 수용하면서 우선순위를 매기고 목표를 설정하는데, 이러한 과정에서 리더가 얼마나 많은 이해관계자들의 요구를 수용했는지를 평가하는 접근법이다.

(4) 경쟁가치 접근법

리더가 추구하는 목표는 하나가 아닌 여러 개이며 이들 목표는 상충하는 경향이 있으며, 이러한 상충의 원인은 경쟁가치이다. 그리하여 리더가 어느 경쟁가치를 중요하게 여기는지를 평가하는 방법이다. 경쟁가치에는 다음과 같이 네 가지 유형이 있으며, 이를 나누는 기준은 유연성과 통제, 내부지향과 외부지향이 있다.

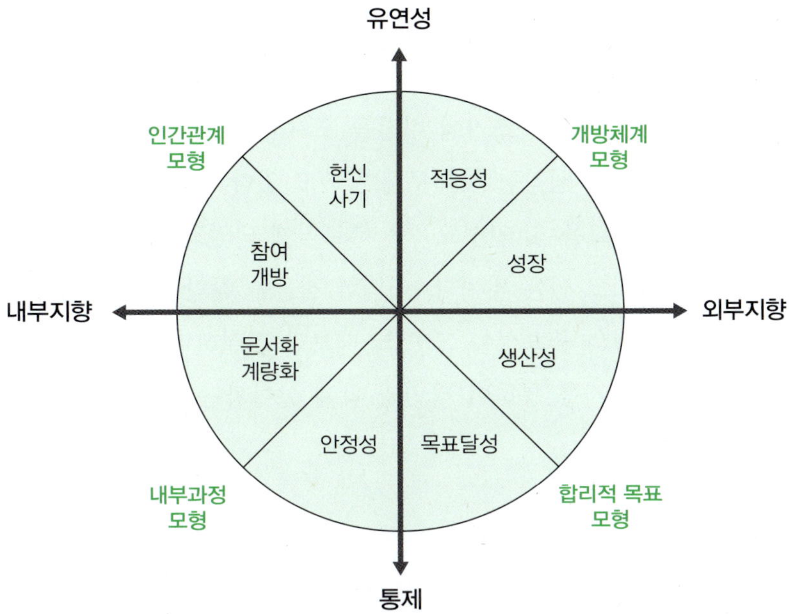

그림 2-4 경쟁가치 모형의 조직 효과성 기준

자료 : Quinn, Fareman, Thomson, & McGrath(2003: 12).

2 4차 산업혁명과 인성 리더십

야성을 가진 약육강식의 동물과 달리 인간은 인성을 기반으로 이웃과 더불어 사는 사회적인 동물이다. 동서고금을 막론하고 시대가 변화하여도 인간관계에서 인성은 중요시되어 왔다. 그러나 자녀 중심의 양육과 경제적 침체에 따른 해체가정 증가 및 급격한 IT사회로의 전환 등으로 인간들은 적자생존, 무한경쟁의 사회에서 야성화되어 왔다. 따라서 물질 만능주의와 개인주의에 물들어 본래의 인간다운 삶은 물론 사회적으로 타인과 더불어 살아가는 건강한 삶과는 멀어져 가고 있다. 전통적인 도덕성은 커다란 위기에 처해 있으며 가출, 학교폭력, 심한 경우 자살까지 하는 등 청소년 비행이 날로 심각하게 증가하고 있다.

지나친 경쟁 위주의 사회에서 조기에 비전을 포기하고 갖가지 일탈행동으로 이어지게 되는 비율이 높아지면서 심각한 사회문제가 되고 있다. 이러한 사회적 문제를 해결하기 위해서 올바른 인간교육 및 인성교육을 부르짖게 되었고 도덕적 위기라는 차원에서 인간성 회복이 요구되고 있는 것이다. 이러한 점들을 감안할 때 가정에서는 물론이고 학교나 사회에서 인성의 중요성이 그 어느 때보다 절실하며 인성을 바탕으로 한 실천 위주의 인간관계의 유지를 통하여 타인과 함께 살아가는 지혜가 필요하다고 할 수 있다.

1) 인성의 개념

인간은 자신의 인생을 어떻게 준비해 나가느냐 하는 것이 그 자신의 인성과 밀접한 관계가 있다고 할 수 있다. 인성이란 인간이 지니는 특징적인 반응양식 내지는 행동양식의 개념으로 흔히 인격 혹은 성격과 혼용되기도 한다. 개인이 자신의 삶을 어떻게 엮어 나가느냐 하는 것은 바로 자신의 인성과 밀접한 관계가 있다. 왜냐하면 인성은 삶의 과정 속에서 인생의 방향을 조정하는 배의 키와 같은 역할을 하기 때문이며, 삶을 읽는 중요한 지표로서 개인과 타인이 어떤 인간관계를 형성하는가를 결정하는 데 중요한 역할을 하기 때문이다. 개인의 삶을 이끄는 중요한 지표가 되는 인성은 개인이 타인과 어떤 인간관계를 형성하고 유지하는가를 결정하게 된다. 본능적으로 태어난 인간은 가정에서는 부모 형제들과 가족으로서 관계를 맺고, 성장해 가면서 학교와 직장 및 지역사회에서 사회화 과정을 거치게 된다. 이때 가족관계, 교우 및 이성관계, 직장 동료 및 상하관계 등 대인관계 등 인적 네트워크(network)에서 개인의 인성적인 특성에 따라 그 범위나 영향력 등이 결정된다. 원만하고 사려 깊은 사람은 공감과 수용을 잘하고 진솔하며 깊은 인간관계를 잘하며 삶에 있어서 안정감을 느끼고 자존감을 가지고 역동적이며 생산적인 삶에 열중할 수 있게 된다.

인성은 사람이 살아가는 데 있어서 개인의 정신건강과 신체건강에 매우 중요한 영향을 미친다. 과도한 긴장으로 인한 스트레스, 불안과 공포 등의 정신질환, 사회병리를 모방한 비행 등은 모두 그 사람의 인성적 특성을 어느 정도 반영하고 있다고 볼 수 있을 것이다. 반면에 건강한 인성을 소유한다는 것은 정신건강은 물론 신체건강까지도 바람직한 수준을 유지할 수 있게 한다. 결국 그들의 삶의 질을 높이게 함과 동시에 행복한 삶을 영위할 수 있게 해 주는 역할을 한다.

표 2-4 인성의 의미

구 분	의 미	
사전적 의미	① 사람의 성품(Character) : 도덕이나 윤리적 측면 ② 각 개인이 가지는 사고와 태도 및 행동 특성 * 도덕적 인격을 형성하는 내면적 성품, 성질 또는 성격 및 강한 의지	
심리학 측면	**미국 심리학계** • Character(성품) 도적이나 윤리적 측면 • Personality(인격/성격) 개성을 강조하는 측면	① 건강한 인성 – 종교, 철학, 교육, 정신의학 등 각 분야의 견해 상이 – 역사적, 시대적, 국가적 상황에 따라 차이
		② 불건강한 인성 – 본능(id), 자아(ego), 초자아(super ego)가 부조화와 불균형 – 개인의 욕구와 도덕, 규범 간의 갈등과 충동을 해결하지 못한 상태

2) 대학생 요구 가치 덕목

Phi Delta Kappa 등 여러 학자들은 청년기 즉, 대학생들이 배워야 할 가치 덕목이 산업화 초기부터 현대사회에 이르기까지 큰 변화가 없다고 주장하고 있다. 대학생들이 배우고 체득해 나가야 할 가치로서 인간이 태어나면서부터 가지고 있는 기본적인 권리로는 자유권, 평등권, 사회권, 청구권, 참정권이 있으며 우리나라는 헌법에 국민의 기본권을 정해 두고 있다. 또한 민주주의, 정직, 책임감, 표현의 자유, 예의, 관용 등과 함께 종교의 자유, 법 준수 등이 요구되는 가치 덕목이라 할 수 있다. 이러한 가치 덕목을 바탕으로 미국에서는 각 주별로 가치덕목을 선정하여 인성교육 프로그램을 실시하고 있다.

표 2-5 미국의 주별 인성 가치 덕목

주	인성 가치덕목
캘리포니아	• 공감하는 윤리적 · 시민적 가치 중시 개인의 존엄성과 가치, 공정성, 공평성, 정직, 용기, 자유와 자율성, 개인적, 사회적 책임감, 기회의 평등, 지역사회와 공통의 선, 정의
워싱턴	• 교육법에서 강조 정직, 신뢰, 통합성, 자신과 타인 존중, 법과 권위의 존중 개인 행동에 대한 책임감, 자기통제와 관리, 근면, 긍정적인 노동관, 건강하고 긍정적인 행동, 사회의 기반으로서 가정
뉴저지	• 개인이 사회의 공통적 중심 가치들을 존중 열정, 예의, 정직, 통합성, 자기 존중, 자기 통제, 책임감, 관용
메릴랜드	• 헌법과 권리장전에 기초한 중심가치 구현 인간의 존엄성, 열정, 예의, 비판적 탐색, 의무, 기회균등, 존중, 책임감, 인내심, 베풂, 사고와 행동의 자유, 정직

3) 리더가 지녀야 할 인성 덕목

인성의 구성요소 및 덕목은 여러 학자들에 의해서 다양하게 정의되거나 분류되고 있다. 변화의 시대에 리더가 지녀야 할 인성 덕목은 2015년 제정된 인성교육지도의 8가지 덕목과 긍정심리학의 관점 중심으로 인간의 긍정적 덕목을 다루게 되는 VIA 분류체계에 따른 핵심 덕목으로 나누어 다음과 같이 살펴볼 수 있다.

표 2-6 인성의 덕목

인성교육진흥법	인간의 긍정적 성품
8개 덕목	VIA 체계에 따른 6개 덕목 24개 강점
① 예(禮) ② 효(孝) ③ 소통(疏通) ④ 배려(配慮) ⑤ 존중(尊重) ⑥ 책임(責任) ⑦ 정직(正直) ⑧ 협동(協同)	① 지성(知性)과 관련된 긍정적 성품 – 호기심, 학구열, 개방성, 창의성, 지능. 지혜 ② 인애(仁愛)와 관련된 긍정적 성품 – 친절성, 사랑 ③ 용기(勇氣)와 관련된 긍정적 성품 – 용감성, 끈기, 진실성 ④ 절제(節制)와 관련된 긍정적 성품 – 자제력, 신중성, 겸손 ⑤ 정의(正義)와 관련된 긍정적 성품 – 시민정신, 긍정성, 리더십 ⑥ 초월(超越)과 관련된 긍정적 성품 – 감상력, 감사, 낙관성, 영성, 용서, 유머, 열정

4) 4차 산업혁명과 인성

우리는 인성이 중요하다고 하면서도 대학입시나 기업 채용에서 인성은 평가 요소에서 후 순위로 밀리고 학교, 직장, 지역사회에서조차도 '있으면 좋고 없어도 그만'인 것처럼 치부되어 왔다. 성적과 필기시험, 스펙 중심으로 서열화하여 선발함에 따라 인성은 뒷전인 경우가 많았다. 그러나 다가오는 4차 산업혁명 사회에선 똑똑함 · 스펙보다 협업과 공감, 예절과 같은 인성역량이 대세가 될 것이다. 앞으로는 AI가 과학적 사고인 논리와 추론능력, 수학적 사고력 등은 인간보다 앞서게 될 것이다. 따라서 주입식 교육과 일방적으로 습득한 지식은 더 이상 쓸모없어지게 된다. 대신 AI가 할 수 없는 것들, 옳고 그름을 판별하고 타인에게 공감할 줄 아는 인성역량은 인간 고유의 것으로 중요시될 수밖에 없다. 앞으로 인성은 권장만 하고 마는 가치 · 덕목이 아니라 필수로 갖춰야 할 '실력'이 될 것이다.

'초연결성'을 특징으로 하는 4차 산업혁명시대에는 다양한 가치를 조율하고, 개성이 다른 사람들을 조화시키는 능력이 필수가 될 것이다. 미래 사회에는 전문성이 더욱 깊어지고 분화되며 사회가 복잡해지고 다원화 될 것이다. 따라서 머리를 맞대고 협업을 해야만 풀 수 있는 문제들이 더욱 많아지게 된다. 또한 상호 의존과 연결이 심화되기 때문에 여러 사람과 팀을 이뤄 새로운 것을 만들어 내는 능력이 더욱 중요해진다.

사회가 어떠한 방향으로 변한다고 해도 협력(collaboration)은 우리가 살아가는 데 있어 가장 중요한 요소 중 하나가 될 것이다. 2016년 다보스포럼도 미래사회의 인재가 갖춰야 할 핵심역량 5가지 중 하나로 협업능력을 선정했다. 또한 인간관계에서 조화를 유도하고 원활하게 커뮤니케이션하는 사람관리 능력도 핵심역량으로 제시했다.

(1) 미래 주도기업과 인재

미래에 가장 가까이 가 있는 기업이라고 하면 구글이라고 할 수 있다. 구글에 근무하고자 매년 입사지원서를 내는 사람이 전 세계에서 300만 명이 넘고 0.23%만이 채용되고 있다. 우리나라에서 '구글의 아침은 자유가 시작된다'로 번역된 『Google work rules』

의 저자인 Laszlo Bock 구글 인사담당 수석부사장은 "구글은 영리하기만 한 게 아니라 겸손하고 성실한 지원자를 원한다"고 말했다. 또한 페이스북의 창업자인 Mark Zuckerberg의 리더십은 '스타플레이어'가 아닌 '코치'로서의 자율성을 중시하고 있다.

앞으로의 사회에선 Zuckerberg와 Rogers 같은 인성역량이 더욱 중시되고 있기 때문에 우리 교육도 인성역량을 키우는 방식으로 달라져야 한다.

표 2-7 4차 산업혁명과 인성기반 인재상

구 분	내 용
구글	• 직원 선발 방향 : 품성 중시 '영리하기만 한 게 아니라 겸손하고 성실한 지원자 선발' • 요구 인재상(스펙보다 인성 바른 인재 1순위) • 검증된 리더십(Leadership), 강력한 업무능력(Role-Related Knowledge), 창의적 사고(Gener al cognitive ability), 능동적인 협업 능력(Google yness) • 매년 300만 명 지원 0.23% 채용 : 매번 다른 질문과 평가로 질문자를 심사
페이스북	• 오픈된 사무실, 수평적 커뮤니케이션 • 스타플레이어가 아닌 코치 역할 • 수평적 권한 배분, 팀 단위 책임 프로젝트 • 직원들 간의 협업을 이끌어 나감 • Zuckerberg(CEO) : 자신 재산 99% 사회 환원 선언
다보스포럼	• 미래사회 인재 핵심역량 5가지 중 2개 역량 : 인성(협업, 커뮤니케이션) 선정
필립스 엑시터 아카데미 (Zuckerberg 졸업 고등학교)	• 학교 철학 : "지식이 없는 선함은 약하고 선하지 않은 지식은 위험하다" • 교내 곳곳에 써 놓은 다수의 문구 : 'Non Sibi sed Omnibus(자신만을 위하지 않는)' • 수업과 생활의 기저 : 인성교육 • 교육에 대한 정의 : '남에게서 뭔가를 배우는 게 아니라 지식을 함께 나누며 지혜를 키우는 것'
종합	• 똑똑하거나 스펙보다 공감과 매너 등 인성역량 중시 • 사람과 협업하고 팀 단위 책임 있는 시너지 효과 • 바른 인성 : 상대에 대한 존중 · 배려, 공감능력, 이타적, 도덕적 판단, 다양한 가치 · 문화 조화능력 필요

(2) 4차 산업혁명과 협업

4차 산업혁명시대 인간에게 요구되는 것 중 중요한 요소는 창의성과 가치지향 협업 능력으로 구분해 볼 수 있다. 이에 따른 역량과 기술을 살펴보면 다음과 같다.

첫째, 복잡한 이슈에 대한 해결능력

둘째, 감성지능, 협상, 설득, 서비스 정신

셋째, 의사결정 기술, 시스템 분석 기술

넷째, 창의력, 논리적 추론능력, 문제를 정의하는 역량

다섯째, 상대의 의견을 경청하며, 비판적 사고와 함께 세부적으로 관찰하는 기술

따라서 창의성과 가치지향의 협업을 통하여 인류가 지향해 나가야 하는 비전을 구현하기 위해서는 인성을 기반으로 한 집단지성[2)]을 발휘하여 인간관계를 발전시켜 나가는 리더십이 요구된다. 결국 집단의 리더십과 집단지성의 힘은 구성원 각자가 지니고 있는 인성을 기반으로 한 리더십에서 태동한다고 할 수 있다.

5) 4차 산업혁명 시대와 리더의 실천

4차 산업혁명이 진행되면서 사회가 예측하지 못하는 방향으로 변화한다고 해도 협력(collaboration)은 우리가 살아가는 데 있어 가장 중요한 요소 중의 하나가 될 수밖에 없을 것이다. 즉, 개인적 품성능력과 시민적 요소를 잘 조화롭게 적용하면서 살아가야 하는 것이다. 개인, 가정, 집단, 조직, 국가에 이르기까지 사회적으로 더불어 성공적으로 살아가기 위한 방법(Diegmuelier, 1996)을 바탕으로 리더십 실천방법을 정리하면 다음과 같다.

2) 다수의 개체들이 서로 협력 혹은 경쟁을 통하여 얻게 되는 결과이다. 소수의 전문가의 능력보다 다양성과 독립성을 가진 집단의 통합된 지성이 올바른 결론에 도달할 수 있다.

① 정직, 통합성, 공통의 판단기준을 이해하고 실천하기
② 노력의 가치 존중하기, 근면과 노동의 중요성 이해하기
③ 개인의 공헌과 자기 통제성 지키기
④ 나와 다른 사람의 다름을 이해하고 다양성 존중하기
⑤ 리더로서 다른 사람과 일하는 능력 키우기
⑥ 자신의 행동에 대해 주어지는 책임감 수용하기
⑦ 다른 사람과 권위 존중하기
⑧ 개인생활, 가정생활, 지역사회에 대한 헌신
⑨ 국민으로서의 자긍심과 개인의 책임감 갖기
⑩ 분쟁과 갈등을 합리적으로 해결하려는 노력
⑪ 교육자에 대한 인지와 존중하기
⑫ 지속적으로 목표를 달성해 나가는 삶에 대한 열정 갖기

시대가 변화하여도 인간의 개인적 품성과 시민적 요소는 가정, 학교, 직장, 지역사회 그 집단을 이끌어가는 리더와 리더그룹이 책임을 가지고 실천해 나가는 노력이 필요하다.

리더십 이론의 변천과정

Chapter 03

1. 전통적 리더십 연구
2. 현대 리더십 연구

학습 목표

1. 리더십의 개발이론에 대하여 이해할 수 있다.
2. 시대별 변화하는 리더십의 유형을 이해할 수 있다.
3. 관리와 리더십 간의 중요한 차이를 이해할 수 있다.

주요 내용

1. 리더십 개발이론
2. 리더십 개발이론의 이해
3. 리더십 이론의 변천과정과 필요성

인성과 리더십

4차 산업혁명시대 스워라밸

. study-work & life balance leadership

03 리더십 이론의 변천과정

1 전통적 리더십 연구

최근 급격한 환경 변화와 어려운 경제상황 아래에서 기업의 경쟁력 제고를 위한 다양한 노력들이 가중되고 있다. 이에 전통적 관점에서 벗어나 자율 중심의 현대적 관점으로 변화하여 조직 구성원들의 잠재된 능력을 이끌어내고 행동 동기를 유발하여 구성원으로서의 역할을 수행하도록 유도하고 구성원들을 관리하는 리더십의 개발에 관한 관심이 떠오르고 있다.

리더는 다채롭고 흥미로운 아이디어를 가지고 미래를 내다볼 수 있어야 하며, 발전시킬 수 있어야 한다. 아울러 급변하는 시대의 변화 속에서 새로운 아이디어를 계속 창출해 내고, 리더가 갖춰야 할 필수 불가결 요소인 소통과 경청능력, 문제해결능력은 리더십의 핵심역량으로서 제시되고 있다.

이와 같이 리더십의 중요성에도 불구하고 올바른 리더십을 형성하지 못한다면 성공적인 삶과 행복한 삶을 실현하고 더 나은 사회적 차원의 리더로서의 역할 수행과 다른 사람과의 관계형성에 어려움이 있을 것이다. 따라서 자신과의 관계영역과 타인과의 관계형성에서 자율적인 삶을 실천할 수 있는 리더십을 갖추고 조직과의 관계에서도 더불어 살아가는 공동체적인 삶을 실천할 수 있는 리더십 연구가 선행되어야 한다.

전통적 리더십 이론을 바탕으로 한 수많은 연구에서 공통적으로 가리키고 있는 것은 성공한 리더는 범인들과 다른 어떤 특성 또는 자질을 지니고 있으며 이것들을 일반화 시키는 데 한계가 있다는 점이다. 특정한 상황, 어떠한 조직에서도 보편타당하게 적용될 수 있는 특성이나 행위 모형이 있을 것이라는 전제 하에 그 특성과 행위를 찾으려 했으나 지나치게 단순했다. 이후 다양한 상황에서 해석될 수 있는 리더십의 유효성 및 효과성을 보다 다양한 상황과 연결시켜 상황적 요구에 적합한 리더십 유형을 찾고자 했다.

이와 같은 전통적 리더십 연구의 이론적 배경이 되고 있는 큰 맥락의 이론은 〈표 3-1〉과 같다.

표 3-1 전통적 리더십 연구 이론과 내용

이 론	주요 내용
특성(자질)이론 (1950년 이전)	리더십은 개인의 타고난 특성에 달려 있음
행위(행태)이론 (1950~1970년)	리더십의 효과는 리더의 행위에 달려 있음
상황이론 (1970~1980년)	리더십의 효과는 상황에 달려 있음

자료 : 이학종, 박헌준(2004). 부분 발췌 및 수정.

1) 특성(자질)이론

특성이론(Trait theory)은 1950년 이전에 연구된 내용으로 리더의 타고난 개인적 자질과 특성이 리더십의 역량에 영향을 미친다고 가정하는 것이다. 즉, 개인적 특성에 의해 리더와 보통 사람이 구별될 수 있다는 것이다. 역사상 성공적이라고 평가받는 리더들이 보편적으로 가지고 있는 특성들을 추출하려 노력했고 그 결과 '적응력', '친화력', '자신감', '지능', '판단력', '지식', '관리능력', '대인관계능력', '협조심' 등이 추출되었다. 문제는 위대한 인물들의 특성을 연구할수록 무한정으로 증가되어 현재 연구되고 있는 리더의 특성만 100여 가지가 넘는다는 것이다. 또한 순전히 개인적 특성에 초점을 맞추어 도출했기 때문에 실질적으로 구성원과 함께 특정 상황에 놓였을 때 어떤 결과가 초래될지 설명해주지 못한다는 것이다.

그 결과, 특성이론에서 리더들이 공통적으로 지닌 특성을 도출하지 못하고 성공적인 리더십과 리더의 특성 및 자질 사이의 밀접한 상관관계를 발견하지 못함에 따라 행위이론을 모색하게 된다.

2) 행위(행태)이론

행위이론(Behavioral science)은 1950~1970년 연구된 내용으로 리더들의 실질적인 행위에 초점을 맞춘 연구 이론이다. 다시 말해, 특성이론에서 규명되지 못한 리더십의 스타일에 따른 리더의 행위와 업무 성과와의 상관관계의 규명을 시도한 이론으로 설명할 수 있다. 주된 내용은 효과적인 리더와 효과적이지 못한 리더의 행위를 비교 분석한 것이다. 리더가 집단 내에서 어떻게 행동하느냐에 따라 조직의 효율성이 달라진다는 것을 기본 가정으로 두고 있다. 이를테면, 민주적인 행위를 하는 리더와 독재적인 행위를 하는 리더를 두고 특정 상황에서 어떤 리더의 유형이 더욱 효과적인가를 연구하는 것이다.

리더가 다양한 상황에서 보여줄 수 있는 외적 행위와 업무 성과 간의 상관관계가 본 연구의 초점이 된다. 이는 리더와 보통 사람은 리더의 리더십 스타일에 의해 구별될 수 있음을 전제로 하고 있다. 이후 연구에서 주어진 다양한 상황에서 효과적 리더의 행위가 어떤 것인지 밝혀지면 훈련을 통해 효과적 리더를 만들 수 있다는 점이 이 이론의 핵심이다.

하지만 행위이론을 연구하는 과정에서 리더 못지않게 리더가 이끄는 집단의 팔로워들이 리더십 발현에 영향을 미친다는 주장이 제기되며 리더십 집단 이론(group theory) · 추종자 중심 이론(follower theory)이 대두되기도 했다. 따라서 어떤 스타일의 리더가 가장 높은 성과를 도출하였는가에 대한 결론이 나지 않았기 때문에 행위이론에서 나아가 팔로워와 리더가 맡은 업무를 포함한 상황의 결과라고 해석되는 상황이론을 모색하게 된다.

3) 상황이론

상황이론(Situation theory)은 1970~1980년 연구된 내용으로 모든 상황에 적용될 수 있는 일반적인 리더의 특성과 함께 리더의 행위를 찾으려는 복합적인 상황을 이해하는 것이다. 즉, 리더십은 리더와 팔로워, 그리고 상황의 복합적 함수관계로 특정 조직의 집단과 업무와 관련된 다양한 상황에 가장 효과적으로 적응되며 부합되는 것으로 설명할 수 있다. 효과적인 리더십 행위는 리더가 어떤 상황이 주어지든 그 상황에 맞도록 적절하게 행위해야 한다는 것이다. 상황이론 역시, 결론은 리더십의 효과성에 대한 내용으로 '과업의 유형', '구성원의 특성', 리더십이 발휘될 수 있는 서로 간의 '상호작용'을 고려하여 상황에 맞는 리더십 유형을 찾는 것이다. 리더 고유의 특성도 행위의 중요성에 대해서도 인정하며, 동시에 상황적 배경이 고려되어야 한다는 것에 초점이 맞춰져 있다.

결국, 어떤 상황에서나 적용될 수 있는 최고의 리더십은 단정지을 수 없다는 전제 하에 리더십의 유효성을 상황과 연결시켜 진행된 본 이론은 교육과 훈련 등을 통해 리더십 효과의 제고가 가능하다는 특징이 있다.

2 현대 리더십 연구

전통적 리더십은 과업 및 업무 달성 위주의 수직적 명령과 복종 관계 형태를 띤 거래적(transactional) 형태를 주된 특징으로 한다. 이러한 형태의 리더십은 조직의 혁신에 요구되는 창의적 사고 및 행동을 촉진시키지 못하며 상호 간 협력된 성과 이상의 결과를 도출하기 어렵다. 또한 조직의 구성원들의 자발적이고 장기적인 노력 동원이 어려워 적용상 더 큰 한계를 발견하게 된다. 이에 70년대 후반 이후부터 변화된 시대 상황에 맞게 요구되는 리더십 이론들이 제기되었고 모두 지식정보화 사회의 관리자들의 성공적 조직 구성을 위해 요구되는 요소를 담고 있는 이론들이다.

거래적 형태의 교환과정의 중요성이 강조되는 전통적 리더십과는 달리 현대에 제시되는 리더십을 각 이론마다 강조하는 바가 분명하다. 현대적 리더십 연구의 주요 내용은 〈표 3-2〉과 같다.

표 3-2 현대의 리더십 이론과 내용

리더십		주요 내용
1970년 후반 이후	서번트 리더십 (Servant Leadership)	팔로워, 이해관계자, 사회에 대한 도덕적 윤리적 책임에 초점을 맞춰 구성원의 성공 및 성장을 촉진시키며 조직과 구성원의 성공을 위해 봉사하고 헌신함
	카리스마 리더십 (Charismatic Leadership)	리더의 개인적 능력에 의해 구성원들에게 특별한 영향력을 미칠 수 있는 리더십으로 팔로워들이 불가항력적으로 리더를 따르게 하는 천부적 리더십
	변혁적 리더십 (Transformational Leadership)	조직변화의 필요성을 감지하고 변화를 이끌어 낼 수 있는 비전을 제시할 수 있는 변화를 창조하는 리더십으로 카리스마는 물론, 거시적 관점에서 대규모적 조직 변혁을 유도하는 리더십
	슈퍼 리더십 (Super Leadership)	조직 구성원들이 스스로를 리드 할 수 있는 역량과 기술을 갖출 수 있도록 인도하는 리더십
1990년대 이후	감성 리더십 (Emotional Leadership)	리더가 구성원을 이해하고 배려하며 공감을 불러일으켜 관계를 형성해 조직의 감성 역량을 높여 목표를 달성하는 리더십
	리더-멤버 교환이론 (Leader-member Exchange Theory)	리더와 구성원 간 영향관계를 교환하는 리더십 이론으로 구성원의 기술, 능력, 동기 수준, 관계에 따른 상호작용에 근거하여 내집단(in-group)과 외집단(out-group)을 분류한 이론
	전략적 리더십 (Strategic Leadership)	미래를 예측하며 비전을 만들고, 조직의 유연성을 유지시키고자 하는 리더십으로 전략적 변화가 가능하도록 구성원들에게 권한을 위임하는 리더십
	다면적 리더십 (Multifaceted Leadership)	고도의 경쟁적 경제 상황과 리더십에 대한 전체적인 접근법 제공의 필요성에 영향을 받아 '거래적 리더십'과 '변혁적 리더십'을 통합시킨 개념

자료 : 배정훈, 송경수(2014). 부분 수정.

1) 1970년 후반 이후 리더십

(1) 서번트 리더십

서번트 리더십(Servant leadership)은 공동체에 대한 나눔과 봉사의 생활습관이다. 기존의 리더십 이론에서 리더의 우월적 지위를 전제하는 것과 대조적이며 리더가 봉사와 섬김의 정신으로 구성원의 아래에 위치하는 것을 강조하며 부하에게 목표를 공유하고 부하들의 성장을 도모하고, 리더와 부하 간의 신뢰를 형성시켜 궁극적으로 조직 성과를 달성하게 하는 리더십이다. 서번트 리더십은 리더가 부하를 섬기는 자세로 그들의 성장 및 발전을 돕고 조직 목표 달성에 부하 스스로 기여하도록 만든다(Greenleaf, 2002).

1960~1970년대에 제기된 사회적 민감성에 의해 영향을 받아 경영에 있어서는 직원과 고객에 대한 봉사를, 정치에 있어서는 시민에 대한 봉사를, 행정에 있어서는 공직자와 시민에 대한 봉사를 그 내용으로 설명한다.

(2) 카리스마 리더십

카리스마는 보통사람은 갖지 못하는 천부적 능력이나 힘을 가리키는 말로 '사람의 마음을 끄는 개인적인 독특한 힘(personal idiosyncratic power)'을 뜻한다. 카리스마 리더십(Charismatic leadership)은 구성원이 조직을 위해 희생적인 정도로 몰입하도록 리더가 영향력을 행사할 수 있는 리더십으로 이는 리더가 구성원들이 불가항력적으로 리더를 따르게 끔 하는 리더의 천부적 리더십을 의미한다(Max Weber, 1947).

Weber(1947)는 리더의 비범한 자질 그리고 능력에 대해 구성원들이 외경심을 갖게 되어 부여되는 권위를 '카리스마적 권위'라 칭했다. 따라서 리더와 구성원의 관계는 표현적이며 감정적 측면에 주안점이 두어져 근본적인 관계가 항상 불안정적인 특징을 보인다. 또한, House(1977)는 카리스마적 리더들의 특징적인 행동을 다음과 같이 제시하였다.

① 효과적 리더 역할 모형을 통해 가치와 신념을 표명함
② 구성원의 능력을 신뢰하며 목표를 성취할 수 있다는 확신이 있다는 인상을 부여함

③ 구성원에게 명확한 이상적 · 이념적 목표를 제시함

④ 구성원에게 조직목표를 달성할 수 있다는 능력이 있다는 높은 기대감 및 확신감을 전달함

⑤ 구성원들의 동기 요인을 자극하며 그들의 자기 실현 욕구를 충족시킴

(3) 변혁적 리더십

변혁적 리더십(Transformational leadership)은 구성원의 욕구 수준을 고차원의 수준으로 상승시키며 끊임없는 상호작용과 카리스마적 리더십을 통해 보다 높은 수준의 동기를 고양시키고 구성원의 행동 변화를 통해 조직의 혁신을 촉진시키는 리더십이다. 이를 위해 비전을 명확하게 전달하며 비전의 가치와 의미를 확실하게 구성원이 인식할 수 있도록 해야 한다. 또한 확신감과 긍정적 행동을 기반으로 구성원의 지적 자극과 구성원 개개인을 배려함으로써 그들의 상위 수준의 욕구를 충족시켜 기대 이상의 효과를 도출할 수 있도록 동기를 부여한다.

변혁적 리더십의 구성요소로는 카리스마적 리더십, 구성원에 대한 개별적 배려, 지적 자극, 그리고 영감적 동기유발이 있으며 리더십의 핵심 과정 요인으로는 ① 비전설정(visioning), ② 가치화(valuing), ③ 연대감과 영감(articulating & inspiring), ④ 권한부여 및 지속적인 의사소통(empowering & ongoing communication)의 과정이 있어야 한다고 설명한다(Bass, 1985).

(4) 능력부여 리더십

능력부여 리더십(슈퍼리더십 : Super leadership theory)은 인간관계에서 타인을 수용하고 자율성을 격려하는 태도이다. 구성원 개인의 내부에 잠재되어 있는 셀프리더십을 자극하고 활성화하여 개인으로 하여금 자기 영향력을 극대화하도록 돕는 리더십이다. 능력부여 리더십(슈퍼리더십) 이론은 추종자들, 특히 하급자가 자기 자신을 리드할 수 있는 역량과 기술을 갖도록 하는 것을 리더의 역할로 규정하고 있다. 슈퍼리더(super leader)란 "추종자들이 스스로를 리드해 나아갈 수 있도록 리드하는 사람"이라고 정의한다. 또한 스

스로를 리드하는 데 필요한 행동이나 사고에 관련된 일단의 전략을 "셀프리더십(self-leadership)"이라고 규정하고 있다(Sims & Lorenzi, 1992). 따라서 슈퍼리더십은 하급자들이 셀프리더가 될 수 있도록 가르치고 이끄는 과정이라고 볼 수 있다.

2) 1990년대 이후 리더십

(1) 감성 리더십

감성 리더십(Emotional leadership)은 자신과 상대방의 감성에 대한 이해를 바탕으로 '공감'을 얻어내고 공감을 받은 구성원이 조직에 몰입하게 함으로써 높은 성과를 창출하게 하는 리더십을 의미한다. 감성 리더십을 갖추기 위해서 지적 역량과 함께 감성지능을 갖추고 타인으로 하여금 긍정적 감성을 이끌어 낼 수 있는 능력을 갖추어야 하며 조직적 측면에서 신나게 일할 수 있는 조직문화를 형성할 수 있는 기반을 마련해 주는 역할을 한다(Goleman & Boyatzis, 2002).

Goleman 외(Goleman, Boyatzis, & Mckee, 2002)는 공저인 『감성의 리더십(Primal Leadership)』에서 '개인적 능력'인 자신을 다스리는 능력을 통해 개별 구성원들에게 조직에 대한 주인의식과 열정, 충성심을 불러일으켜 조직의 목표 및 비전 달성에 긍정적 영향을 미친다고 설명했으며, 보다 상위 개념인 관계를 다스리는 능력인 '사회적 능력'을 통해 개별적 구성원들에 대한 이해와 배려 그리고 공감을 바탕으로 조직의 목표 및 비전 그리고 가치를 구성원과 함께 공유하며 추구한다고 설명하였다. 이와 같은 감성 리더십은 4가지 구성요소를 필요로 하며 이는 다음과 같다.

표 3-3 감성 리더십의 구성요소

개인적 능력	자기 인식	꿈, 목표, 비전 및 자기 감성을 파악하고 현재 자기 역량, 현실 인식, 약점 및 강점을 파악할 수 있는 능력
	자기 관리	자신의 감정 및 충동을 통제하며 상황 변화 및 장애에 대한 적응력, 진실성, 낙천성, 실용적 사고와 행동, 기회포착력, 진취성과 도전정신
사회적 능력	사회적 인식	타인의 감정과 입장을 헤아리며 적극적인 관심을 표현할 줄 아는 능력(감정이입 능력). 감정적 호소력, 인간적 흡입력, 봉사와 배려의 섬김 리더십 실천
	관계관리	명확한 비전을 통해 구성원의 영감을 불러일으키며 목적달성과 관련된 동기를 유발하여 자발적으로 동참할 수 있게 만드는 능력. 피드백과 지도를 통한 역량 발휘

(2) 리더-멤버 교환이론

리더-멤버 교환이론(LMX : Leader-Member Exchange Theory)은 리더와 멤버가 상호작용을 하며 리더는 구성원의 능력과 기술, 그리고 동기 수준에 따라 서로 다른 수준의 교환관계를 맺는다는 이론이다. 이 이론은 리더와 구성원의 개별적 양자관계에 관심을 두었던 과거 이론에서 발전한 것으로 구성원의 성과에 대한 평가로서 리더의 귀인양식 등에 영향을 미치기 때문에 유용하다.

가장 큰 특징은 구성원의 기술, 능력, 동기 수준, 관계에 따른 상호작용에 근거하여 내집단(in-group)과 외집단(out-group)을 분류했다는 것이다. 구성원의 역량 및 동기가 리더가 신뢰할 만하다고 판단되면 내집단 구성원이 되는데, 이들은 직무에서 요구되는 역할과 책임 이상의 일을 수행한다. 따라서 내집단 구성원들은 리더로부터 더 많은 지원과 관심을 받으며 조직의 목표달성 및 성공에 중요한 영향을 미치는 핵심적 책임을 맡는다. 이 외에 내집단의 구성원이 되기 위한 충분한 속성이 갖춰져 있지 않은 구성원은 외집단 구성원이 된다. 이들은 일상적 수준의 직무만을 수행하며 리더와는 주로 공식적 수준의 관계를 형성한다(Dansereau, et al., 1975).

리더-멤버 교환이론(LMX)은 결론적으로 리더와 구성원의 상호신뢰, 존중, 애정, 충성심, 지원과 같은 요인을 통해 교환관계의 질이 달라진다고 가정하고 있다. 이 외의 요인으로는 리더와 구성원 간 협상의 재량 범위, 가치 공유, 영향력 증가와 같은 관계에 영향을 미칠 수 있는 다른 측면 및 개인적 속성을 포함하여 설명하기도 한다.

LMX-7 측정도구를 활용해 작성해 봄으로써 리더-멤버 간의 관계의 질을 점검하고 해당 모형에 서술되어 있는 협동관계의 특성(characteristics of partnership)을 반영하는 정도를 확인할 수 있다. 리더의 입장에서 멤버와의 관계의 질을 측정해 보기 위해 개별적으로 여러 차례 설문지를 완성해야 할 것이다. 멤버의 입장에서는 리더와의 관계를 상기하며 설문지를 완성하면 된다.

〈표 3-4〉는 최근 가장 널리 이용되고 있는 LMX 측정도구이다.

표 3-4 LMX-7 측정도구

항 목	전혀 아니다	아니다	보통	그렇다	매우 그렇다
1. 리더가 당신이 하는 일에 얼마나 만족하고 있는지 얼마나 자주 알고 있는가?	①	②	③	④	⑤
2. 리더는 당신이 맡은 직무상의 문제 및 욕구를 얼마나 잘 이해하는가?	①	②	③	④	⑤
3. 리더는 당신의 잠재력을 잘 인식하는가?	①	②	③	④	⑤
4. 직무 수행에서 발생된 문제해결에 도움이 되도록 리더가 영향력을 사용할 가능성은 얼마나 되는가?	①	②	③	④	⑤
5. 리더가 희생이 따르더라도 당신을 지원해 줄 가능성은 얼마나 되는가?	①	②	③	④	⑤
6. 나는 리더를 매우 신뢰하고 있으므로 리더가 부재하는 경우에도 리더의 결정을 옹호하고 정당하다고 주장할 것이다.	①	②	③	④	⑤
7. 당신은 리더와의 업무상 관계의 특징을 규정할 수 있는가?	①	②	③	④	⑤

자료 : Graen & Uhl-Bien(1995).

LMX-7에서 도출된 점수는 다음과 같이 해석할 수 있다.

매우 높음 = 30~35	높음 = 25~29	중간 = 20~24
낮음 = 15~19	매우 낮음 = 7~14	

비교적 높은 범주의 점수는 보다 강하고 높은 수준의 내집단(in-group) 리더-멤버 교환관계를 나타내며, 낮은 범주에 속한 범주의 점수는 낮은 수준의 외집단(out-group) 리더-멤버 교환관계를 나타낸다. 이 분석은 가장 널리 이용되고 있는 측정도구이며 자신의 리더십을 분석하기 위해서도 사용될 수 있다.

(3) 다면적 리더십

다면적 리더십(Multifaceted leadership)은 고도의 경쟁적인 국제경제 상황을 바탕으로 리더십을 보다 세심하고 전반적인 통찰력을 갖고 접근할 필요성이 제시되며 나타났다. 다면적 리더십은 리더 자체의 자질과 행태의 문제만을 강조해 온 '거래적 리더십'과 비전 지향적이며, 카리스마적인 '변혁적 리더십'을 통합한 개념이다.

거래적 리더십은 리더가 구성원 간에 맺은 교환관계를 기초로 영향력을 발휘하는 것을 의미한다. 리더는 구성원에게 구성원이 원하는 보상을 제공하고 구성원은 리더가 원하는 직무 성과를 성취하도록 한다. 이 리더십은 '규칙'을 기반으로 한 관계가 설정되어 있기 때문에 리더는 변화를 촉진하기보다 조직의 안정을 유지하는 것을 우선으로 한다. 따라서 리더의 요구에 구성원이 이에 합당한 결과를 가져오는 교환과정이 포함되지만, 구성원은 목표에 대한 열의 또는 몰입까지는 다다르지 않는다.

반면, 변혁적 리더십은 구성원으로 하여금 리더에 대한 신뢰를 갖도록 하는 카리스마는 물론, 변화를 이끌어 낼 수 있는 비전을 제시할 수 있는 능력이 요구되는 리더십으로 거래적 리더십과 약간의 차이점이 있다. 가장 큰 차이점은 변혁적 리더십은 조직의 비전과 공동체적 사명감을 강조하며 조직의 장기적 목표를 달성하는 것이 핵심이므로 단기적인 성과를 강조하며 보상을 통해 구성원의 동기를 유발하려는 거래적 리더십과는 큰 차이가 있다. 이에 거래적 리더십이 합리적인 사고와 이성에 호소한다면, 변혁적 리더십은 감정과 정서에 호소하는 측면이 더 크다.

리더십은 고정적인 것이 아니다. 리더십은 집단 혹은 조직의 욕구 부응을 위해 변화될 수 있다. 다면적 리더십은 이러한 측면에서 거래적 리더십과 변혁적 리더십을 상황 및 조직의 특성에 따라 통합적으로 적용시키려는 리더십으로 해석할 수 있다.

(4) 셀프 리더십 & 팔로워십

셀프 리더십(Self leadership)은 '자기 개발을 위한 적극적인 동기와 실천'을 말한다. 조직 구성원 개개인의 자발적인 노력과 열정을 이끌어 가는 과정으로 인간이 근본적으로 가지고 있는 자기 통제 시스템을 자극해 스스로 목표를 설정하고 영향력을 행사하여 일의 성과를 올리는 데 중점을 두는 리더십이다. 다시 말하면 스스로 자기 자신에게 영향을 미치기 위하여 자기 영향력을 행사하고자 사용되는 사고 및 행동 전략을 통틀어 일컫는 것이다. 따라서 셀프 리더십 이론은 지시, 명령, 통제 등에 의해 발휘되는 전통적인 리더십보다는 자기 스스로 목표설정, 자기 통제 등과 같은 자율성을 중심으로 하는 리더십으로서 조직 구성원들의 직무 만족과 업무 성과를 증대하는 데 효과적이라는 데 주안점을 두고 있다.

팔로워십(Followership)은 '능동적인 팔로워로서 공동체 참여 및 협동'을 하는 것이다. 기존의 전통적인 리더에 대한 단순한 추종자의 개념이 아닌 능동적이며 적극적인 리더와 상호 영향력을 주고받는 존재로서 리더와 조직을 위해 긍정적인 효과를 기대할 수 있는 존재를 뜻한다. 오늘날의 조직은 팔로워십을 더욱 중요하게 만들고 있다. 일사불란한 조직체계에서 팀(team)제나 소사장(intrapreneuring)제[1]와 같이 유연하고 분권화된 조직으로 바뀌어 가고 있으며 유연성이 높아진 조직에서는 리더가 고정되어 있지 않기 때문이다. 조직의 성공에 있어서 리더가 기여하는 것은 많아야 20퍼센트 정도이고 나머지 80퍼센트는 팔로워들의 기여라고 볼 수 있으며, 아무리 직급이 높은 리더라 하더라도 리더로 일하는 시간보다 팔로워로 일하는 시간이 더 많은 것이 사실이다. 따라서 리더가 아무리 중요하다고 해도 리더십만으로는 부족하고, 창조적인 리더십과 창조적인 팔로워십이 조화를 이루어야 창조적인 기업문화가 만들어지는 것이다.

1) 소사장제란, 기업의 경쟁력 회복 및 생산성 향상을 위해 사업 내 생산라인 또는 공정의 일부분을 독립경영체제화 시켜 운영하는 소규모 경영방식을 의미한다.

Part 2

대학생활과 개인 · 집단 · 조직

개인 · 집단 · 조직의 이해

Chapter 04

1. 개인과 집단의 이해
2. 조직의 이해
3. 개인과 조직의 관계

학습 목표

1. 개인과 집단, 조직을 이해할 수 있다.
2. 조직의 특성과 문화를 이해할 수 있다.
3. 조직 내에서의 관계에 대해 이해할 수 있다.

주요 내용

1. 조직의 정의와 개념
2. 개인과 조직 내 관계의 이해
3. 조직 내 관계 관리 기법에 대한 이해의 필요성 및 활용

인성과 리더십

4차 산업혁명시대 스워라밸

study-work & life balance leadership

04 개인 · 집단 · 조직의 이해

1 개인과 집단의 이해

사람은 사회적 동물로 다양한 집단을 형성한다. 수렵채집 시절부터 인간은 집단생활을 시작하였다. 인간은 왜 집단을 형성하고 생활하는 것일까? 형성된 집단은 공통된 목표를 달성하기 위해 힘을 모으기도 하며 서로에게 영향을 주고받는다. 인간은 크게 네 가지 이유로 다음과 같이 집단을 형성하게 된다(조성진, 지희진, 2016).

첫째, 집단 형성 자체가 사람의 기본 욕구를 충족시켜 주며 자아정체성 형성에 영향을 준다.

둘째, 사람은 혼자 달성하기 어렵다고 판단된 목표달성을 집단을 통해 이루고자 집단을 형성한다. 개인이 성취하기 어렵거나 또는 여러 명이 협력할 경우 더 효율적으로 달성할 수 있다고 판단될 때 집단을 형성한다.

셋째, 혼자 있을 때보다 여러 명이 있을 때 안정감을 느낀다. 따라서 안전 확보를 목적으로 집단을 형성하기도 한다.

넷째, 타인으로부터 부러움의 대상이 되고 있는 집단에 소속됨으로써 자신 또한 구성원으로 인정받을 수 있는 특정 신분을 얻을 수 있으므로 집단에 속하고자 한다.

1) 개인과 공동체

인간은 여러 가지 이유로 다양한 형태의 집단을 형성한다. 이때 해당 집단이 지향하는 이념에 따라 공동체(community)가 발생한다. 이처럼 개인의 집단 형성은 조직이 되고 조직이 모여 국가를 형성하게 된다. 따라서 리더십을 연구하고 실천하는 과정에서 가장 기본단위가 되는 개인과 집단의 이해는 반드시 필요하다. 공동체는 시대와 이념을 따르기도 하고 전혀 다른 양상으로 드러나기도 하는 다양한 형태를 띠고 있으며 그 구조와 변천 양상은 여러 가지에 이른다.

사람은 누구나 자신이 원하는 공동체에 소속되기를 원하며 그 안에서 타인과 소통하고 관계를 형성해 나간다. 공동체 내에서 소속된 구성원들에게 각기 다른 역할이 주어지며, 지켜야 할 행동 수칙 및 서열이 정해진다. 그 과정에서 원활한 관계 형성을 경험하기도 하고 때로 서로의 다름을 인식하며 갈등을 경험하기도 한다. 공동체 구성원들이 지향하는 이념적 틀과 공동체 내에서 지켜야 할 역할, 규칙, 그리고 규범과 같은 개념 및 체계를 '공동체 정신'이라고 한다.

예로부터 공동체는 타인과 더불어 사는 관계로 사회 안정의 필수적인 요소로 해석되어 왔다. 특히, 현대의 자본주의 사회에 만연된 이기주의와 경기침체에 따른 경제의 양극화 상황, 환경파괴 등 제반 문제에서 드러나는 다양한 폐해들은 더욱 공동체 정신을 통한 안정화를 필요로 하고 있다. 공동체를 이해하는 데 우리나라 고유한 문화이자 더불어 사는 지혜를 보여주는 두레정신의 구성 요소를 살펴보면 〈표 4-1〉과 같다.

두레는 과거 농경생활에서 농업생산이라는 공동 목적 달성을 보다 효율적으로 수행위해 자연마을 단위의 사람들이 모여 형성된 공동체를 말한다. 마을의 안녕과 복을 기원하며 신에게 제의를 지내며 마을 구성원들의 놀이와 휴식이 어우러진 하나의 문화가 된다. 두레가 강조하는 것은 '공동 노동'을 위한 협동생활, 공동 규범의 마련, 공동체 의식의 함양 등이며 두레를 통해 마을 구성원은 그들만의 정서 및 가치를 공유하며, 보다 원활한 의사소통으로 공동체의 결속력을 강화시켰다.

표 4-1 두레정신의 구성 요소

구 분	내 용
공동체 정신	• 정서와 의식, 태도, 가치관에 있어 '우리'라는 의식, 동일시, 일치감, 참여의식을 더불어 살며 정을 나누는 공동체적 삶
상부상조 정신	• 어려운 처지에 놓여 있는 사람들을 위해 공동으로 부조하고 상호적 작용을 통해 돕고 나누며 자신의 강점을 공동체에 기여함
협동 정신	• 서로 힘을 모아 어려운 일을 해내는 것으로 개인에게 부여된 일을 감당해내지 못하는 제약성을 극복하기 위한 매개체
풍류 정신	• 두레패들이 치는 농악(두레풍장, 두레 굿[1])을 통해 공동체 연대감을 갖고 일과 놀이를 순화시켜 신명나게 농경생활을 유지함
민주/자주 정신	• 구두의결에 의해 역할에 따른 임원을 민주적으로 선출함 • 공동체 규제하의 자발적 회의를 진행하였으며 모든 회의와 절차는 민주적 토대를 바탕으로 함
자연과 조화 정신	• 노동과 놀이, 그리고 제의에서 행하는 모든 활동은 자연의 법칙에 따르며 계절의 순환에 조화토록 함

자료 : 이희원(2007). 부분 발췌.

두레라는 공동체 문화의 원리인 두레정신은 단순히 여러 사람이 같이 일하는 것이 아니라 힘을 모아 어려운 일을 해내는 것에 그 의미가 있다. 역할에 따른 임원이 선출되었으며 임원의 역할이 있는 지휘체계를 가지고 있다. 두레의 총 책임자인 영좌(領座)는 독재와 독단을 부릴 수 없으며, 오로지 두레회의를 통해 관리 운영되었다. 또한 자연과의 조화를 중시하였는데, 자연을 사람과 더불어 살아 있는 유기체로 보고 섬김의 대상으로 삼았다.

1) 두레 굿 : 제의로서 농신을 불러 경배하고 즐겁게 하여 농사가 잘되게 해달라는 의미

2) 개인과 집단의 영향 관계

사회구조는 결과적으로 개인이 집단을 형성하고 조직화되어 사회의 구조를 이룬다. 개인과 집단은 한 사회에서 사회적 관계를 맺고, 이 구조 내에서 개인은 행동에 미치는 영향이 매우 크며, 사회 구조에서 자유롭기 어렵다. 하지만 사회 구성원들의 가치관 또는 행동양식이 자연스럽게 변화된다면 반대로 사회 구조를 바꿀 수도 있다.

따라서 개인과 집단으로 형성된 사회는 상호 관련성을 갖는다. 개인은 반드시 속해 있는 집단에 영향을 받지만 반대로 집단의 규범과 규칙을 거부하거나 이 구조를 변화시키기도 한다. 다시 말해, 개인과 사회는 서로 영향을 주고받는다. 이러한 관계를 바라보는 관점을 크게 사회 실재론과 사회 명목론으로 구분지어 〈표 4-2〉와 같이 설명할 수 있다.

표 4-2 사회 명목론과 사회 실재론

구 분	사회 명목론	사회 실재론
내용	• 사회는 개인의 단순 집합체며 실제로 존재하지 않음	• 사회는 개인들의 단순 집합 이상의 독자적인 실체임
주장	• 사회에 대한 개인의 우월성 강조 • 개인행동은 사회와 관계없으며 개인의 자율성과 능동성 강조 • 개인의 특성이 사회의 특성을 결정하므로 개인 행위에 대한 구조의 영향은 무시됨	• 사회는 개인을 초월하여 존재하는 독립적인 실체임 • 개인들의 삶을 규제하고 좌우하는 구속력을 지님 • 사회의 특성은 개인에게 영향을 미치므로 사회/문화 현상의 분석에서 사회의 구조를 중시함
한계점	• 개인 행위나 심리 상태만으로 설명될 수 없는 사회 구조 및 제도의 거대한 힘을 간과함	• 동일한 집단에 속한 개인이라도 개인의 자율성에 따라 다른 행동양상을 보이는 것을 설명하지 못함
관점	개인주의, 자유주의	집단주의

자료 : 한림학사(2007). 부분 발췌.

가장 좋은 영향 관계는 사회 명목론과 사회 실재론이 조화를 이룰 때이다. 두 가지 이론이 상호 보완되어 개인과 사회의 관계를 보다 종합적이며 체계적으로 이해하고자 하는 자세가 필요한 것이다. 극단적인 방향의 사회 명목론과 사회 실재론은 위에서 제시한 바와 같이 한계점이 있다. 실질적으로 개인을 완전히 배제한 사회도 있을 수 없고 반대로 개인만을 위한 사회도 있을 수 없다. 이 밀접한 연관성에 초점을 맞춰 그 관계를 이해하려는 노력이 필요하다. 이 외에, 사회 실재론과 관련된 사상으로 사회를 생물학적 유기체에 비유한 '사회 유기체론'을 들 수 있다. 사회 구성원은 유기체의 한 부분으로 저마다의 기능적인 역할을 수행한다. 생물 유기체에서 발견할 수 있는 생물 발전의 논리를 사회의 질서와 발전에 비유한 것이다.

이처럼 개인과 집단의 영향관계에 따른 사회 구조는 지속적이며, 안정적이고 변화한다.

2 조직의 이해

인간은 조직 속에서 각자의 목표를 성취하기 위해 노력하며 이익을 추구하는 활동을 한다. 조직의 구성원으로서 사회 구조를 이루기 때문에 조직은 사회를 구성하는 가장 기본적인 전제조건이라고 할 수 있다. 조직은 조직의 목표를 달성하기 위해 상호 보완을 하는 협동적 노력과 조정, 그리고 행정이 이루어지는 장을 형성한다.

조직은 눈에 보이지 않지만 존재하는 것으로 이에 대한 정의는 다양하다. 조직 개념에 대한 학자들의 설명에 따르면 조직의 속성은 다음과 같이 세 가지로 요약할 수 있다(이학종, 1993).

첫째, 공동 목표이다. 조직이라는 개인의 집합체는 기본적으로 조직 구성원들이 달성하고자 하는 공동의 목표를 갖고 있다.

둘째, 규정과 규칙이 존재한다. 조직은 공동의 목표를 성취하기 위해 조직 구성원에게 역할을 주며 그에 따라 행동을 조정하고 통제할 수 있는 규정과 규칙이 있다.

셋째, 상호 협력이다. 조직의 공동 목표를 보다 효과적으로 달성하기 위해 사람들은 주어진 역할 내에서 상호 보완적 관계를 유지한다. 조직이 형성되면 자연스럽게 역할 분담이 이루어지는데 이를 통해 각자의 의무와 과업, 그리고 책임과 권한 등을 크게 벗어나지 않고 합리적인 목표달성을 위해 협력한다.

1) 조직의 구성 요소

둘 이상의 개인이 특정 목표를 달성하기 위해 의도적으로 구성한 집합체인 조직은 목표달성을 위해 특정 역할, 과업, 권한, 지원 구조 등을 갖고 있다. 일정한 책임과 규범을 설정하고 조직 구성원들 간의 상호 의사소통을 통해 목표달성을 위한 구성원의 다양한 활동을 조정하는 협동적 체계를 가지고 있다. 이러한 조직을 이해하기 위해 조직을 구성하는 요소를 파악할 필요가 있다. Scott(2003)이 제시한 조직 구성 요소는 매우 유용하게 사용되고 있는 모델로 [그림 4-1]과 같다.

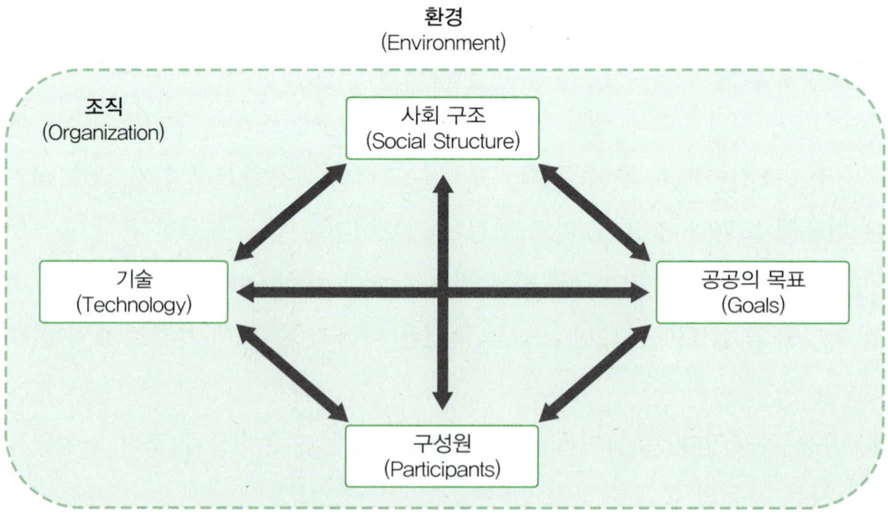

그림 4-1 Scott의 조직 구성 요소

자료 : Scott(2003). 부분 수정.

이 모델은 Leavitt(1965)이 제시한 모델을 Scott이 환경을 포함하여 수정한 것으로 조직 구성 요인에 대해 ① 사회구조(social structure) ② 공공의 목표(goal) ③ 기술(technology) ④ 구성원(participants) ⑤ 환경(environment)으로 나누어 밀접한 상호 간 영향관계를 설명한 모델이다.

첫째, 사회구조는 조직을 구성하고 있는 구성원 간의 정형화된 규범, 규칙, 그리고 질서로 정립된 관계 양상을 의미한다. 사회구조는 다시 규범적 구조와 행동 구조로 나누어 설명되며 그 내용은 다음과 같다.

표 4-3 사회구조

사회적 구조	내 용
규범적 구조	가치관, 규범, 역할에 대한 기대를 포함하며, 구성원 간의 행동을 통제하는 일관된 신념과 조치로 조직화 되어 있음
행동적 구조	구성원 간의 상호작용, 활동 및 감정으로 구성되며, 구성원들의 권력 구조, 사회 측정학적 구조를 예로 들 수 있음

둘째, 공공의 목표는 조직의 구성원들이 동일한 특정 과제 수행을 통해 얻고자 하는 바람직한 결과로 개개인의 목표와는 차이가 있을 수 있지만 이 목표에 따라 조직의 질서가 유지되고 구성원들의 행동이 제한된다.

셋째, 기술은 하나의 메커니즘(mechanism)으로서 구조인 동시에 그것에 의한 과정을 말한다. 다시 말해서, 조직은 특정 목표 성취를 위한 다양한 활동이 이루어지는 장소로 투입된 원료의 변환을 위한 에너지가 사용되는 장소라고 할 수 있다. 이 과정에 기술이 이용되는데 크게 하드웨어(기계, 장비 등)와 소프트웨어(전문적 지식, 기술 등)로 나누어 설명된다.

넷째, 구성원은 조직에 참여하는 사람들로 조직과 구성원은 서로 상대성을 유지하며 영향력을 행사한다. 각 구성원은 조직 내부의 사람으로서 조직에 적응하기도 하고, 서로 다른 기술과 전문성을 가진 다양한 사람이 모임으로써 때로는 조직을 변화시키기도 한다.

다섯째, 환경은 기술적, 물리적, 문화적, 사회적 환경으로 설명할 수 있으며 반드시 조직과 구분되는 경계가 있다. 조직과 환경은 상호작용을 하며 구분되는 경계가 있음을 전제로 하고 있지만 완전히 분리된 것이 아니라 유동적인 특성을 가지고 있다.

따라서, 각 조직의 구성 요소들은 서로 영향을 미치고 있으며, 조직은 하나의 체제라고 이해할 수 있다.

2) 조직의 구조

조직의 구조는 어떤 구성원들이 무엇을 목적으로 어떻게 모여 조직을 이루었느냐에 따라 구분될 수 있다. 그 구조를 연결하여 그림으로 표현한 것이 흔하게 알고 있는 '조직도(organization chart)'이다. 조직의 구조는 개인 또는 집단이 어떻게 연결되어 있느냐에 따라 크게 다섯 가지로 구분될 수 있으며 그 내용은 다음과 같다(김창걸, 2003).

(1) 공식 조직과 비공식 조직

공식 조직(formal organization)과 비공식 조직(informal organization)은 조직의 발생양상에 따라 나뉜 조직 구조이다. 공식 조직은 조직표 상에서 드러나는 조직으로 공식화된 분업체계를 이루며 구성원의 배치나 공식적 의사소통 경로 및 권한 배분 등을 보여준다.

비공식 조직은 공식 조직 내 존재하며 공식 조직으로부터 충족되지 못한 여러 가지 심리적 요인들에 의한 기능을 수행하는 자연 발생적으로 생기는 조직이다. 이때 비공식 조직 내의 구성원은 정서적 유대감을 통해 공식 조직 기능에 직 · 간접적 영향을 미친다.

공식 조직과 비공식 조직의 관계 역시 상호 보완적 관계로 반드시 양립되어야 하는 조직의 필수적인 측면으로 설명되고 있다. 공식 조직과 비공식 조직이 조화를 이룬다면 조직의 결속력이 좋아져 의사소통이 보다 원활해지고 개인 측면에서 정체감과 자존감을 높여 조직의 활력적인 역할을 수행한다. 하지만 조화를 이루지 못한 경우, 조직 내 파벌이 형성되기도 하며 이에 따라 공식 조직의 의사소통을 왜곡시키거나 차단하는 문제가 발생하기도 한다. 이러한 문제는 편파적인 문제해결 및 비합리적 의사결정을 야기하는 원인이 되므로 공식 조직은 비공식 조직의 효율적인 활용의 중요성을 인지해야 할 것이다.

(2) 계선 조직과 참모 조직

계선 조직(line organization)과 참모 조직(staff organization)은 조직의 권한관계와 업무수행의 계통에 따라 나뉜 조직 구조이다. 계선 조직은 조직도에서 수직적으로 내려간 라인을 일컫는다. 수직적인 지휘명령 계통이 명확하게 정립되어 있는 특징이 있으며 역할에 따른 업무를 수행하는 데 1차적인 조직을 말한다. 구성원 간의 권한과 책임의 수준이 명확하며 업무 수행의 효율성을 제고할 수 있으며 조직의 간결화로 의사결정이 신속하다. 하지만 강력하게 발휘되는 통솔력으로 인해 조직의 경직성을 초래할 수 있는 단점이 있고 이에 따라 독단적 의사결정이 이루질 수 있는 문제가 야기된다.

참모 조직은 조직도에서 수평적으로 펴져 있는 모양을 하고 있어 계선조직이 원활하게 목표달성을 할 수 있도록 지원하고 보조하는 조직이다. 업무를 추진하는 데 요구되는 정보나 아이디어를 제공하며 필요한 사항에 대해서 자문과 지원하는 역할을 담당한다. 합리적이지 못할 수 있는 계선 조직의 결정을 보다 합리적인 의사결정을 할 수 있도록 돕기도 하며 수평적 업무 조정을 가능하게 한다. 하지만 조직의 복잡성으로 인한 갈등과 불화를 야기할 수 있으며 자원 낭비를 초래할 수 있다.

결과적으로 참모 조직은 조직의 목표 달성을 위해 간접적으로 기여하며 명령이나 집행 및 의사결정에 있어 직접적인 행사에는 한계가 있다. William(1976)은 계선 조직과 참모 조직의 관계에 대해 두 조직이 잘 어우러지면 효율성을 극대화시키며 계선 조직의 문제점인 조직의 경직성을 완화시켜 신축성을 부여할 수 있다고 설명하였다. 하지만 조직 내 인사도가 복잡해지며 명령계통과 의사전달에 혼란을 야기할 수 있으니 이 점을 조심해야 한다고 지적한 바 있다. 이와 같은 문제점을 해결하기 위해 계선 조직과 참모 조직 간의 직무의 한계를 명확히 규정하며 상호 간 이해 증진을 위해 노력해야 한다고 설명하였다. 가장 중요한 것은 직무 교대 전 인사교류가 선행되어야 하며 교육 등을 활용하여 의사소통을 보다 원활히 해야 할 것이다.

(3) 집권화 조직과 분권화 조직

집권화 조직(centralized organization)과 분권화 조직(decentralized organization)은 조직의 권한 위양 정도에 따라 나뉜 조직 구조이다. 이는 조직의 성격을 이해하는 데 중요한 요인이 될 수 있다. 조직 내 권한과 의사결정이 상부조직에 집중되어 있는 집권화인지 하부조직에 분산되어 있는 분권화가 되어 있는지에 대한 문제이기 때문이다.

집권화가 되어 있는 조직은 통일된 정책 수행을 하며 통합적 조정이 쉬워 보다 신속한 업무를 처리하는 데 용이하다는 특징을 갖는다. 하지만 지나친 집권화는 획일주의에 빠져 개별적 특수성 및 적시성이 고려되지 못한다는 단점을 가질 수 있다. 집권화 조직은 기능적으로 합리성 및 효율적 통제와 같은 조직의 능률적 측면을 통해 성과를 올릴 수 있는 반면, 분권화 조직은 구성원의 솔선력 및 자율적 의사결정, 그리고 적극적 참여와 같은 행태를 유도해 조직의 성과를 올릴 수 있다(이학종, 박현준, 2004).

(4) 수직적 조직과 수평적 조직

수직적 조직(vertical organization)과 수평적 조직(horizontal organization)은 조직의 권한 역할 배분 및 계층 간 명령과 복종관계에 따라 나뉜 조직 구조이다. 수직적 조직은 조직의 권한에 따른 등급화 정도가 피라미드 형태를 이룬 계층적 조직으로 제한된 부하의 수에서 얻을 수 있는 집단의 응집력과 신속하고 보다 정확한 의사결정 및 문제해결이 가능하여 좋은 성과를 창출할 수 있다는 특징이 있다.

수평적 조직은 조직의 권한에 따른 등급화 정도가 낮고 조직 구성원에게 권한 위양의 기회를 부여하는 조직 형태를 말한다. 이와 같은 조직의 형태가 잘 관리되고 활용되면 효율적일 수 있지만 반대로 혼란과 불만을 야기할 수 있다.

실제로 조직의 성격에 따라 수직적 조직과 수평적 조직은 각기 다른 강점으로 조직의 목표달성에 유리할 수 있다. 따라서 조직의 내 · 외부 환경, 과업, 관리자의 지도성 및 성격, 팔로워의 행동 경향 등 여러 가지 상황적 요소와의 관계에 의해 결정하는 것이 현명하다.

(5) 기계적 조직과 유기적 조직

기계적 조직(mechanistic organization)과 유기적 조직(organic organization)은 조직의 성격적 경향에 따라 나뉜 조직 구조이다. 이 조직의 구분은 절대적 개념에 의해 조직체를 분류하는 것이 아닌 상대적 개념에 의한 것으로 그 특징을 나타낼 수 있다. 기계적 조직은 공식성이 높다. 하향적 의사소통이 이루어지므로 의사결정 과정에서 하위계층 사람들의 참여 가능성이 낮다. 따라서 조직이 경직되어 있지만 비교적 안정적이고 예측 가능성이 높은 경우 적합한 조직 구조를 가지고 있다. 유기적 조직은 공식성이 낮아 수평적 의사소통이 이루어져 모든 구성원의 의사결정 참여도가 높다. 따라서 조직이 전반적으로 유연하고 탄력적인 성향을 갖고 있다. 이러한 유형의 조직은 환경이 변화가 많아 동태적이고 불확실성이 큰 경우 적합하다.

3) 조직의 유형

조직의 유형은 공통된 특징을 가진 조직을 묶어 그 특성을 논리적이고 종합적으로 비교할 수 있게 한다.

(1) 사회적 기능 유형

Parsons는 조직을 사회적 기능의 유형으로 나누어 〈표 4-4〉와 같이 제시하며 사회에서 각기 다른 기능적 특성이 타 조직들과 상호 의존하며 사회의 안녕과 발전을 도모한다고 주장하였다.

표 4-4 Parsons의 사회적 기능 유형

조직 유형	내 용
생산조직 (production organization)	• 사회 유지를 위해 필요한 자원 획득을 일차적인 책임으로 하는 조직
정치적 목표 지향조직 (political goal organization)	• 사회 공동 목표를 설정하고 달성하는 기능을 수행하는 조직으로 목표달성을 위해 권력을 할당하는 조직
통합조직 (integrative organization)	• 조직 내 구성원 간 갈등을 해소하고 동기부여를 시키며, 전체적으로 구성원의 활동을 통합하는 조직
유형유지조직 (pattern maintenance organization)	• 조직 체제 문화유형을 유지함과 동시에 잠재 기능을 수행시키고 사회의 계속성을 유지하는 기능을 하는 조직 • 문화를 창조 · 보존 · 전달 기능을 수행함

(2) 1차적 수혜자 유형

Blau와 Scott의 1차적 수혜자 유형은 조직을 통해 가장 많은 혜택을 얻은 자가 누구냐에 대해 초점을 맞춰 조직을 분류한 유형이다. 이때 단지 특정 인물이 혜택을 받는다는 것이 아니라 조직과 연관된 개인 또는 다른 집단보다 우선적으로 보상을 받는다는 것을 뜻한다. 조직 활동 결과에 대한 주된 수혜자에 따라 분류하면 〈표 4-5〉와 같다.

표 4-5 Blau와 Scott의 1차적 수혜자 유형

조직 유형	내 용
호혜조직 (mutual benefit association)	• 조직의 구성원 또는 단체의 회원들로 구성원으로서 참여를 통해 얻을 수 있는 보상에 관심이 있음
사업조직 (business concerns)	• 조직의 소유자로 치열한 경쟁 속에서 생존하기 위해 조직의 능률을 강조함
연방조직 (commonwealth organization)	• 조직의 구성원이 아닌 일반 대중에게 우선적 혜택이 제공되는 공공의 조직
봉사조직 (pattern maintenance organization)	• 조직과 직접적으로 접촉되는 일반 대중으로 기본적인 기능은 대중에게 서비스를 제공하는 것

(3) 순응 유형

Etzioni의 순응 유형은 조직의 리더가 구성원에게 행사하는 권력의 수준과 그 결과에 따른 구성원의 조직 참여 수준 간의 관계를 말한다. 이때 리더가 구성원에게 행사하는 권력으로는 '강제적 권력', '보상적 권력', '규범적 권력'으로 나뉘며 각각 다음과 같은 의미를 갖는다.

표 4-6 구성원에게 행사하는 권력

행사 권력	내 용
강제적 권력	• 구성원 활동을 통제하기 위한 수단으로 물리적 힘을 가함 • 질서 유지를 중시함
보상적 권력	• 구성원에게 물질적 보상체제를 사용하여 조직을 통제함 • 이윤추구에 초점을 맞춤
규범적 권력	• 구성원의 높은 헌신적 참여를 유도하며 상징적 보상체제를 사용하여 구성원의 행동을 통제함 • 새로운 문화 창출 및 계승, 그리고 활용을 중시함

구성원의 조직 참여 수준으로는 '헌신적 참여', '타산적 참여', '소외적 참여'로 구분하였으며 각각 다음과 같은 의미를 갖는다.

표 4-7 구성원의 조직 참여 수준

참여 수준	내 용
헌신적 참여	• 조직의 존립 목적에 강한 신념을 갖고 참여함 • 구성원이 매우 긍정적임
타산적 참여	• 조직에 복종함으로써 물질적 이득을 얻을 수 있음 • 구성원의 태도는 중립적이며 적극적이거나 소극적일 수 있음
소외적 참여	• 구성원의 의사와 반대되는 것이 특징임 • 구성원은 부정적이고 적대적 감정이 강할 수 있음

Etzioni는 리더가 행사하는 권력과 조직 구성원의 조직 참여 수준에 따른 순응 유형을 조합하여 조직의 질서와 구조의 핵심을 리더의 지배와 구성원의 복종관계로 보고 복종시키기 위해 사용되는 권력의 성격과 행해지는 권력에 대한 복종의 심리적 귀속감의 정도를 다음 〈표 4-8〉과 같이 분류하였다.

표 4-8 Etzioni의 순응 유형

참여 수준 / 행사 권력	소외적 참여	타산적 참여	헌신적 참여
강제적 권력	1 강제적 조직	2	3
보상적 권력	4	5 보상적 조직	6
규범적 권력	7	8	9 규범적 조직

리더의 행사 권력과 구성원의 참여 수준에 따라 분류될 수 있는 순응 유형 아홉 가지 중 가장 효과적인 조직 유형은 1번 조직의 강제적 조직(강제적 권력-소외적 참여), 5번 보상적 조직(보상적 권력-타산적 참여), 9번 규범적 조직(규범적 권력-헌신적 참여)으로 설명하였다. 그 밖의 나머지 유형은 리더의 행사 권력의 수준과 구성원의 참여 수준이 일치하지 않기 때문에 비효과적이기 때문이다.

3 개인과 조직의 관계

조직이 생성되기 위해 2인 이상의 힘 또는 활동이 의지와 협동을 통해 조정되고 체제화된다. 체제화를 위한 조직화를 통해 구성원들이 '누가' 책임을 지며 '무엇'을 해야 할 것인지 결정하며, '누구에게' 지시를 받고 '어떤' 자원을 이용하여 '어떻게' 해야 하는지 등을 결정하게 된다.

개인의 측면에서 조직은 다음과 같은 특징을 보인다.

표 4-9 개인과 조직

특징	내 용
삶 속의 조직	조직 속에서 태어나 배우고 성장함
조직과의 긴밀성	각종 조직에 직 · 간접적으로 관계됨
조직화된 사회	개인의 자유와 권리가 조직에 의해 규제 받는 상황

조직을 구성하는 개개인의 의지는 공동 목표의 성취를 위한 단합된 노력을 가져오고 이렇게 모인 개인의 만족도를 높여야 조직이 유지된다.

1) 조직문화

모든 조직은 조직의 체계 및 조직을 구성하는 구성원에 따라 다른 성격을 가지고 있다. 이에 조직을 구성하는 개개인의 가치, 기대, 의식, 신념, 규범, 그리고 행동을 어떻게 공유하고 있느냐에 따라 조직문화를 형성한다. 구성원들에 의한 의도적인 변화를 통해 조직 구성원은 조직에 대해 긍정적인 태도를 갖게 되며, 자발적 동기를 유발하며 조직의 체계를 변화시킬 수 있는데, 이는 조직문화를 바탕으로 한다(정일환, 정현숙, 김정희, 2013).

조직문화는 기본적으로 조직이 지향하는 목표와 구성원들의 인적 배경, 그리고 주어진 조직의 환경에 따라 달라지며 독특한 특성을 나타내게 된다. 조직에 대한 실질적 정보를 내포한 조직문화는 결국 조직을 구성하는 개개인이 조직에 어떠한 영향을 어느 정도의 강도로 어떤 형태를 통해 미치느냐에 따라 달라질 수 있는 것이다. 조직문화에 영향을 주는 특성을 정리하면 다음과 같다.

표 4-10 조직문화에 영향을 주는 특성

특성	내 용
공유된 규범	문서화 되지 않은 비공식적 기대들이 조직 구성원 행동에 영향을 미침
공유된 가치	조직 구성원들이 바람직하다고 생각하는 공통된 가치
암묵적 가정	인간 본성 및 관계, 진리, 환경의 본질과 속성에 대한 추상적 가정

자료: 정일환, 정현숙, 김정희(2013). 부분 발췌.

이처럼 조직은 조직을 구성하는 개인과 개인 사이 공유되는 신념 또는 가치가 확고할수록 결과적으로 강한 조직문화를 형성한다. 보다 강한 조직문화를 형성하기 위해 개인은 몰입과 협력이 요구된다. 실수했을 때 나를 향한 비난을 감내하며 딛고 일어설 수 있어야 한다. 바람직한 조직문화의 유형을 형성할 수 있도록 리더와 구성원 모두 노력해야 하는 것이다.

표 4-11 내가 생각하는 나와 조직의 관계

나에게 조직이란	
조직에서의 나는	

결론적으로 개인과 조직은 서로 영향을 주고받는 관계이다. 조직과 영향을 주고받는 데에 반드시 선행되어야 하는 것은 '조직에 대한 올바른 이해'이다. 우리는 조직을 이해한다는 것의 의미와 내용이 무엇인지 생각해 볼 필요가 있다.

2) 조직 내 개인의 성격 유형

개개인의 생활은 조직 내에서 행해지는 협동을 통해 의미 있게 영위된다. 개인은 조직을 통해 자아실현을 하며 조직은 개인을 통해 목표를 실현시킨다. 현대사회에 사는 우리는 대부분의 시간을 조직에서 보내게 되었으며, 특정 조직은 구성원에게 많은 시간과 노력을 요구하기도 한다.

개인의 목표와 조직의 목표가 일치되거나 조화가 되어야 한다. 따라서 리더는 조직을 구성하는 개개인에 대한 기본 가정이나 가치관에 따라 관리 전략을 세우게 된다. 인간은 사회적 존재로서 사회적 욕구 충족에 의해 동기가 부여된다. 리더는 조직 구성원의 다양한 욕구에 관심을 가져야 하며 인정을 통한 소속감 및 만족감과 같은 감정을 중요시하며 비공식적 조직과 같은 소집단의 기능을 적극적으로 활용할 수 있어야 한다(Schein, 1965). 사람은 복잡하고 다양한 존재이며 여러 욕구와 잠재력을 가진 인간의 동기는 여러 가지 상황 또는 역할에 따라 달라진다.

표 4-12 조직과 개인의 관계

요구 방향	내 용
개인 ⇒ 조직	• 욕구충족에 대한 기대 • 협동적 노력으로 인한 목표달성 • 상호작용 기회 증대를 위한 조직 참여
조직 ⇒ 개인	• 조직에 매력을 느끼고 계속 남아 있을 것 • 구성원 개개인은 신뢰할 만한 역할을 수행할 것 • 창조적이고 자발적 행위를 할 것

자료 : 신유근(1993). 부분 발췌.

Presthus(1978)은 조직 내에서 개인이 조직에 대한 적응 형태에 따라 성격의 모형을 〈표 4-13〉과 같이 세 가지로 분류하였다.

표 4-13 Presthus의 성격 유형

성격 유형	내 용
상승형 (upward-mobiles)	• 조직 내 비교적 상위층에서 볼 수 있는 유형 ✓ 조직의 정당성 및 운영의 합리성에 의심을 품지 않으며 조직의 기본적 가치를 내재화시켜 조직과 일체감을 높임 ✓ 조직과 자기의 직무를 개인적 수단으로 여겨 개인적 성공에 유리한 행동 대안 채택률이 높음
무관심형 (indifferents)	• 조직의 대부분을 차지하고 있는 하위 계층에서 볼 수 있는 유형 ✓ 조직에서 소외감을 느끼고 입장을 취하지만 조직 내에서는 자연스럽게 어울려 직무적 안정성을 향유하려 함 ✓ 조직 환경 개선(권한, 지위, 보수 등)보다 직위의 안정을 바람
애매형 (ambivalents)	• 권력획득의 기회를 거부하지 못하지만 역할을 제대로 수행하지도 못해 갈등을 경험하고 있는 유형 ✓ 내성적이며 지식과 기술에 집착하고 대개 전문가적 역할을 맡음 ✓ 조직이 중시하는 질서 · 일관성 · 지위 · 권위 등 경시

자료 : Presthus(1978). 부분 발췌.

인간관계와 사회적 문제해결

Chapter 05

1. 행복과 인간관계
2. 인간관계와 커뮤니케이션
3. 사회적 문제해결

학습 목표

1. 행복과 인간관계의 중요성을 인식할 수 있다.
2. 커뮤니케이션의 중요성을 인식할 수 있다.
3. 사회적 문제해결 과정 연습을 통해 일상생활에 적용할 수 있다.

주요 내용

1. 행복과 인간관계의 이해
2. 커뮤니케이션의 종류와 공감의 중요성
3. 사회적 문제해결의 정의와 단계의 이해

인성과 리더십

4차 산업혁명시대 스워라밸

.study-work & life balance leadership

05 인간관계와 사회적 문제해결

1 행복과 인간관계

1) 행복한 삶

우리는 누구나 행복한 삶을 유지하기를 원한다. 돈이 많은 부자는 행복할까? 높은 지위에 있는 사람은 행복할까? Martin Seligman은 "자신감을 가지고 자신의 강점을 활용하면 누구나 행복해질 수 있다"고 주장하였다. 또한 일본의 『오체불만족』 저자 오토다케 히로타다의 사례를 보면 자신의 약점(즉, 자신이 가지지 못한 것)보다는 자신의 강점(즉, 자신이 가지고 있는 것)에 주목한 사람이 행복한 사람이라고 볼 수 있다. 우리도 자신의 강점을 발견하고 그것을 적극적으로 활용하면 진정으로 행복해질 수 있을 것이다. 진정한 행복의 요소를 살펴보면 다음과 같다.

표 5-1 진정한 행복의 구성요소

요소	내용
즐거운 삶 (pleasant life)	과거, 현재, 미래에 대해서 긍정적인 감정을 느끼면서 살아가는 삶 • 과거의 삶에 대하여 → 수용, 감사, 만족감 • 현재의 삶에 대하여 → 몰입, 참여, 즐거움 • 미래의 삶에 대하여 → 도전의식, 낙관적 기대, 희망
적극적인 삶 (engaged life)	매일의 삶에서 자신의 강점과 잠재력을 최대한 발휘하며 자기 실현을 이루어 나가는 삶 • WIST : Work(일), Intimacy(친밀감), Spirituality(영성), Transcendence(초월) • 각 영역에서 자신이 추구하는 활동에 열정적으로 참여하고 몰입함
의미있는 삶 (meaningful life)	자신의 삶과 행위로부터 소중한 의미를 발견하고 부여하는 삶 • 즐거운 삶, 적극적인 삶이라고 하더라도 의미를 발견하지 못하면, 진정한 행복을 느끼기 어렵다. 예 인터넷 게임, 잦은 술자리 • 삶의 의미는 자신보다 더 큰 것과의 관계 속에서 발견될 수 있다.

2) 진정한 행복과 인간관계

(1) 인간은 근본적으로 사회적인 존재

사회적 존재인 인간은 이기적인 행복 추구만으로는 진정한 행복을 얻을 수 없다. 그러나 현대사회의 핵심문제인 거대조직, 무한경쟁, 다원화, 물질적 가치, 인터넷 폐해 등 군중 속의 고독의 문제를 해결해 나가야 한다.

(2) 인간관계의 양면성

인간관계는 심리적 만족감과 행복감의 원천이면서, 동시에 심리적 고통과 괴로움의 근원이 되기도 한다. 따라서 적당한 시간과 공간에서의 관계가 중요하다.

(3) 인간관계의 핵심

나의 욕구와 상대방의 욕구가 동시에 존재하며, 나의 욕구와 상대방의 욕구가 충돌할 수밖에 없다. 따라서 지나친 의존과 지나친 독립이 아닌 현명한 조율과 합의된 균형이 필수적으로 요구된다.

(4) 진정한 행복과 인간관계

인간관계를 통하여 즐거운 삶, 적극적인 삶, 의미 있는 삶을 구현할 수 있을 때 진정으로 행복해질 수 있다.

표 5-2 행복과 인간관계

구분	내용
즐거운 삶	과거의 관계에 감사하고, 현재의 관계에 전념하며, 미래의 관계에 기대할 때
적극적인 삶	소중한 인간관계에 적극적으로 참여하고 몰입할 때
의미 있는 삶	가족, 직장, 지역사회 국가, 또는 신을 위해 봉사하고 공헌함으로써 자신의 존재 가치를 느낄 때

3) 다양한 대인동기

(1) 생존 동기

개별 인간은 생물학적으로 매우 나약하다. 다른 동물들과 생존경쟁을 해야 하는 상황에서, 인간은 자신을 보호하는 신체적 능력이 취약하기 때문에, 서로 힘을 합치는 협동적인 생존방식이 필요했다. 현대사회에서는 사회적 기능이 극히 분화되고 전문화되어 있으므로, 혼자서는 의식주의 해결이 어렵다. 따라서 타인과의 협조관계가 절실하다.

(2) 의존 동기

인간은 무력한 상태로 태어나며, 태어나는 순간부터 부모(양육자)의 보살핌을 필요로 한다. 인간이 독립할 수 있을 때까지는 필연적으로 타인에게 의존할 수밖에 없다. 따라서, 의존을 수월하게 하고 보호를 유발하는(잡기 반사, 배냇웃음 등) 본능적 행동이 발달하였다. 이는 성인이 된 뒤에도 중요한 타인으로부터 사랑, 인정, 보호, 보살핌 받으려는 동기로 유지된다.

(3) 친애 동기

주변 사람들과 어울리고 친밀해지려는 동기로서 의존은 수직적, 친애는 수평적인 친구를 얻으려는 욕구이다. 친애 동기는 또래관계에 많은 시간을 보내게 되는데 그 이유는 또래를 통해서 자신에 대한 정보를 얻을 수 있기 때문이며, 또 다른 이유는 불안을 완화시켜 주는 역할을 하기 때문이다.

(4) 지배 동기

인간은 타인에게 자신의 영향력을 행사하고 싶어 한다. 타인을 자신의 뜻대로 움직이게 하고, 타인이 자신의 뜻에 따라주기를 원한다. 권력을 추구하는 욕구 역시 지배동기에 의한 욕구이며 군집생활을 하는 동물은 대개 위계구조를 갖고 있다. 따라서, 보다 높은 서열에 오르기 위한 도전과 투쟁이 벌어지게 되는 것이다. 무엇보다, 인류의 역사, 정치, 경제를 움직이는 심리적 동기를 적절한 수준으로 발현하는 것이 중요하다.

(5) 성적 동기

성적 동기는 특히 이성관계에 영향을 미치는 대인동기이다. 이성에 대한 관심과 호기심을 유발하고 이성에게 접근하여 구애행동을 하게 한다. 이는 또한 본능 중의 하나인 종족보전을 위한 필수적인 생물학적 동기이다. Freud는 도덕적 기준에 의해 억압되어 겉으로 잘 드러나지 않지만, 인간의 행동을 결정하는 주요한 동기가 성적 동기라고 하였다. 다른 동기는 이로부터 파생된 것이라고 주장하였다.

4) 대인 동기로 구분하는 인간관계의 특성

정신분석학자 Horney는 인간관계를 공간(space)에서의 활동으로 보고, 대인 동기에 따른 차별적인 양상을 설명하였다.

표 5-3 대인 동기 양상

유형	인간관계 특성
접근형 (Moving toward people)	• 타인을 활발히 찾고, 타인에게 접근하여 친밀한 관계를 형성하려고 함 • 강한 친애 동기의 발현 • 지나치게 의존하거나 혼자 있는 것을 견디지 못해 불안해할 우려
회피형 (Moving away from people)	• 타인과의 관계를 원하지 않고, 타인과 거리를 두며 친밀한 관계를 형성하지 않으려고 함 • 약한 친애 동기의 발현. 혼자 있는 것을 더 편하게 느낌 • 타인과 가까워질 때 발생되는 부담과 갈등을 두려워함
적대형 (Moving against people)	• 타인에게 접근적인 태도를 지니고 있지만, 상대방을 경쟁상대나 적으로 느껴, 공격적이고 지배적인 태도를 나타냄 • 타인에 대한 분노와 적개심을 자주 경험하고 표출하여, 다툼과 갈등을 초래하는 경향
지배형 (Moving above people)	• 타인보다 우위에 서려는 지배 동기가 강력함 • 타인에게 영향력을 행사하려고 하며, 그것이 좌절될 때 분노를 드러내기 쉬움 • 욕심이 많고 자기 도취적인 사람으로 인식될 수 있음
의존형 (Moving below people)	• 타인에게 의존하고 의지하려는 동기가 강력함 • 타인에 의해 지배당하거나 조종당할 가능성이 크고, 심지어 타인이 자신을 착취하는 경우에도 관계를 지속하려고 함
부동형 (Staying still)	• 타인에게 접근하려고 하지도 않고, 회피하려고 하지도 않는 유형 • 독립과 의존 모두를 중요하게 생각하여, 일정한 거리를 유지하려는 시도를 지속함

2 인간관계와 커뮤니케이션

인간은 태어나는 순간부터 죽는 순간까지 다양한 인간관계를 맺으며 사회 구조 안에서 살아간다. 나아가 사람은 자신의 능력과 이상을 다양한 사회환경에 적응해 나가면서 맺어지는 다양한 관계를 통해 펼친다. 생애주기는 사회적 인간의 성장과정이다. 이 과정에서 우리의 윤택한 삶과 안정적인 삶, 그리고 성공적인 삶에 인간관계는 아주 중요한 역할을 한다. 인간관계는 사람과 사람의 인격적인 관계를 의미한다.

상호 간 우연적 요소에 의해 형성되며 지속적으로 유지되는 내면적이고 감정적인 이 관계는 인간의 삶 속에서 기쁨과 슬픔을 느끼도록 하는 중요한 요소이지만 동시에 어떤 특정인과의 관계가 반드시 행복을 줄 것인지 혹은 고통을 줄 것인지는 알 수 없는 불확실한 요소이기도 하다. 따라서 불확실한 인간관계에서 인간관계 기술은 나뿐만 아니라 나와 관계를 맺는 타인의 만족도를 극대화하고 고통을 줄이기 위한 기술을 습득하고 관계를 유지하도록 도와준다.

1) 인간관계와 커뮤니케이션의 중요성

다양한 관계 속에서 우리는 소통하며 살아가고 있다. 성공적인 삶으로 가는 길에 필수적으로 선행되어야 할 일은 바로 이 수많은 관계를 잘 형성하고 유지하는 일이다. 어떤 인간관계를 맺느냐에 따라 우리의 행복 수준과 성공 수준이 달라질 수 있다. 우리는 자신이 속한 조직 내에서 동기, 선배, 후배 등과의 관계에서 나를 잘 이해해 주는 조언자를 만나기도 하고, 심리적 동반자를 얻을 수 있는 좋은 기회를 제공 받기도 한다. 나아가 개인의 인맥을 넓힐 수 있는 다양한 계기도 제공 받는다.

이러한 인간관계를 성공적으로 끌어주는 능력은 '대인 기술(interpersonal skill)'이라고 한다. 이 기술은 '사회 기술(social skill)'이라고도 불리며 자신의 대인 목표달성을 위해 사용되는 언어적 커뮤니케이션 혹은 비언어적 커뮤니케이션을 구사하는 대인능력을 의미한다.

좋은 인간관계를 맺고, 내가 속한 조직 내에서 일어날 수 있는 여러 가지 문제를 해결하고 과업을 성공적으로 수행하는 데 있어 커뮤니케이션은 매우 중요하다. 커뮤니케이션은 삶의 본질이 될 수 있으며 인간관계의 결과로써 구체화된다. 이를 위해 능수능란하게 '말을 잘 하는 것'과 함께 말을 잘 듣는 '경청'의 기술이 필요하다. 그러나 대부분의 사람은 대화과정에서 '듣기'보다 자기의 주장 '말하기'를 더 좋아한다. 상대방의 생각이나 말을 귀 담아 들어주는 것은 어떤 문제해결 방법보다 좋은 방법이 될 수 있다. 우리는 대면 또는 전화 등을 통하여 깨어 있는 시간의 70% 이상을 다른 사람들과 커뮤니케이션을 하면서 살아가고 있다.[1] 따라서 때때로 원만하지 못한 커뮤니케이션으로 어려움과 곤란을 겪을 때도 있다. 가끔 상대방의 말과 행동으로 인해 상처를 받고 스트레스를 받으며, 반대로 나도 모르게 상처를 주기도 한다. 잘못된 커뮤니케이션으로 상대방의 의도를 정확하게 이해하지 못해 불화가 생기는 경우도 종종 발생한다.

과연, 타인과의 원만한 관계를 유지키고 이를 통해 일들을 성공적으로 수행하기 위해 요구되는 커뮤니케이션 기법은 무엇일까? 이에 대한 답은 의외로 단순하다. 바로 효과적인 '듣기'와 '말하기'이다. 다시 말하면, 커뮤니케이션은 정보와 의미를 전달하는 행위이다. 이때 타인과 상호 교류가 이루어지며 그 과정에서 자신의 감정과 생각, 그리고 의견을 효과적으로 전달하고, 되도록 오해의 여지가 없도록 정확하게 전달하는 데 초점을 맞춰 자신의 의지 및 주장을 적절하게 관철시키는 데 그 목적이 있다.

2) 인간관계 유형 평가

사람은 인생의 대부분의 시간을 타인과 함께 보내게 된다. 인간 개체와 개체 간에 이루어지는 개인적인 차원의 의사소통을 통해 상호 간의 협동관계를 맺는다. 자신의 존

1) Minzberg의 연구 : 일반적인 관리자들은 하루 기준 69%는 회의를 통해, 6%는 전화, 3%는 이동, 22%는 사무실의 책상에서 시간을 소비한다.

재와 타인과의 관계를 설정하는 핵심기제인 인간관계는 인간이 인간으로서 갖는 보편타당한 감정, 규범, 문화 등과 같은 가치를 공유할 수 있게 한다.

인간은 사회적 삶을 영위하기 위해 우연적 혹은 필연적으로 타인과 소통을 한다. 커뮤니케이션이 전제되지 않고 개인은 자아실현과 정체성 문제를 해결할 수 없다. 이는 타인과의 관계없이 사회성이나 공동체 의식을 함양할 수 없기 때문이다(김동윤, 2013). 오늘날 인간관계는 개인의 정서적 목적 및 사회적 목적을 달성시키는 데 반드시 요구되는 자원이다. 이 자원은 능력보다 사람의 됨됨이가 강조되고 있다는 것을 반증하며 이와 같은 감정적 선호도는 상황에 따라 타인의 성향에 따라, 그리고 생각과 경험을 공유하는 커뮤니케이션 능력의 문제와 직접적인 영향관계를 갖고 있다.

Joseph Luft와 Harry Ingham의 '조해리의 창(Johari Window)'은 인간관계 유형을 설명한 개념으로 커뮤니케이션의 유형을 평가하고 분류하는 도구로써 널리 사용되고 있다(조성진, 지희진, 2014). 조해리의 창은 인간관계에 있어 '자기 노출(self-disclosure)'과 피드백(feedback)'의 중요성을 강조한다. 인간관계를 통해 우리는 자신에 관한 정보를 타인에게 전달하는 자기 노출을 하며 타인의 반응인 피드백을 통해 인지하지 못했던 나의 모습 또는 특징을 이해하고 스스로 자신의 행동을 조절하는 능력을 키운다(이해선, 김은미, 2011). 조해리의 창은 개인의 '자기 노출'과 타인으로부터의 '피드백'에 따라 각각 네 가지 영역으로 구분하며 각 영역은 [그림 5-1]과 같다.

'자기 노출(self-disclosure)'의 정도로 '타인이 아는 부분'과 '타인이 모르는 부분'을 구분하고, '피드백(feedback)'의 정도로 '내가 아는 부분'과 '내가 모르는 부분'을 구분하여 그 정도에 따라 개방 영역, 맹점 영역, 숨겨진 영역, 미지 영역으로 나눈다.

첫 번째 영역(A1)의 '개방 영역(open area)'은 나에 대한 정보를 나도 알고 타인도 아는 영역이다. 자기 노출의 정도와 피드백 정도 모두 높아 나와 타인이 서로 정보를 주고받을 수 있는 수준이 높은 열린 영역이다. 이 영역이 넓으면 넓을수록 현실세계와의 접촉빈도가 높으며, 자유롭게 자신의 능력을 드러내며 타인에게도 자연스럽게 요구할 수 있다. 전반적으로 인간관계가 원만하며 잠재력이 발휘될 수 있어 가장 이상적인 영역으로 해석된다.

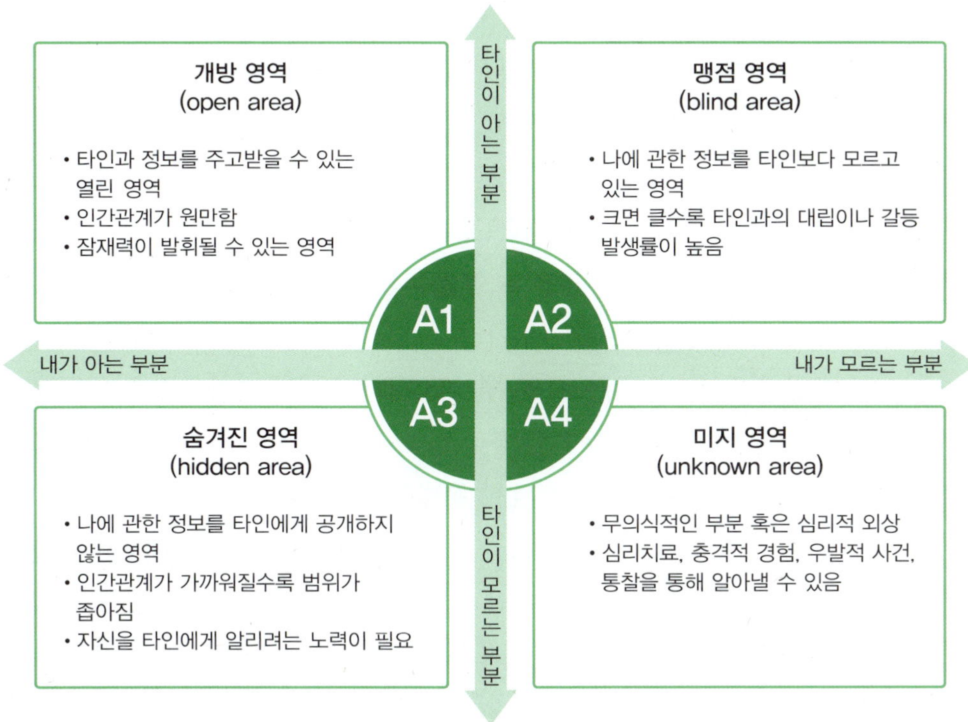

그림 5-1 조해리의 창(Johari Window)

자료 : 조성진 · 지희진(2016). 부분 발췌.

두 번째 영역(A2)의 '맹점 영역(blind area)'은 나에 대한 정보를 타인보다 모르고 있는 영역이다. 나의 이상한 행동습관, 말투나 태도의 특징, 독특한 성격 등 자신은 인지하지 못하지만 타인은 잘 알고 있는 영역을 의미한다. 이 영역에 해당되는 경우 타인이 나에게 알려주지 않는 한 인지하기 어렵다. 또한 이 영역이 크면 클수록 타인과의 대립이나 갈등 발생률이 높아질 수 있기 때문에 자신을 바로 직시할 수 있는 노력이 요구된다.

세 번째 영역(A3)의 '숨겨진 영역(hidden area)'은 나에 관한 정보를 잘 알고 있으나 타인에게 공개하지 않는 영역이다. 예를 들면, 나의 약점이나 말할 수 없는 나만의 비밀 등 고의적이든 비고의적이든 타인에게 숨기는 부분이다. 이 영역의 경우, 일상생활에서 아직 관계가 형성되지 못한 새로운 집단에 들어갔을 때 주로 나타나는 유형이다. 따라서 인간관계가 가까워질수록 이 영역은 좁아지는 특징을 보인다.

네 번째 영역(A4)의 '미지 영역(unknown area)'은 나에 대한 특정 정보가 자신은 물론 타인에게도 알려지지 않은 영역으로 자기 노출 수준과 피드백의 수준 모두 매우 낮은 영역이다. 이는 나 자신과 타인 모두 특정 정보를 인지하지 못한 것으로 무의식적인 부분과 심리적 외상 등이 이에 해당한다. 이러한 정보는 무의식 깊은 곳에 자리 잡고 있기 때문에 심리치료나 우발적인 사건, 충격적인 경험 또는 통찰을 통해 알아낼 수 있다.

조해리의 창에서 가장 중요한 부분은 나 자신이 어느 영역에 해당하는지를 파악하는 것에서 나아가 인간관계 개선을 위해 개방 영역을 넓히고 맹점 영역이나 숨겨진 영역을 좁히려는 노력이다. 예를 들면, 대부분 맹점 영역이 넓은 경우, 자기 주장형인 사람이 많다. 타인의 시각으로는 개선해야 할 점이 분명한데 정작 자신은 그것을 깨닫지 못하는 것이다. 숨겨진 영역이 넓은 경우에는 자신을 비교적 정확하게 이해하지만 자신의 단점을 수용하지 못하는 경우가 많아 타인과의 생산적이고 원만한 인간관계 형성에 지장을 받는다. 따라서 자신의 역량을 충분히 발휘하기 위해서라도 이와 관련된 훈련과 노력이 요구된다.

인간관계가 좋아지면 신뢰 수준이 높아진다. 인간관계 개선을 위해 개방 영역을 넓히려는 노력이 자신을 위해서 꼭 필요하다. 물론, 무조건적으로 자신을 노출하여 타인으로부터 약점을 잡히거나 공격 받거나 이용당할 위험이 있어 의도적으로 감춰야 하는 때도 있다. 때와 장소를 가려 적절한 수준으로 타인에게 자신을 노출하는 것이 가장 바람직하다.

3) 커뮤니케이션의 종류

우리는 상대방과 의사소통을 하는 과정에서 언어적 커뮤니케이션과 비언어적 커뮤니케이션을 사용하게 된다. 언어적 커뮤니케이션은 경청하기, 물어보기, 거절하기, 감정 표현하기, 도움 구하기와 같은 언어적 대인 기술을 의미한다. 반면, 비언어적 커뮤니케이션은 말과 더불어 나타나는 행동에 의해서 표현되는 대인 기술이다. 우리는 사회생활을 하면서 타인과 매일 언어적 커뮤니케이션과 비언어적 커뮤니케이션을 사용한다. 재미있는 점은 언어적 커뮤니케이션보다 비언어적 커뮤니케이션의 방법을 통해 서로가 전달하고자 하는 상대방의 의도와 의미를 이해하게 되는 비율이 현저히 높게 나타난다는 것이다.

(1) 언어적 커뮤니케이션

언어적 커뮤니케이션은 자신의 내면 상태와 의도를 가장 정확하게 전달하는 데 효과적이고 강력한 의사소통 수단이 된다. 말 그대로 언어적 내용을 말로써 전달하는 것으로 그 내용으로 다음과 같은 도구를 사용한다.

표 5-4 언어적 커뮤니케이션

구 분	내 용
경청하기	• 상대방의 이야기를 듣고 의도와 의미를 파악하여 적절히 반응 • 상대방의 이야기를 진심으로 이해하려 노력하는 태도
거절하기	• 상대방의 부당한 요구 또는 자신의 의도와 상이할 때 거부 의사를 밝히는 것 • 단호하게 말하는 것이 요구됨
물어보기	• 상대방에게 잘 이해되지 않는 부분에 대해 확인 절차를 거치는 것 • 필요한 정보를 구할 때 사용하는 방법
화난 감정 표현하기	• 적절한 표현으로 더 나쁜 감정이 일어나는 것을 예방함 • 시선을 맞추고 단호한 태도로 전달할 것
칭찬과 고마움 표현하기	• 인정의 욕구는 기본적인 욕구라는 점을 인지해야 함 • 칭찬과 고마움을 표현할 경우, 사실에 근거하여 구체적으로 할 것 • 적절한 비언어적 요소를 사용할 것

자료 : 김이영 외(2013). 부분 발췌.

상대방의 이야기를 경청한다는 것은 가장 중요한 태도이며 반드시 진심으로 이해하고자 노력하는 태도가 수반되어야 한다. 또한 언어적 커뮤니케이션에서 타인의 언어전달에서 잘 이해되지 않는 부분이 발생될 경우, 반드시 물어 필요한 정보를 구해 왜곡 없이 이해할 수 있어야 한다. 다양한 방법의 언어적 커뮤니케이션을 사용할 때 동시에 비언어적 커뮤니케이션의 요소가 발생된다. 목소리, 얼굴 표정과 같은 것도 상황에 맞게 적절하게 나타나야 보다 효과적인 언어적 커뮤니케이션이 진행될 수 있다. 이 외에 언어적 의사소통은 다음과 같은 것을 포함한다.

① 문서에 의한 의사소통
② 휴대전화 및 이 메일(e-mail)
③ 전자결재
④ 전자(electronic) 의사소통 : 원격 화상회의 등

(2) 비언어적 커뮤니케이션

커뮤니케이션은 말과 더불어 나타나는 다양한 행동을 일컫는 대화 기술이다. 자신의 생각을 표현하거나 의사를 전달하고자 할 때 몸의 움직임, 목소리에서 나오는 억양과 단어에 대한 강조, 표정, 대화 상대방과의 물리적 거리 등이 이에 해당한다.

비언어적 커뮤니케이션은 자신이 잘 구사하여 의사를 전달하는 것도 중요하지만 반대로 타인의 의도와 감정을 잘 파악하는 것 역시 매우 중요한 요소이다. 왜냐하면 원활한 관계를 유지하기 위해 그 속에 숨어 있는 비언어적 단서를 찾아내는 노력이 요구되기 때문이다.

미국 UCLA 대학의 Albert Mehrabian 교수의 '메라비언의 법칙(The Law of Mehrabian)'에 따르면 의사 전달은 직접적인 메시지 전달 매체인 언어적 영향 7%, 비언어적 도구인 시각(얼굴 표정) 55%, 청각(목소리) 38%로 구성된다고 밝혔다. 이와 같이 비언어적 커뮤니케이션이 차지하는 93%의 비율을 들며 이것이 활용된 소통의 중요성을 강조하였다.

표 5-5 비언어적 커뮤니케이션

구 분	내 용
시선	• 상대방의 눈언저리를 봄 • 가끔 눈을 마주침
표정	• 감정 상태에 따라 미소, 찡그림과 같은 표정을 드러냄 • 상황에 맞는 적절한 표정
태도	• 상대방을 향하여 편하고 바른 자세 유지 • 상대방과 적당한 물리적 거리 유지 • 상황에 맞는 적절한 제스처 구사
목소리	• 상황에 맞는 적절한 크기/높낮이/빠르기로 이야기할 것 • 상대방이 정확하게 알아듣고 자연스러운 억양을 사용할 것

4) 커뮤니케이션의 기술

커뮤니케이션의 기술은 결국 좋은 인간관계 유지를 위한 대화법이다. 의사소통에는 비언어적 커뮤니케이션이 상당히 많은 부분을 차지하고 있지만, 직접적인 전달이 가능한 언어적 커뮤니케이션 또한 '대화(conversation)'를 가능하게 한다는 맥락에서 매우 중요하다. 보다 효과적인 대화를 위해 우리는 '듣기'와 '말하기'의 중요성에 대해 배웠다. 보건복지부(2010)에서는 이 두 가지 주요 요인 외의 필수적인 요소로서 공감과 친밀감, 상대방의 메시지 수용, 존중과 배려하는 태도, 상대방의 이야기에 집중해 줄 수 있는 주의집중력, 상황의 변화에 맞출 수 있는 융통성, 적절한 순간 긴장감이나 스트레스를 감소시켜 줄 수 있는 유머 감각 등을 제시하였다.

때문에 효과적인 대화 기술을 알고 익히는 것은 좋은 인간관계 유지와 원만한 사회생활을 위해 매우 중요하다. 의사소통의 효과적인 방법을 살펴보면 다음과 같다.

(1) 불평의 기술

불만이 없는 사람은 없다. 중요한 것은 자신의 불만을 상대방에게 어떻게 전달하느냐 하는 것이다. 불평을 전달하는 것도 기술이 요구된다. 불평의 기술에는 크게 두 가지 기술을 사용할 수 있다. 하나는 '비난 삼가기'와 다른 하나는 '불평 속에 소망을 표현하기'이다. 〈표 5-6〉은 개인이 질문을 통해 비난을 삼가며 불평의 기술을 발휘하여 의사를 전달하는가를 판단하는지 알아보게 된다.

표 5-6 불평의 기술 진단

질문	체크(✓)	
	O	X
• 불만을 이야기할 때, 나는 상대방이 잘못한 사례들을 가능한 많이 제시하는 것이 효과적이라고 생각한다.		
• 문제가 내 탓이 아님을 지적하는 것이 중요하다고 생각한다.		
• 말하지 않아도 나의 요구를 상대방이 알아야 한다고 생각한다.		
• 내가 불만을 이야기할 때, 내 주장을 뒷받침할 도덕적 근거를 상대방에게 제시하는 것이 중요하다고 생각한다.		
• 사소한 문제가 종종 비정상적으로 크게 확대된다.		
• 상대방의 단점을 고칠 수 있는 방법을 제시해 주는 것이 도움된다고 생각한다.		
• 불만을 이야기할 때, 내가 원하는 방식대로 일을 처리하는 다른 사람들의 사례를 드는 것이 도움이 된다고 생각한다.		
• 내가 상대방에게 요구하여 듣는 칭찬이나 애정 표현은 실제로 가치가 없다고 생각한다.		

[평가하기]

'예'라는 대답이 두 번 이상 나온다면, 당신은 상대방과의 관계에서 지나치게 비판적

[연습문제] 불만 이면에 자리하고 있는 긍정적 소망을 생각해 볼 것

[불만] 너는 어쩜 하루 종일 전화 한 통이 없어?

[소망] ____________________

[불만] 같이 즐거운 시간을 보낸 지 너무 오래됐잖아.

[소망] ____________________

[불만] 니 친구는 왜 사전 연락도 없이 오는 거야? 정말 싫어!

[소망] ____________________

[적용하기] 상대방에게 자주 하는 불만을 소망으로 표현해 볼 것

[불만] ____________________

[소망] ____________________

[불만] ____________________

[소망] ____________________

(2) 불평에 맞서는 기술

불평은 하는 것도 어렵지만 상대방의 불평을 받아들이는 것 또한 어렵다. 하지만 불평을 받아들이지 못하면 갈등은 더욱 커질 수밖에 없다. 따라서 지혜롭게 불평에 맞서는 방법을 터득해야 한다.

불평에 맞는 기술은 크게 세 가지로 나뉠 수 있다.

① 정면으로 맞서지 않는다.

② 상대방의 주장에 일단 수긍한다.

③ 자신의 의견을 이야기한다.

〈표 5-7〉의 질문을 통해 본인이 평소 상대방의 주장을 잘 받아들이고 있는지 여부를 파악하게 된다.

표 5-7 불평에 맞서는 기술 진단

질문	체크(✓)	
	O	X
• 상대방의 이야기에 귀를 기울인다.		
• 서로 견해가 다를 때도 상대방을 존중하려고 애쓴다.		
• 계속 설득하면, 결국 상대방을 설득할 수 있다.		
• 상대방의 의견에 경솔하게 반대하지 않는다.		
• 논의 과정 때 많은 양보와 타협이 이루어지고 있다고 생각한다.		
• 기본적으로 상대방이 문제해결에 커다란 도움이 되고 있다.		
• 견해가 다를 때에도 나는 존중하는 마음으로 상대방의 견해를 경청하려 노력한다.		
• 나의 해결책이 보통 상대방의 해결책보다 낫다.		
• 상대방의 입장에 수긍할 무언가를 대개 찾을 수 있다.		
• 상대방과 관계에서 중요한 일이 있을때 의사결정을 내려야 하는 사람은 바로 나다.		

[평가하기]

‘예’라고 대답한 점수를 더한 후 3번, 8번, 10번 항목 가운데 예라고 대답한 항목이 있으면 1점을 차감(−1)한다.

⇒ 총점이 3점 이상이면, 상대방의 주장을 존중하고 있다는 것
⇒ 총점이 3점 미만이면, 당신은 상대방의 주장을 존중하려는 노력이 필요함

[연습문제] 불만이나 공격에 슬기롭게 응하는 방법을 생각해 볼 것

[불만이나 공격] 퇴근하고 매일 술 마시는거 정말 마음에 안 들어!

[긍정적인 대응] ______________________________

[불만이나 공격] 어떤 휴일에 나한테 뭘 하고 싶은지 물어보지도 않고 다른 사람과 약속을 해버리면 어떻게 해요?

[긍정적인 대응] ______________________________

[적용하기] 최근 가까운 사람 사이에 있었던 말싸움이나 향후 있을 말싸움에 대해 생각해 보자. 어떤 불만이나 공격이 있을지 생각해 보고, 어떤 식으로 대응하면 좋을지 기록해 볼 것

[불만이나 공격] ______________________________

[긍정적인 대응] ______________________________

[불만이나 공격] ______________________________

[긍정적인 대응] ______________________________

(3) 경청의 기술

대화의 가장 기본은 '경청'이다. 문제를 해결해 주지 못하더라도 들어주는 것 자체가 관계에 큰 도움이 될 수 있다. 그냥 듣는 것이 아니라 '경청'의 기술에 대해 배워야 할 것이다.

경청의 기술에는 크게 3단계가 있다.

- 1단계 : '상대방과 눈 맞추기'
- 2단계 : '집중하기'
- 3단계 : '그랬구나' 효과

[적용하기] 상대방과 마주보고 경청의 기술을 사용해 보자.

(4) 호응의 기술

호응은 마음을 나누려는 상대방의 시도에 응답하는 것이다. 상대방에게 어떻게 반응하고 호응하느냐에 따라 관계의 질이 달라진다. 무시하는 반응이나 적대적인 반응을 나도 모르게 하고 있지 않은지 생각해 보고 호의적인 반응을 늘리도록 노력한다.

호응의 기술은 크게 2단계로 나눌 수 있다.

- 1단계 : '무시하는 반응', '적대적인 반응', '호의적인 반응' 구분하기
- 2단계 : '호의적인 반응' 보이기

[연습문제] 호의적인 반응을 연습해 볼 것

접근의 시도 : 내가 컴퓨터 앞에 앉아 일하고 있을 때, 상대방이 커피를 가져다준다.

[무시하는 반응] ____________________

[절대적인 반응] ____________________

[호의적인 반응] ____________________

접근의 시도 : 상대방이 신문에 실린 재미있는 유머를 큰 소리로 읽어준다.

[무시하는 반응] ____________________

[절대적인 반응] ____________________

[호의적인 반응] ____________________

접근의 시도 : 상대방이 마음 아팠던 과거 어린 시절의 이야기를 꺼낸다.

[무시하는 반응] ______________________________

[절대적인 반응] ______________________________

[호의적인 반응] ______________________________

(5) 요구의 기술

구체적이고 정확하게 알려주지 않으면 상대방은 내가 무엇을 원하는지 정확하게 알 수 없다. 알아서 해주기를 기대하기보다 힌트를 주는 것도 좋은 방법이다. 요구의 기술은 현명하게 요구하는 기술에 대해 배우는 것이다.

요구의 기술은 크게 세 가지로 나뉠 수 있다.

① 원하는 것을 명확하게 말하기

② 원하는 것을 충족시키려면 상대방이 어떻게 해야 하는 구체적으로 표현하기

③ 고마움 표현하기

[연습문제] 다음의 요구를 충족시킬 수 있는 방법을 적어볼 것

[나의 요구] 사랑받고 있다고 느끼고 싶다.

[방　　법] ______________________________

[적용하기] 사회생활에서 바라는 점을 불평하듯 적지 말고 긍정적으로 적어보고 어떨 때 충족될 수 있는지 적어 볼 것

[나의 요구] ______________________________

[방　　법] ______________________________

[나의 요구] ______________________

[방　　법] ______________________

[나의 요구] ______________________

[방　　법] ______________________

3 사회적 문제해결

우리는 살아가는 과정에서 갖가지 문제를 겪으며 다양한 방식으로 이를 처리하며 살아간다. 문제는 우리의 정신건강과 삶의 질에 직 · 간접적으로 영향을 미친다. 사회적 문제해결 능력은 일상생활에서 올 수 있는 여러 가지 스트레스를 경감시켜 주고 인간관계에서 올 수 있는 문제 또한 효과적으로 해결할 수 있도록 도와준다.

문제해결 능력은 타고나는 것이 아니라 교육과 학습을 통해 향상시킬 수 있는 요인이다. 가장 중요한 것은 이를 능동적으로 스스로 해결하고자 하는 자신의 마음가짐과 노력이다.

1) 사회적 문제해결의 정의

Heppner와 Hillerbrand는 '문제해결'에 대해 일상생활 중에서도 특히 스트레스를 주는 사건에 대해 반응하는 가장 폭넓은 활동을 뜻한다고 설명하였다. 문제(problem)는 갈등과 불확실성을 내포하며 곤란한 상황에서 발생될 수 있는 이 문제에 대한 스트레스는 피할 수 없다. Mahoney는 문제에 대해 어떤 것의 현재 상태와 자신이 바라는 상태

간의 지각된 불일치로 해석하며 '개인의 지각'을 강조하고 이 지각된 불일치를 최대한 감소시키는 행위가 곧 '문제해결'이라고 설명했다. 더불어 이러한 행동적 반응대안을 찾지 못했을 경우 개인의 지각양식을 변화시킴으로써 문제해결을 달성할 수 있다고 봤다.

D' Zurilla와 Goldfried는 문제에 직면한 환경에 보다 효과적으로 기능하기 위해 반응해야만 하는 순간적이며 즉각적으로 적용할 수 있는 반응대안이 없을 때, '문제해결'을 한다고 주장했다. 여기서 문제해결이란 체계적 과정에 맞춰 상황을 변경시켜 긍정적 결과를 최대화하고 부정적 결과를 최소화하는 행동양식으로 설명했다. 문제는 개인 안에서 벌어지는 내적 욕구와 외적 욕구가 외부의 상황과 반응하여 일어나는 것으로 문제해결은 이러한 욕구에 부응할 목적으로 취해지는 행동적 반응이며 인지적 조작과 정의적 조작을 아우르는 목적 지향적 활동인 것이다.

다시 말해, '문제(problem)'란 효과적 반응이 요구되는 상황에서 그렇지 못한 일상생활 속 다양한 과제를 의미하고, '문제해결(problem solving)'은 일상생활 속에서 만날 수 있는 문제를 보다 효과적으로 해결하기 위해 노력하는 자기 주도적 인지 행동과정으로 정리할 수 있다(박권생, 최이순, 2008). 따라서 문제해결은 매우 의식적이고 합리적이며 개인의 노력을 요하는 부단히도 의도적인 활동이다. 일차적인 목적은 문제가 발생된 상황을 개선하는 것이고, 부수적인 목적으로는 이를 통해 야기된 정서적 스트레스로부터 해방되는 것이다. 또한 그 과정에서 인간관계에서 발생되는 문제 역시 효과적으로 해결하게 함으로써 관계를 원활하게 하여 결과적으로 자신감 회복과 삶의 질 증진을 가져다 줄 수 있다.

사회적 문제해결 과정에 영향을 미치는 요소는 다음과 같이 크게 두 가지로 구분하여 설명할 수 있다.

첫째, 문제에 대한 수용적 태도를 갖게 된다. 이때 문제에 직면했을 때 이 문제를 어떻게 인식할 것이며 어떻게 반응하느냐에 집중하게 된다.

둘째, 문제해결 단계에서 요구되는 기술을 익히는 것이다. 발생된 특정 문제에 대해 경험과 지식을 기반으로 다양한 해결책을 생성해 내고 도출된 여러 가지 대안 중 가장 효과적인 해결책을 선택하는 것이다.

2) 사회적 문제해결 단계

문제해결은 크게 4단계로 구분된다.

문제 확인 ⇒ 문제에 대한 해결책 생성 ⇒ 생성된 해결책에 대한 분석 ⇒ 실행 및 평가

• 1단계 : 문제 확인

이 단계에서는 문제가 정확히 무엇인지 아는 것이 중요하다. 우리 주변에서 흔히 볼 수 있는 회피의 방법인 "문제가 무엇인지 모르겠어요"와 같은 내용일 것이다. 부정확한 문제의 인식을 수정하고 무엇이 문제인지 바로 인지하는 능력을 증진시키는 것은 매우 중요한 활동이다.

또한 문제를 원활하게 해결하기 위해 선행되어야 할 것은, 문제에 대한 정보를 최대한 많이 수집하는 것이다. 정보란, 문제 상황에 관련된 사실적인 것을 기초로 해야 하며, 구체적이고 명확한 용어로 기술해야 효과적으로 문제를 해결하는 데 도움이 된다. 그 이유는 자신의 가치관과 같은 주관적 요인이 그 과정에 영향을 미칠 수 있고 그 결과 문제의 왜곡을 가져오기 때문이다. 이러한 왜곡된 정보는 문제를 잘못 해석하게 만들며 결국 비효과적 문제해결에 이르게 한다. 따라서 객관적이고 다각적 시각으로 문제를 볼 수 있도록 노력해야 한다.

• 2단계 : 문제에 대한 해결책 생성

문제를 해결하기 위해 다양한 대안을 모색하는 단계이다. 문제에 대한 해결책은 지금까지 사용했던 방법일 수 있고 이미 알고 있는 해결책일 수 있다. 다만 이 단계에서는 최대한 많은 대안을 생성하고 모든 가능성을 포함시키는 것이 중요하다.

• 3단계 : 생성된 해결책에 대한 분석

여러 가지 대안이 생성되었다면 첫째, 해결책에 대한 이득이 무엇인지, 둘째, 이 해결책이 실행되기 위해 필요한 요인이 무엇인지, 셋째, 해결책을 실행할 수 없게 만드는 방해요인이 무엇인지 파악해야 한다.

도출된 대안에 대한 분석이 쉽게 판단되지 않는 경우가 있다. 이때 차분하게 생각을 정리하고 떠올리기 위해 직접 적어보는 것도 좋은 방법 중 하나이다. 다음 〈표 5-8〉은 1단계 문제 확인, 2단계 문제에 대한 해결책 모색, 3단계, 생성된 대안 분석의 기록 양식이다.

표 5-8 사회적 문제 해결책의 기록 양식

단계	구분	내 용	
1	문제 확인		
2	문제에 대한 해결책 모색		
3	생성된 대안 분석	대안 모색	
		이득	
		필요요인	
		방해요인	

• 4단계 : 실행 및 평가

이전 단계에서 도출된 대안에 대한 이득, 필요요인, 방해요인을 파악했다면 이 중 실현 가능한 것을 선택하고 구체화시키는 계획을 작성하는 것이 필요하다. 계획을 작성하고 실행한 후 결과를 평가하게 되는데 그 결과가 만족스럽지 못하다면, 피드백을 통해 다른 방법을 모색하고 다시 계획을 짜고 실행 후 평가의 절차를 반복하게 된다.

표 5-9 사회적 문제 해결책의 구체적 계획 양식

수행	수행기준	필요한 자원	날 짜	
			시작	완료

표 5-10 사회적 문제 해결책의 수행 결과 만족도

사회적 문제해결책 수행 평가	
문제해결을 위해 채택한 대안이 문제 해결에 어느 정도 도움이 되었다고 생각하는가?	
불만족스럽다 ← 1 2 3 4 5 6 7 → 매우 만족스럽다	
문제해결을 위한 대안 방법이 가장 효과적이었던 부분?	
문제해결을 위한 대안 방법에서 개선되어야 할 부분?	

대학생과 스워라밸 (study-work & life balance)

Chapter 06

학습 목표

1. 건강한 삶을 위한 워라밸(work & life balance)의 개념을 이해할 수 있다.
2. 대학생활과 스워라밸(study-work & life balance)의 필요성을 이해할 수 있다.

주요 내용

1. 시대 변화와 워라밸(work & life balance)의 개념
2. 대학생과 스워라밸(study-work & life balance)

인성과 리더십

4차 산업혁명시대 스워라밸

study-work & life balance leadership

06

대학생과 스워라밸 (study-work & life balance)

1 워라밸(work & life balance)의 이해

일반적으로 Y세대라고 하면 밀레니엄 세대 즉, 1980~2000년까지의 세대를 말한다. 밀레니엄 세대 중에서 특히 1988~1994년생까지 태어난 세대를 워라밸 세대라고 한다. 워라밸(work & life balance)이라는 개념과 말은 1970년대에 영국에서 시작되었는데, 우리나라에서는 특히 2014년 이후 많은 사람들이 워라밸을 포스팅하기 시작하였고 2015년 이후부터 우리 사회에서도 보편화되기 시작하였다.

우리나라는 1인당 연평균 노동시간이 OECD 국가 중 세계 2위를 기록하고 있다. 최근 국가적으로 저녁이 있는 삶을 표방하고 주 52시간제가 시행되면서 기업에서는 직원의 행복이 곧 조직의 경쟁력이라는 철학을 바탕으로 가족친화 기업문화 조성에 힘쓰고 있다. 이러한 기업들이 늘어나고 있는 가운데 직장인들 사이에서 일과 삶의 균형을 뜻하는 '워라밸(Work and Life Balance)' 트렌드가 확대되고 있다. 그 예로 육아나 본인의 라이프 사이클에 맞춰 출근 시간을 조정하는 자율 출퇴근제와 1박 2일 가족캠핑, 부모일터 체험, 가족과 연인이 함께 할 수 있는 가족 문화생활 지원, 가족까지 참여할 수 있는 사내 동아리 제도 등 다양한 제도를 통해 다양한 가족친화 프로그램을 확대해 나가고 있다.

표 6-1 워라밸 시행 대표 기업

회 사	유 형
유한 킴벌리	• 1990년대 초반부터 유연근무제 시행 • 육아 돌봄이나 자기 개발을 위해 시차출근제 활용 • 임신 초기 또는 저학년 초등생을 자녀로 둔 직원은 임금 변경 없이 3개월간 재택근무제도 이용
신한은행	• 자율 출퇴근제(1일 8시간 근무제) • 스마트워킹센터 운용 : 기존 사무실과 동일한 환경의 사무공간에서 시간과 공간의 제약 없이 일할 수 있는 방식 • 스마트재택근무제도 : 기획아이디어 도출 및 상품 · 디자인 개발 등 은행 전산망을 사용하지 않고 일할 수 있는 직원들을 대상으로 집이나 기타 장소에서 근무
열심히커뮤니케이션 (광고 대행사)	• 패밀리데이(family day) 운영 : 주 4.5일제로 매주 금요일 1시 퇴근, 오전 9시 혹은 9시 30분 선택 출근, 월요일 오전 10시 출근
지란지교소프트	• '저가요'제도 : 한 달에 한 번 지연출근제, 봉사휴가 등 다양한 일 · 생활 균형 문화를 실천하고 있음
우아한 형제들	• '지만가(지금 만나러 갑니다)' 제도 : 직원 본인과 가족의 생일에는 조기 퇴근을 보장 • 휴가보장 : '휴가에는 사유가 없다' 제도 운용
카카오	• 입사 후 3년마다 유급 휴가 30일(휴가비 200만 원) • 휴가제도 : 허가제 → 등록제로 운영

워라밸 세대들은 점심시간을 이용해 걷기 운동을 하고 짬을 내어 워라밸 라이프를 실현하기도 하며 퇴근 이후에는 다양한 활동을 통해 '저녁이 있는 삶'을 즐기고 있다. 워라밸 활동 유형은 댄스, 발레, 클라이밍, 권투 등을 통해 스트레스를 해소하는 '운동형', 악기 또는 뜨개질, 꽃꽂이 등을 배우는 '학습형', 그리고 만화 카페나 피규어 조립 카페, 책과 맥주를 동시에 즐기는 책맥 카페 등에서 취미를 즐기는 '엔터테인먼트형' 등으로 매우 다양하다. 또한 소중한 지인들과 맛있는 저녁식사, 분위기 좋은 카페 방문하기 등의 소소한 활동으로 워라밸을 실천하기도 한다.

표 6-2 워라밸 세대의 활동 유형

구 분	활 동
일상(life)형	점심시간 걷기 운동, 취미 활동
운동형	댄스, 발레, 클라이밍, 권투, 테니스 등
학습형	영어회화, 자격증 수강, 꽃꽂이, 뜨개질
엔터테인먼트형	만화 카페, 피규어 조립 카페, 책맥 카페

워라밸의 궁극적인 목적은 개인과 직장 모두 행복한 삶을 통해 긍정적으로 발전해 나가는 것에 있다. 따라서 회사는 '어떻게 하면 직원들이 즐겁고 자유롭게 일할 수 있을까'를 고민하고, 구성원들은 주어진 여가시간에 휴식과 재충전을 하여 자신과 회사의 발전을 위해 능동적이고 창의적으로 일할 수 있도록 일과 삶의 문화를 긍정적으로 변화시켜 나가는 것이다.

2 대학생과 스워라밸(study-work & life balance)

유교문화의 전통과 학벌 중시, 입시 위주의 우리나라는 언제부터인가 학생은 공부만 하고 살아야 하는 것으로 생각하는 문화가 있다. 특히, 산업화 이후 입시 위주의 우리나라 중 · 고등학생들은 새벽에 일어나서 잠자리에 들 때까지 공부만 생각하고, 입시 중심으로 생활하도록 강요받고 있다고 해도 과언이 아니다. 그들에게도 분명 자신의 문제를 돌아보고 생각하는 삶이라는 것이 있다. 그러나 대학에 들어와서도 자신의 꿈이 무엇인지, 무엇을 위해 사는 것이 진정한 삶인지를 모르고 대학생활을 시작하게 되는 경우가 많다. 따라서 대학생들은 자신의 삶을 잘 생각해 보고, 해야 할 일과 진정으로 하고 싶은 일 사이의 균형을 잘 잡아가면서 진로의 로드맵을 잡아가야 한다.

대학생은 청년기로서 태내기, 영아기, 유아기, 아동기, 청년기, 성인기 중 아동기에서 성인기로 옮겨가는 인간의 발달과정상 과도기로 볼 수 있다. 청년기는 부모에게 많은 것을 의존하는 어린이도 아니고 경제적이나 정서적으로 완전히 독립된 성인도 아닌 상태이다. 한편 이 시기는 신체적 발달, 인지적 발달, 사회성 발달을 통하여 자아개념과 정체성이 형성되는 과정에서 긴장과 혼란을 경험하게 된다. 또한 사회와 문화, 진로 및 직업과 미래에 대한 불확실성에 따라 개인별 발달의 특성이 다르게 나타나기도 한다.

1) 한국 대학생의 특성

입시 중심의 학창 시절을 보내고 대학에 입학한 우리나라의 청년기 대학생들은 심리학자들이 일반적으로 주장하는 발달심리적 측면의 청년기의 특징과는 다소 다른 면을 나타내고 있다. 한국 특유의 교육문화와 사회적인 현상이 청년기 대학생들의 다양한 방면의 성장을 저해하기도 하지만 긍정적인 영향을 미치기도 한다.

청년기는 아동기에서 성인기로 넘어가는 과도기적인 특성 때문에 갈등과 불안의 불안정의 시기이기도 하지만 반면에 자아 정체성 및 자기 존중감을 잘 유지하여 안정적으로 미래의 진로와 건강한 삶을 준비하기도 하는 개인적인 차이를 보이기도 한다. 급변하는 사회 속에서 한국의 대학생들이 지니고 있는 환경과 세대의 특성은 다음과 같다.

첫째, 대학 교육기간과 직업선택 기간의 신장이다.

산업 발전으로 최근 들어 고학력 및 고숙련 직업의 증가로 인하여 학교 교육기간과 진로 및 직업을 위한 훈련기간이 과거에 비해 연장되었다. 대학생은 20세 전후를 기준으로 법률상 성인으로 진입하게 되지만 경제적, 심리적, 사회적인 측면에서 독립을 하지 못하고 부모와 동거하는 캥거루족[1]들이 사회문제화되고 있다. 대학과 대학원을 졸업하고도 취업 및 창업까지 소요기간이 과거에 비하여 10년 이상 연장되고 부모에 의존하게 됨으로써 사회경제적인 비용이 증가하고 국가 경제력을 약화시키고 있다.

둘째, 부모의 기대와 치열한 경쟁 속 혼돈의 시기이다.

청년기 대학생들은 부모의 높은 기대감과 이에 따른 치열한 경쟁으로 인한 자아정체성 확립과 사회화에 대한 혼돈의 시기를 거치게 된다. 우리나라는 대학 입학이 행복으로 가는 유일한 통로로 생각하는 학벌 중심적 사고로 인하여 중 · 고등학교 시절부터 대학을 가기 위해 올인하며 결국 서열화된 대학으로 진학하게 된다. 이러한 현상은 개인의 창의력과 재능을 개발하고 그에 맞는 진로를 결정하도록 하는 것이 아니라 계량화된 단순 점수에 맞는 학교와 학과를 선택하는 현상을 보이고 있다. 입시에 대한 중압감 속에서 대학에 진학하여도 인생에 대한 진지한 사유를 하지 못하고 불안과 고민 및 갈등을 하게 된다.

셋째, 대학생활을 통한 청년기 문화 구축이다.

교육통계서비스(KESS)의 자료에 의하면 최근 5년간 다소 감소하는 추세이지만 2017년 우리나라의 대학 진학률은 인문계 고등학교 출신 68.9%, 실업계 고등학교 출신 32.8%로 세계 최고 수준을 보이고 있다. 학력과 스펙을 중시하는 우리나라는 적성이나 능력과 관계없이 대학으로 진학하게 하는 분위기를 조성하고 있다. 이는 대학에서 청년기의 긍정적인 문화를 체득하고, 자신의 적성에 맞는 미래의 꿈을 키우는 기회를 박탈당하기도 한다.

넷째, 자기 주장과 표현이 분명한 성향이다.

인터넷의 발달과 글로벌 사회와 핵가족 속에서 성장한 대학생들은 자기 주장이 강하며 개인주의적 성향을 보이고 자신이 옳다고 생각하는 일에는 매우 적극성을 보이고 있다.

---

1) 2000년을 전후해 젊은 인구들의 취업문제가 심각한 사회문제로 떠올랐는데, 이는 비단 우리나라만의 문제는 아니다. 비유하는 용어만 다를 뿐 가까운 일본을 포함하여, 미국, 영국 등 유럽 등에서도 비슷한 맥락의 용어가 존재한다. 일본에서는 돈이 급할 때만 임시로 취업을 할 뿐 정규 취업을 하지 않는다는 뜻에서 프리터(freeter)라고 부르며, 영국에서는 부모의 퇴직 연금을 축낸다고 하여 키퍼스(kippers)라고 부른다(나무위키, 2018).

다섯째, 다양성에 대하여 개방적이며 포용적이고 긍정적이다.

베이비붐 세대를 포함한 과거의 기성세대는 사회적으로나 경제적으로 폐쇄적이고 획일적인 성향을 보냈다. 반면에 오늘날의 청년기 대학생들은 다양성과 수용적인 성향을 보이고 있다. 이러한 성향은 창의력과 응용력을 향상시켜서 4차 산업혁명시대에 적응할 수 있는 긍정적 영향을 미치게 될 것이다.

한국의 사회현상과 교육 우선주의 문화는 다른 나라와 다른 독특한 특성을 지니고 있다. 이에 따라 발달심리학적인 측면에서의 일반적인 청년기의 특성과 한국의 대학생들의 특성은 다소 다른 면을 나타내고 있다. 이러한 대학 청년기의 특성을 우리 사회와 문화의 토양에 잘 접목시켜서 개인과 가정, 지역사회와 국가는 물론 국제적으로 경쟁력을 지니도록 개인적으로 성장하고 사회적으로 육성하는 것이 필요하다.

2) 청년 대학생의 삶 : 학업(study) · 일(work) · 생활(life)의 균형

인간은 각자가 처해 있는 환경 속에서 다른 사람과 상호작용하면서 살아가게 된다. 인간은 태어나면서부터 크고 작은 집단과 조직에 소속되어 가족, 국가 및 국제사회의 발전과 개인의 삶의 목표를 달성하기 위하여 노력하면서 살아간다. 성공하는 사람은 개인과 조직의 목표를 성취하기 위해 시간 및 공간과 인간의 상호작용을 통하여 삶의 조화와 균형을 이루게 되는 것이다. 따라서 대학생들은 청년기의 성공적인 발달과업을 위하여 학업-일-생활이 조화를 이루는 스워라밸(study-work & life balance)의 삶을 살아가야 하는 것이다. 구인구직 포털사이트 알바몬에서 조사한 대학생들의 관심사를 살펴보면 등록금 · 물가 · 생활비 등 돈(30.7%), 취업 및 취업 준비(21.5%), 진로설계(12.7%), 학점관리 및 장학금(10.2%), 연애, 이성관계(8.5%) 순으로 나타났다. 따라서 기성세대와 유사한 현실적인 걱정과 고민을 통하여 학업-일-가정에서의 여유로운 삶의 균형을 유지하지 못하는 부조화를 보이고 있다.

표 6-3 대학생 관심사

1위(30.7%)	2위(21.5%)	3위(12.7%)	4위(10.2%)	5위(8.5%)
돈(등록금 · 물가 · 생활비 등)	취업 및 취업 준비	진로설계	학점관리 및 장학금	연애, 이성관계

자료 : 구인구직 포털사이트 알바몬(2013).

청년기 대학생들은 대학생활에 대한 낭만, 꿈과 야망을 기초로 한 미래설계, 호연지기, 대인관계, 자아성찰, 삶의 가치와 윤리 등을 준비하고 체득해 나갈 수 있는 자신에 적합한 스워라밸(study-work & life balance) 생활을 계획하고 실천해 가야 한다. 그러나 대학생들의 학년별 관심도를 살펴보면 학년별로 차이를 보이고 있지만 전 학년에 걸쳐서 단기적이고 단편적인 문제에 국한되어 있음을 알 수 있다.

표 6-4 학년별 대학생 관심사

1학년	2학년	3학년	4학년
학교 · 과별 행사 술, 축제, 미팅 동기사랑, CC 선배 따라하기	전공 공부, 군대(남) 술, 돈, 학생회, 동아리, 선 · 후배, 알바, 소개팅 어학연수(영어 공부) 해외여행	고학번 스트레스 학점관리, 취업 걱정 숙취(음주 후회) 휴학할까? 대외활동 회의감 선후배 간 세대차 교환학생	취업(불안, 걱정) 자격증, 스펙 휴학 고민 숙취(과음 후회) 연애하고 싶다 로또(행운, 기대)
학점이 중요한가?	학점이 중요하겠지?	학점은 중요한 거였어!	공부 더 열심히 할 걸

대학생들이 처해 있는 지역사회의 환경과 인간관계에서 삶의 조화와 균형을 이루기 위해서는 학업, 일, 가정에서의 생활에 관심과 시간의 배분을 적절히 해 나가야 하는데, 이를 위한 내용을 살펴보면 다음과 같다.

(1) 학업

생애주기 가운데 대학시절에 가장 중요한 과업 중 하나는 학업(study)이다. 학업은 공부하여 배움을 닦는 일 또는 주로 학교에서 일반지식 및 전문지식을 배우기 위하여 공부하는 일로 국어사전에 명시하고 있다. Havighurst는 교육은 사회적 상승이동을 촉진함으로써 사회평등에 기여한다고 하였다. 그는 개인의 욕구(need)와 사회의 요구(demand)와의 가교적인 역할을 하는 것으로서 개인의 일생의 어떤 시기에 성취해야 할 연령별 발달과업[2] 모형을 제시하였다. 연령별로 과업을 성공적으로 성취하면 사회생활에서 추가적인 과업수행에 기대 및 행복과 성공을 가져다주지만, 실패하면 자신의 불행, 사회의 무시, 과업수행에 대한 곤란을 겪게 된다. 이러한 발달과업은 연령의 증가에 따라 자연히 성취되는 것이 아니고 신체적 · 정신적 성장과 함께 사회적인 요구와 개인의 의도적인 노력의 상호작용에 의하여 달성되는 것이다.

표 6-5 학업 방해 요인과 해결방법

구분	내용
학업(study) 방해 요인	• 비학습적 요인 : 음주, 오락, 게임 등 • 학업 불안 : 개강증후군(막연한 불안, 대인관계 불안 등), 학업, 성적에 대한 부담, 시험이나 보고서 제출 • 졸업 후의 진로 걱정 • 학비 조달 혹은 반드시 장학금을 받아야 한다는 압박감 • 지나친 대인관계 : 친구, 선 · 후배와의 관계, 이성문제
해결방법	• 규칙적인 생활습관, 학습패턴 익히기 • 피로 회복하기 : 야간형 → 주간형으로 생활주기 변경 • 긍정적 마인드 갖기 • 균형잡힌 대인관계 유지하기 • 멘토 및 부모님과 대화하기

대학 시절 학업 단계의 완성에는 시간적 한계점이 있다. 그 과업을 성공적으로 완료하면 행복감과 성취감을 느끼게 되고 후속 과제를 성공적으로 추진할 수 있는 계기가

2) 개인의 생애 가운데 특징시기에 학습하여야 할 과제, 인생의 발달과제란 그가 속한 사회에서의 건전하고 만족스러운 성장을 보장해주는 것이다.

마련된다. 만일 절대시간 내에 과업을 완결하지 못하면 불행감과 인생의 패배감을 느끼게 되고 영원히 성취 불가능한 채로 남아 있을 수도 있다. 따라서 대학생은 학업성적을 높이고 일정 교과과정을 익히는 과정에서 도달한 학습의 이해력 · 응용력 향상을 위한 학업성취도를 위해 지속적인 노력을 해야 한다.

(2) 생활 : 가족, 선후배, 친구, 이성관계

혈연으로 맺어진 부모와 형제관계는 가장 기본이 되는 인간관계이며 건강한 사회화의 중요한 연속적인 관계이다. 대부분의 대학생들은 핵가족화된 가정에서 부모의 도움을 받아 생존하고 가정교육을 받으며 성장한다. 부모는 자녀가 생애주기에 건강한 사회인으로서의 역할을 담당할 수 있도록 자녀를 양육하고 사회화 교육을 한다. 영유아기를 비롯하여 초기 학령기에는 부모의 역할과 도움이 절대적인 비중을 차지하지만 청년 대학생들은 경제적인 지원 이외에는 그 비중이 점차 낮아지게 된다.

최근에는 경제적인 독립은 물론 부모로부터의 의존을 줄이고자 하는 심리적인 독립도 늦어지고 있는 추세이다. 심리적인 독립은 부모가 중요한 타인이지만 서로 다른 독립된 인격체라는 인식으로부터 출발할 수 있다. 한 가정에서 생활(life)하는 부모와 형제라 할지라도 각자 서로 다른 인격체라는 것을 인식하여야 한다. 부모의 사고와 생활방식을 단순히 모방 또는 의존하거나 부모의 부족한 능력으로 인하여 위축된다면 독립적이고 주체적인 삶을 살아가지 못하는 어려움을 겪게 될 수도 있다.

학업에만 집중하였던 고교 시절과 달리 대학생이 되면 선 · 후배, 동성 및 이성친구 등과 다양한 교류를 하면서 생활하게 된다. 대학에서 선 · 후배와의 관계는 공통의 관심사를 중심으로 맺어지며 이성관계는 새로운 만남의 유형이 되어 사고의 범위와 생활의 폭을 넓히게 된다. 이러한 교류는 사회화 과정에서 매우 필요한 건강한 인간관계를 유지하기도 하지만 심각한 갈등이 발생할 수도 있다. 예를 들어 학생회 및 동아리 활동을 통한 선 · 후배 간의 오해와 다툼, 정치적 · 종교적 이념과 성향에 대한 갈등, 성격차이로 인한 오해, 이성 친구와의 생각 · 감정 · 행동에 대한 이해 과정의 갈등이 발생한다.

표 6-6 건강한 생활 방해 요인과 해결방법

구 분	내 용
생활(life) 갈등요인	• 생활패턴 : 늦은 귀가 및 늦은 기상시간 • 부모와의 대화 단절 및 세대갈등 • 과도한 용돈 사용 : 사치, 유흥 등 • 부모 지원에 대한 불만 : 금전적, 심리적 • 대인관계 갈등 : 친구, 선 · 후배, 이성 친구
해결방법	• 가문의 전통 및 규칙적인 생활습관 • 피로 회복하기 : 야간형 → 주간형으로 생활주기 변경 • 가족과의 대화 및 함께하는 시간 갖기 • 선 · 후배와 생각, 취미, 특기를 공유하기 • 존중과 배려의 선 · 후배 관계 유지 • 상호 발전적인 이성관계 : 감정, 욕구의 절제된 관계 유지

가정에서 부모는 경제적인 문제를 비롯하여 자녀에 대한 기대와 교육에 대한 스트레스를 경험하며, 자녀 또한 부모에 대한 기대, 부모의 의무와 특권 등을 체득하게 된다. 대학생은 가정에서 가족 구성원으로서의 역할을 잘 체득함으로써 미래의 가정에서 주도적 구성원으로서 자신의 모습을 정립해 나가야 된다. 가정에서 자녀의 역할은 부모의 기대에 잘 부응할 수 있도록 함으로써 부모를 비롯한 가족 구성원들에게 기대와 희망을 갖도록 하는 것이다. 따라서 가족관계에서 가족의 대화를 경청하고, 공감적 이해를 통하여 친밀감을 향상해 나가야 하는 것이다.

한편 선 · 후배와는 생각, 취미, 특기를 공유하면서 미래의 전문가가 되기 위한 파트너십을 발휘하기 위한 존중과 배려의 선 · 후배 관계를 유지해야 한다. 또한 이성친구와는 감정과 욕구가 절제된 상태에서 개방적이고 유연한 상호 발전적인 동반자적 이성관계를 유지해 나가는 것이 바람직하다.

(3) 일 : 대인관계, 직업 및 진로탐색

대학생들은 직업 활동을 하고 있지 않기 때문에 스워라밸(study-work & life balance)에 있어서 일(work)의 비중은 일상생활(life)과 학업(study)에 비하여 상대적으로 비중이 낮다고 할 수 있다. 청년 가장이나 가족의 생계를 일부 부담해야 하는 학생을 제외하고 일반적으로 일(work)은 성인들과 구별하여 생각할 필요가 있다. 통계적으로 대학생은 구직활동을 하고 있지 않기에 실업자로 분류하지 않고 실업률에 포함시키지 않는다. 따라서 대학생의 일은 일반적인 개념과 구별하여 장차 진로를 선택하기 위한 경험으로 아르바이트 등 진로와 직업선택을 준비하고 예비하는 근로활동이라고 생각할 수 있다.

아르바이트를 포함한 대학생의 근로활동에는 경제적인 보상과 함께 자립정신, 경제관념 정립과 진로탐색 등 순기능적인 측면이 있다. 반면에 지나친 근로 아르바이트 활동은 학업에 방해와 가정에서 가족과 함께하는 시간을 단축하여 대화가 단절되는 역기능적인 문제가 나타나기도 한다.

표 6-7 부적절한 일과 해결방법

구분	내용
부적절한 일 (work)	• 학업과 생활에 부담되는 과도한 아르바이트 • 부적절 · 불건전한 아르바이트 • 위험하거나 힘든 아르바이트 • 심야 및 밤샘 아르바이트
해결방법	• 선 학습 후 아르바이트 : 학업에 지장 없도록 하기 • 불건전 아르바이트 지양 • 심야 또는 장시간 아르바이트 지양 • 진로탐색에 도움이 되는 직종 선택

대학생은 미래를 위해 전공 영역에 대한 풍부한 지식과 기술을 익히고, 외국어 실력과 국제적 매너와 전문가가 되겠다는 자부심과 함께 졸업 후에 직업을 선택하기 위한 준비를 하는 과정에 있다. 따라서 단기적으로 자립정신 고취를 위한 아르바이트를 하는 것도 중요하지만 장기적으로 학업 이외에 경제활동과 사회생활을 배우고 익히는 능력을 배양하는 것이 바람직하다. 자신이 스스로 선택한 일을 함에 있어 패기가 있으며 유연한 사고방식을 지니고, 통찰력과 발상의 전환을 시도하는 생활, 신념과 책임감 있는 활동, 능력 있는 자신이 되기 위해 적극적으로 자기 이미지를 창출하고 관리해야 한다.

대학생(청년기) 특성과 리더십 개발

Chapter 07

1. 대학생(청년기) 특성과 이해
2. 개인 역량과 리더십 유형
3. 대학생활과 리더십 개발

학습 목표

1. 대학생(청년기)의 특성을 이해할 수 있다.
2. 자신의 리더십 유형을 파악할 수 있다.
3. 리더십 개발의 필요성과 중요성을 이해할 수 있다.

주요 내용

1. 대학생(청년기)의 특성
2. 나의 리더십 유형
3. 리더십 개발방법

인성과 리더십

4차 산업혁명시대 스워라밸

study-work & life balance leadership

07 대학생(청년기) 특성과 리더십 개발

1 대학생(청년기) 특성과 이해

대학생(청년기) 시기에는 하고 싶은 것도, 되고 싶은 것도 많다. 이때 하고 싶은 일보다 해야만 하는 일들에 대해 제대로 하는 것이 중요하다. 대학생활을 보내는 동안 해야 할 일이 많다. 아마 어떤 비전과 어떤 목표를 가지고 있는가에 따라 같은 대학생 신분이지만 해야 할 일은 서로 다를 것이다. 미래의 주역인 리더가 될 대학생 신분으로 대학생활을 통해 자기 인식을 분명히 하고 내재되어 있는 장점을 발견하고 사회가 요구하는 역량을 개발하는 것은 매우 중요하다.

그렇다면 청년기인 대학생은 어떤 특징을 갖고 있을까? 청년기인 대학생은 다음과 같은 특징을 갖는다.

첫째, 자립심을 가진 독립된 성인으로 성장하는 과정에 있다.

둘째, 자신의 정체성을 수립하는 단계로 독특성과 일관성을 갖고 있다.

셋째, 중요한 사건이 발생되는 시기로 진로선택 등을 예로 들 수 있다.

넷째, 개개인의 자발성과 적극적 참여의식이 발휘되는 시기이다.

이 중요한 과정 안에 있는 개인은 자기 인식 및 자기 돌봄이 반드시 동반되어야 한다. 타인에게 의미 있는 영향력을 끼치기 위해 먼저 자신을 명확하게 되돌아보고 개발해야 하므로 대학생활 동안 자신의 리더십을 점검해 볼 필요가 있다. 아직 미처 발견하지 못한 자신 안에 있는 리더십의 원천을 발견하고 효과적으로 개발할 것을 권장한다.

Havighurst가 제안한 대학생(청년기)의 발달과업으로 먼저 자신의 신체 모습과 성역할에 대한 수용이 요구된다고 보았다. 대학생활 과정에서 동성과 이성 또래들과 새로운 건강한 관계의 형성을 배워야 하며, 부모나 다른 성인들로부터 정서적 독립을 해야 한다고 제안한다. 나아가 사회적으로 책임 있는 행동의 요구와 성취를 배워야 하며 그 과정에서 경제적인 독립 성취 및 직업선택과 준비가 요구된다. 과학적 세계관에 어울리는 양심의 가치를 확립함으로써 무엇보다 중요한 자신의 인격을 돌볼 수 있어야 한다.

Havighurst가 설명하는 대학생(청년기)의 발달과업은 현재를 살아가는 대학생들에게 경제적 독립은 부분적으로 이루어져 가는 단계로 이 과업이 성공적으로 완수되지 못한다면 다음 단계에 영향을 미치게 된다고 말한다. 현 시대를 살아가는 대학생(청년기)의 위기적 특징에 대한 관찰 결과를 정신적 · 사회적 특징으로 나누면 〈표 7-1〉과 같다.

표 7-1 대학생(청년기)의 위기적 특징

구 분	내 용
정신적 특징	• 신체적 발달에 비해 학생 신분이라는 점이 심리적으로 작용되는 시기 • 사회 전체적으로 교육 수준이 높아져 대학 교육 역시 자녀 양육의 한 과정으로 여겨져 부모에 대한 의존도가 있음
사회적 특징	• 대학 교육을 학문 탐구가 아닌 취업의 수단으로 여기는 사회 풍조에 따른 정체성의 위기 경험 • 취업과 불확실한 미래에 대한 불안감과 부담감에 의해 사춘기 초반에 경험하게 되는 자아정체성의 위기를 지속적으로 경험

대학생(청년기)은 교양이 있는 지도자로 양성하여 생산적인 미래의 삶을 살아가며 제 역량을 발휘할 수 있도록 준비해야 할 의무가 있다. 중요한 건 스스로 자기의 대학생활을 관리할 수 있도록 해야 하며 대학생의 리더십은 생애핵심능력에 유의한 영향을 미치고 있으므로 중요하게 다루어져야 한다. 〈표 7-1〉과 같은 급변하는 글로벌 환경 속 현재 대학생의 위기적 특징을 극복하기 위해서라도 자신이 가져야 할 리더십에 대한 최소한의 생각과 의견을 정리하는 습관을 체득해 나가야 한다.

2 개인 역량과 리더십 유형

리더십을 제대로 발휘하기 위해서 선행되어야 할 것은 자신이 가지고 있는 특성을 올바르게 파악하여 어떤 특성을 더욱 개발할 것인가에 대해 이해하는 것이다. 그렇다면 내가 갖고 있는 역량에는 무엇이 있을까?

1) 나의 역량 파악하기

McClelland(1973)는 역량에 대해 "특정 조직이나 환경에서 요구되는 것을 이룰 수 있는 능력"이라고 정의한 바 있다. 주어진 특정 상황이나 조직 환경 속에서 효과적으로 질적 목표를 달성해 낼 수 있는 개인이 내적 특성이 되는 역량은 교육훈련을 통해 개선될 수 있는 지식과 기술의 집합체이다. 아울러 그는 리더십 핵심역량에 대해 "리더십을 발휘하는 리더의 지식, 기술, 태도, 그리고 내적 특성"이라고 주장했다. 이후 Spencer(1988)가 핵심역량 구조에 대해 '리더십 기반역량'과 '리더십 잠정역량'으로 나누어 설명하였다.

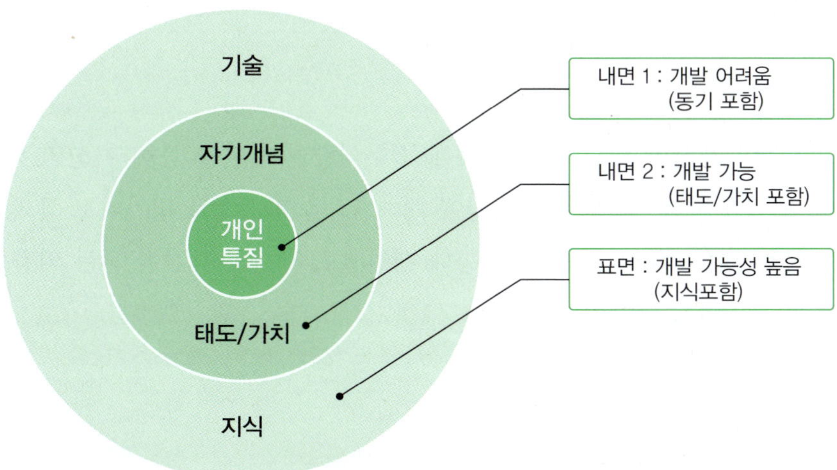

그림 7-1 핵심역량의 구조

'리더십 기반역량'은 [그림 7-1]에서 제시된 핵심역량을 도출하기 위한 중간과정으로 이해할 수 있다. 이는 핵심역량을 최종 선정하기 이전에 도출된 조직 구성원의 공통역량을 의미한다. '리더십 잠정역량'은 속해 있는 조직과 관련된 규칙, 규범, 조직 목표와 비전, 가치 등이 포함된 공공조직에서 요구되는 전반적인 역량을 말한다.

대학생(청년기)으로서 향후 성공과 취업, 더 나아가 개인의 꿈을 실현시키기 위해 구체적으로 요구되는 역량은 무엇일까? 대학생 6대 직무역량에 대해 진단하고 자신의 역량을 점검해 보자.

표 7-2 대학생 6대 직무역량 세부내용

직무역량	내 용
의사소통	• 듣기, 읽기, 말하기, 쓰기 및 토론과 조정 능력
글로벌화	• 외국어 능력 및 다문화 이해 · 수용 능력
자원 · 정보 · 기술 활용	• 시간, 예산, 물적/인적 자원, 문자/숫자/그림 정보, 정보통신, 기기 작동 기술 수집 및 분석 활용 능력
자기관리	• 자기 주도적 학습능력, 정서적 자기조절 능력 및 직업의식, 계획수립 및 실행 능력 평가
대인관계	• 정서적 유대 및 협력, 중재, 리더십, 조직에 대한 이해도 평가
종합적 사고	• 고등정신능력(평가, 대안, 추론, 분석적 사고력) 평가

자료 : 진재열(2017). 부분 발췌 및 수정.

진재열(2017)이 제시한 대학생(청년기) 6대 직무역량별 진단을 통해 자신의 역량 분석을 진행해 보도록 한다. 각 역량별 문항에 대해 5점을 만점으로 평가하고 각 항목별 합계점수를 산정한다. 객관적인 점수를 통해 개인별로 자신의 강점이 되는 역량 혹은 필요한 역량이 무엇인지 파악할 수 있다.

표 7-3 직무역량 진단 : 의사소통

항 목	전혀 아니다	아니다	보통	그렇다	매우 그렇다
1. 대화는 간단명료하게 한다.	①	②	③	④	⑤
2. 상대방을 향해 몸을 틀어 대화한다.	①	②	③	④	⑤
3. 상대방의 눈을 맞추며 대화한다.	①	②	③	④	⑤
4. 말을 듣는 동안 고개를 끄덕이는 등 반응한다.	①	②	③	④	⑤
5. 말을 들으며 맞장구나 추임새를 넣는다.	①	②	③	④	⑤
6. 일방적으로 말하지 않고 주고 받는 형식이다.	①	②	③	④	⑤
7. 대화 시 적절한 질문을 활용한다.	①	②	③	④	⑤
8. 대화 시 상대방의 말을 정확히 이해한다.	①	②	③	④	⑤
9. 말하는 사람의 속마음까지 헤아린다.	①	②	③	④	⑤
10. 대화를 통해 관계 개선이나 목표달성에 도움이 되는 계기를 마련한다.	①	②	③	④	⑤
11. 발표하기에 앞서 자료 작성을 철저히 한다.	①	②	③	④	⑤
12. 발표할 내용을 충분히 이해하고 자신의 것으로 소화한다.	①	②	③	④	⑤
13. 발표 시 정확한 발음과 충분한 성량으로 전달한다.	①	②	③	④	⑤
14. 음성언어뿐만 아니라 시선, 제스처 등 비언어적 수단을 적극 활용한다.	①	②	③	④	⑤
15. 토론할 경우 감정적으로 반응하지 않고 논리적으로 설득한다.	①	②	③	④	⑤
16. 토론 시 상대방의 합리적 주장은 수용한다.	①	②	③	④	⑤
17. 토론 시 상대방을 설득하기 위해 통계자료, 사례 등을 근거로 제시한다.	①	②	③	④	⑤
18. 쌍방의 갈등을 중재할 경우 서로의 입장을 분명하게 이해한다.	①	②	③	④	⑤
19. 중재 시 쌍방이 수용 가능한 대안을 제시한다.	①	②	③	④	⑤
20. 의사소통 역량 개발을 위해 지속적인 학습 실행한다.	①	②	③	④	⑤

자료 : 진재열(2017).

표 7-4 직무역량 진단 : 글로벌화

항 목	전혀 아니다	아니다	보통	그렇다	매우 그렇다
1. 전공과목의 외국어 원서를 이해한다.	①	②	③	④	⑤
2. 혼자서 두려움 없이 해외여행을 한다.	①	②	③	④	⑤
3. 영어로 원어민과 자유롭게 대화한다.	①	②	③	④	⑤
4. 영어 이외의 외국어로 원어민과 대화한다.	①	②	③	④	⑤
5. 외국어로 진행되는 대학 정규수업을 이해한다.	①	②	③	④	⑤
6. 외국어로 현지인과 자유롭게 서신 왕래한다.	①	②	③	④	⑤
7. 글로벌 마인드를 갖추기 위해 세계 대학이나 기업에 대한 정보를 수집 및 분석한다.	①	②	③	④	⑤
8. 해외 첨단제품에 대한 호기심이 많으며 최신 기기에 대한 활용 능력이 탁월하다.	①	②	③	④	⑤
9. 글로벌 리더십 함양을 위해 외국인과 네트워킹 및 인맥을 만든다.	①	②	③	④	⑤
10. 외국어 역량 개발을 위해 지속적으로 학습한다.	①	②	③	④	⑤
11. 타 문화권 외국인의 도움을 청하면 당황하지 않고 적절한 도움을 제공한다.	①	②	③	④	⑤
12. 해외 자원봉사 활동에 관심있다.	①	②	③	④	⑤
13. 타 문화를 이해하기 위해 해외에서 개최되는 국제적 이벤트 행사에 관심있다.	①	②	③	④	⑤
14. 다문화 이해를 위해 외국 드라마 등을 정기적으로 시청한다.	①	②	③	④	⑤
15. 다문화 결혼에 대한 거부감이 없다.	①	②	③	④	⑤
16. 타 문화권에서 살고 싶은 욕망이 있다.	①	②	③	④	⑤
17. 국제적 매너와 에티켓을 알고 있다.	①	②	③	④	⑤
18. 다른 문화권에서 온 외국인 친구와 친하게 지내고 있다.	①	②	③	④	⑤
19. 외국인에 대한 개방적인 유연한 태도를 가지고있다.	①	②	③	④	⑤
20. 다문화를 이해하기 위해 지속적으로 학습한다.	①	②	③	④	⑤

자료 : 진재열(2017).

표 7-5 직무역량 진단 : 자원, 정보, 기술의 활용

항 목	전혀 아니다	아니다	보통	그렇다	매우 그렇다
1. 필요한 자원을 파악하고 수집할 수 있다.	①	②	③	④	⑤
2. 필요한 정보를 파악하고 수집할 수 있다.	①	②	③	④	⑤
3. 필요한 기술을 파악하고 사용 방법을 숙지할 수 있다.	①	②	③	④	⑤
4. 수집한 자원을 분석하여 유의미한 내용을 도출할 수 있다.	①	②	③	④	⑤
5. 수집한 정보를 분석하여 문제해결에 유의미한 내용을 도출할 수 있다.	①	②	③	④	⑤
6. 숙지한 기술을 사용하여 문제해결에 필요한 내용이나 정보를 분석할 수 있다.	①	②	③	④	⑤
7. 자원 분석을 통해 추출된 내용은 문제나 과제 해결에 적용 또는 활용할 수 있다.	①	②	③	④	⑤
8. 정보 분석을 통해 도출된 내용은 문제해결에 활용할 수 있다.	①	②	③	④	⑤
9. 문제해결에 활용한 정보 분석 자료들을 체계화하여 지식화 할 수 있다.	①	②	③	④	⑤
10. 정보 분석에 적용한 기술들을 다양한 방법으로 다른 문제해결에 적용할 수 있다.	①	②	③	④	⑤
11. 자원, 정보, 기술 등 다양한 문제해결을 위해 효과적으로 결합하거나 연결 사용이 가능하다.	①	②	③	④	⑤
12. 정성적 분석과 정량적 분석의 차이점을 알고 있다.	①	②	③	④	⑤
13. 정성적 분석에 필요한 기법에 대해 안다.	①	②	③	④	⑤
14. 정량적 분석에 필요한 기법에 대해 안다.	①	②	③	④	⑤
15. 정성적 분석 기법을 통해 나타난 결과를 분석하고 의미를 파악할 수 있다.	①	②	③	④	⑤
16. 정량적 분석 기법을 통해 나타난 결과를 분석하고 의미를 파악할 수 있다.	①	②	③	④	⑤
17. 정량적 분석 결과와 핵심성과지표(KPI)의 관계에 대해 알고 있다.	①	②	③	④	⑤
18. 정성적/정량적 분석결과와 분석에 사용된 자원 및 정보에 대한 상관관계를 파악한다.	①	②	③	④	⑤
19. 분석결과와 분석에 사용한 기술의 효과나 효율성에 대해 파악할 수 있다.	①	②	③	④	⑤
20. 분석결과와 분석 자원, 정보 혹은 기술에 대한 연계성을 파악하고 개선할 수 있다.	①	②	③	④	⑤

자료 : 진재열(2017).

표 7-6 직무역량 진단 : 자기관리

항 목	전혀 아니다	아니다	보통	그렇다	매우 그렇다
1. 자신에 대해 정확한 평가와 개인적 목표를 수립한다.	①	②	③	④	⑤
2. 개인적 목표달성을 위한 과정을 지속적으로 모니터링하고 반영한다.	①	②	③	④	⑤
3. 자신에게 적합한 학습 스타일이 무엇인지 알고 있다.	①	②	③	④	⑤
4. 자신에게 가장 적합한 학습 스타일을 활용하여 새로운 지식과 기술을 습득하고 활용한다.	①	②	③	④	⑤
5. 습득한 새로운 지식과 기술을 효율적으로 이용하며 정기적으로 결과를 점검한다.	①	②	③	④	⑤
6. 자신만의 인생 비전을 가지고 있다.	①	②	③	④	⑤
7. 비전을 구체적으로 글로 쓰거나 그림으로 표현하여 가지고 있다.	①	②	③	④	⑤
8. 비전 달성을 위한 장 · 단기적 개인적 목표를 가지고 있다.	①	②	③	④	⑤
9. 개인적 목표를 달성하기 위한 구체적 실천계획을 수립하여 실시한다.	①	②	③	④	⑤
10. 실천결과에 대해 주기적으로 평가하고 필요 시 계획을 수정한다.	①	②	③	④	⑤
11. 자신이 속한 가정에서 자신의 책임, 의무, 권리 등을 이해하고 행동한다.	①	②	③	④	⑤
12. 자신이 속한 학교 등 보다 넓은 맥락에서 책임, 의무, 권리 등을 이해한고 행동한다.	①	②	③	④	⑤
13. 자신이 속한 지역사회 등 보다 넓은 맥락에서 책임, 의무, 권리 등을 이해한고 행동한다.	①	②	③	④	⑤
14. 자신이 속한 국가라는 보다 넓은 맥락에서 책임, 의무, 권리 등을 이해한고 행동한다.	①	②	③	④	⑤
15. 자기 자신의 감정 상태를 잘 인식한다.	①	②	③	④	⑤
16. 자기 자신의 감정 상태와 타인과의 관계를 잘 파악한다.	①	②	③	④	⑤
17. 타인의 감정 상태를 파악한다.	①	②	③	④	⑤
18. 타인의 감정 상태를 고려하여 배려한다.	①	②	③	④	⑤
19. 타인의 감정, 느낌 등을 충분히 파악하고 이해하여 자신의 감정을 조절한다.	①	②	③	④	⑤
20. 집단 구성원의 감정, 느낌을 파악하고 이해를 통해 적절한 동기부여를 한다.	①	②	③	④	⑤

자료 : 진재열(2017).

표 7-7 직무역량 진단 : 대인관계

항 목	전혀 아니다	아니다	보통	그렇다	매우 그렇다
1. 사람과의 관계를 중요한 자원으로 생각한다.	①	②	③	④	⑤
2. 타인을 대할 때 친밀감을 형성한다.	①	②	③	④	⑤
3. 조직을 이끄는 리더의 역할을 적극적으로 수행한다.	①	②	③	④	⑤
4. 리더로서 조직을 이끌 때 비전을 제시한다.	①	②	③	④	⑤
5. 조직 비전 달성에 따른 구성원의 혜택을 구체화하여 적극적 참여를 유도한다.	①	②	③	④	⑤
6. 조직 구성원들에게 역할을 부여하고 책임과 권한을 설정한다.	①	②	③	④	⑤
7. 리더로서 솔선하여 조직의 규칙을 준수하고 모범을 보인다.	①	②	③	④	⑤
8. 조직 구성원들이 상호 교류하고 협력할 수 있도록 여건을 조성한다.	①	②	③	④	⑤
9. 조직 구성원들의 애로사항을 파악하여 적극적으로 해결한다.	①	②	③	④	⑤
10. 조직구성원들의 긍정적 노력과 성취에 대해 인정과 칭찬을 아끼지 않는다.	①	②	③	④	⑤
11. 조직 발전을 위해 외부의 조력자나 전문가의 지원을 극대화한다.	①	②	③	④	⑤
12. 투입을 최소화하고 성과를 극대화할 수 있는 효율성을 추구한다.	①	②	③	④	⑤
13. 개인적 이해관계를 떠나 조직과 집단의 이익을 우선으로 한다.	①	②	③	④	⑤
14. 상호 의견을 조율하여 한 방향으로 힘이 집결될 수 있는 분위기를 조성한다.	①	②	③	④	⑤
15. 조직구성원들의 성과를 공정하게 평가한다.	①	②	③	④	⑤
16. 구성원의 성과에 따라 적절한 피드백을 준다.	①	②	③	④	⑤
17. 조직을 둘러싼 환경의 변화를 주시하고 미래에 대한 통찰력을 배양한다.	①	②	③	④	⑤
18. 언행일치로 구성원의 신뢰를 획득한다.	①	②	③	④	⑤
19. 객관적으로 자신의 장단점을 성찰하여 발전의 계기를 삼는다.	①	②	③	④	⑤
20. 대인관계 역량을 개발하기 위해 지속적으로 학습을 실행한다.	①	②	③	④	⑤

자료 : 진재열(2017).

표 7-8 직무역량 진단 : 종합적 사고

항 목	전혀 아니다	아니다	보통	그렇다	매우 그렇다
1. 기존 지식과 정보를 무조건적으로 수용하지 않고 다양한 관점으로 점검한다.	①	②	③	④	⑤
2. 남들과 다른 생각, 다른 방식 등 새로운 방법을 적용하는 데 주저하지 않는다.	①	②	③	④	⑤
3. 문제 발생의 경우, 좌시하거나 지나침 없이 문제 해결을 위해 노력한다.	①	②	③	④	⑤
4. 문제 파악을 위해 다양한 관점에서 문제를 세분화한다.	①	②	③	④	⑤
5. 세분화된 분제들을 분석하여 가장 중요하고 시급한 문제를 도출한다.	①	②	③	④	⑤
6. 핵심문제의 원인을 명확히 파악하여 관련 자료를 수집한다.	①	②	③	④	⑤
7. 관련 자료를 분석하여 원인을 규명한다.	①	②	③	④	⑤
8. 규명된 원인을 분석하여 영향력이 크고 빈도수가 높은 근본원인을 파악한다.	①	②	③	④	⑤
9. 근본원인을 제거할 수 있는 해결방안을 다양하게 도출한다.	①	②	③	④	⑤
10. 해결방안을 검증하기 위해 대안가설을 수립한다.	①	②	③	④	⑤
11. 대안가설 검증을 위해 관련 자료를 수집한다.	①	②	③	④	⑤
12. 대안가설 검증을 위해 채택 여부를 결정한다.	①	②	③	④	⑤
13. 채택된 대안을 평가하여 최적대안을 선정한다.	①	②	③	④	⑤
14. 최적대안을 추진하기 위해 실행계획을 수립한다.	①	②	③	④	⑤
15. 최적대안 실행에 따른 기대효과를 제시한다.	①	②	③	④	⑤
16. 최적대안 기대효과 측정을 위한 평가지표를 개발한다.	①	②	③	④	⑤
17. 실행계획 추진 시 예상되는 장애요인을 발굴한다.	①	②	③	④	⑤
18. 장애요인 극복방안을 마련한다.	①	②	③	④	⑤
19. 의사결정자들의 설득을 위해 종합적 결과물을 문서로 작성하고 구두로 발표한다.	①	②	③	④	⑤
20. 종합적 사고 역량 개발을 위해 지속적 학습을 실행한다.	①	②	③	④	⑤

자료 : 진재열(2017).

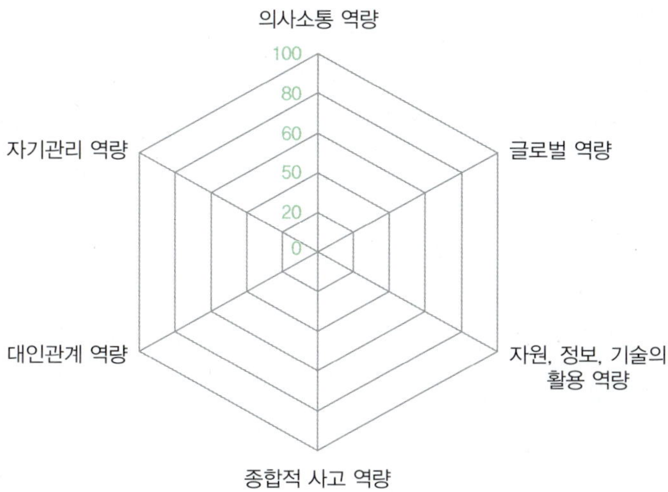

그림 7-2 직무역량 Pictogram

대학생(청년기) 6대 직무역량별 문항을 5점 척도로 평가한 결과를 항목별로 모두 더한 합계 점수를 산정한다. 산정한 결과의 점수를 [그림 7-2]에 기재하여 자신의 역량 Pictogram을 체크해본다. 이 과정을 통해 개인별로 필요한 역량을 한 눈에 파악할 수 있다.

학년별 역량 개발 계획을 세울 때는, 앞서 살펴본 바와 같이 자신의 역량을 보다 정확히 직시하는 것이 중요하며 다음과 같은 기준을 세워야 한다.

첫째, 나의 학습 혹은 전공에 직접적 관련이 있어야 한다. 그래서 그 안에서 직접 적용하여 습득해야 한다.

둘째, 재미있어야 한다. 역량개발을 지속적으로 영위하려면 좋은 사람과 재미있는 환경에서 키우는 것이 좋다.

셋째, 정규적이어야 한다. 그래서 학습-적용-성과가 순환 구조를 이루는 것이 효율적이다.

넷째, 보람이 있어야 한다. 내가 키운 역량과 관련된 발표나 경진 대회, 자격 또는 인증 시험과 같은 루트를 통해 성과를 스스로 확인하고 피드백을 하며 객관적으로 평가할 수 있어야 한다.

2) 나의 리더십 유형 파악하기

나의 역량을 파악했다면 나는 어떤 형태의 리더십 유형을 가지는 것이 바람직한지 진단해 볼 필요가 있다. 모든 개개인은 타고난 성격과 습관이 다르며, 특정 반응에 대한 행동 유형 역시 다양하다. 따라서 자신이 어떤 스타일의 리더십을 가지고 있으며 이를 어느 상황에 적용할 수 있는가에 대해 아는 것은 매우 의미 있는 일이다. 조성진(2017)이 제시한 리더십 유형 진단 〈표 7-9〉를 통해 나의 리더십 유형을 알아본다. 아래에 제시된 단계에 따라 작성해 보자.

- 1단계 : 각 문항을 읽고 점수를 기재한다. 점수는 하얀 공란에 기재하도록 한다.
  (1점: 전혀 아니다, 2점: 아니다, 3점: 보통, 4점: 그렇다, 5점: 매우 그렇다)
- 2단계 : 각 문항별 점수를 세로로 더하여 합계란에 산출한다.
  (A, B, C, D, E 영역별 : 모두 5개)
- 3단계 : 각 문항별 합산 점수가 가장 높은 것이 자신의 리더십 유형이다.

A형 : 펀(fun) 리더　　B형 : 경제형 리더　　C형 : 시인형 리더
D형 : 예언가형 리더　　E형 : 오뚝이형 리더

표 7-9 나의 리더십 유형

문 항	A	B	C	D	E
1. 의견 충돌이 발생하면 감정적 언어보다 합의점을 찾음					
2. 대화할 때 상대방의 말을 적극적으로 들음					
3. 상대방에게 충고할 때 우선순위를 두어 중요한 것부터 전달함					
4. 상대방이 개선될 수 있도록 관심을 갖고 자극함					
5. 함께 진행한 프로젝트의 결과가 나쁜 경우 내가 책임짐					
6. 상대방이 특정 계획을 세웠을 때 잘 진행되고 있는지 관심을 갖고 물어봄					
7. 이슈나 관심사에 대해 자주 상대방과 토론시간을 가짐					
8. 특정 문제가 발생했을 때 상대방의 입장에서 생각함					

문 항	A	B	C	D	E
9. 현실적이고 구체적인 계획을 세움					
10. 상대방이 특정 계획을 실천하고자 할 때 도움을 줌					
11. 타인에게 자주 용기를 심어 주는 행동을 함					
12. 계획을 세우면 구체적인 실행방법에 대해 명확히 함					
13. 하루에 세 번 이상 칭찬하려고 함					
14. 상대방에게 질문이 많음					
15. 상대방이 변명을 하거나 고집을 부릴 때 화를 내기보다 개선책에 대해 토의함					
16. 상대방의 잘못된 점을 발견하면 한 번에 한 가지만 이야기함					
17. 특정 계획을 세운 후 실천 의지를 주변에 알림					
18. 계획된 일을 실행할 때 장애물이 나타나면 포기 전에 극복할 수 있는 방법을 먼저 생각함					
19. 나의 행동이 미래에 어떤 결과를 가져올지에 대해 고려한 후 신중하게 행동함					
20. 주변에서 일어나는 일에 관심이 많음					
21. 해결책을 제시해 주기보다 스스로 해결할 수 있도록 도와줌					
22. 계획을 행동에 옮기면 도출될 결과에 대해 먼저 상상함					
23. 선입견과 편견이 별로 없음					
24. 나의 의견을 강요하거나 상대방을 설득하지 않음					
25. 상대방이 위기의식을 느끼게 동기부여하며 때로 안 좋은 행동을 바꾸게도 유도함					
합계					

나의 리더십 유형은 ______________________________ 이다.

자료 : 조성진(2017). 부분 발췌 및 각색.

3 대학생활과 리더십 개발

대학생의 리더십 개발에는 기본 전제가 있으며 이를 위해 대학생활을 하는 동안 다음 제시되는 기본 전제를 숙지해야 한다(김광수 외, 2003).

① 모든 대학생은 리더가 될 수 있는 잠재력을 갖고 있다.
② 대학생 시기에 개발되는 리더십은 독립적이지 않고 상호 연관적으로 개발된다.
③ 리더십은 체계적이며 지속적인 노력과 훈련에 의해 개발되므로 일상생활에서 실천하는 과정을 통해 개발된다.
④ 리더십은 개인의 인성, 사고, 가치관, 행동, 그리고 습관 등에 걸쳐 포괄적으로 개발해야 한다.
⑤ 대학생 시기의 리더십은 자유로운 선택과 탐색을 전제로 하며 반드시 자신에게 적합한 리더십으로 개발해야 한다.

이에 대학생은 대학생활을 하며 보다 비전(vision)을 명확히 하며 그에 따른 목표를 설정할 수 있어야 한다. 비전과 목표를 분명하게 설정했다면 자신의 가치관에 따른 원칙에 따라 행동하며 강한 열정을 유지하고 나눔을 실천할 수 있는 인성을 갖춰야 한다. 이러한 활동들은 대학생 리더십 형성에 반드시 필요하며 무의식적으로 형성된 행동은 인생에 많은 영향을 미치게 될 것이다.

특히, 강한 열정을 유지하기 위해 청년기의 대학생은 스스로 가치를 부여할 줄 알아야 하며 이를 통해 스스로를 동기화 시킬 수 있어야 한다. 스스로 부여하는 동기는 자신의 가능성에 대한 자각과 탐색을 통해 발달되며 이를 통해 무언가를 행동할 수 있게 하는 강한 동인을 부여해 강력하게 추진해 갈 수 있는 원동력을 갖게 되는 것이다.

스스로에게 동기부여를 하는 방법으로 〈표 7-10〉과 같은 방법이 활용될 수 있다.

표 7-10 동기부여의 방법

방 법	내 용
미래에 집중하기	• 미래에 열려 있는 수많은 가능성을 발견하고 집중함 • 열린 가능성 → 긍정적 태도 → 삶의 원동력
책 읽기	• 나에게 영감을 불어넣어 줄 만한 사람들의 이야기를 찾아 봄 • 용기와 힘을 줄 수 있는 마음을 울리는 이야기를 찾을 것
롤 모델 찾기	• 롤 모델이 겪은 시련과 극복에 관한 이야기를 동력으로 삼을 것 • 내가 지향하는 무언가에 더 가까운 곳에 있는 사람을 찾을 것
이미 이룬 것처럼 행동하기	• 이미 성공한 인물이 된 것처럼 행동할 것 • 얼마나 노력하느냐에 따라 효과가 크게 달라짐
재충전의 시간 갖기	• 내면의 소리에 귀를 기울이고 스스로 삶에 대해 돌아볼 시간 • 현재의 문제를 해결할 방법 및 새로운 기회 등 필요한 힘과 동기는 모두 내면에 존재함

자료 : http://workawesome.com/your-job/how-to-inspire-yourself/ 부분 발췌 및 각색.

대학생활을 하면서 실현시키고자 하는 미래를 위한 계획을 세울 수 있어야 한다. 비전을 갖고, 계획을 세우며, 직접 실천하는 것이 무엇보다 중요하다. 영감을 불어넣어 줄 만한 인물을 책을 통해 만나든 생활 속에서 만나든 그 이야기에서 스스로를 고무시켜 토닥여 줄 힘을 끌어낼 줄 알아야 한다. 성공에 어울리는 더 나은 선택을 향해 노력하면 할수록 스스로의 가치는 올라가게 된다. 하지만 때때로 동기부여를 위한 전혀 다른 방식이 필요할 때가 있다. 바로 모든 힘이 바닥났을 때나 기분이 침체되었을 때이다. 이때 나에게 주는 '휴식'의 시간은 나를 파악할 수 있는 시간이 될 수 있다. 혼자만의 시간을 갖고 내면의 소리를 듣고, 구하고자 하는 답을 스스로 강구하다 보면 결국 내 스스로 그것들이 다시 힘을 내어 밖으로 나올 수 있도록 길을 터줄 수 있게 될 것이다.

이렇게 스스로에게 동기부여를 하고 가치를 부여하게 되면 자연스럽게 자신감을 얻게 된다. 여기서 기억해야 할 것은 자신감을 일관되게 가져야 한다는 것이다. 마지막으로 자신이 하고자 하는 것 혹은 하고 있는 것에 흥미를 갖고 몰입을 하며, 자신의 열정을 지지해 줄 수 있는 사회적 지지체제의 도움을 받는다면 성공을 향한 열정 증진이 자동적으로 이루어질 것이다.

1) 리더십 개발의 필요성

리더십에 대한 신화와 오해가 존재함으로써 리더십을 발휘하는 데 어려움을 겪게 되는 경우가 많다. 따라서 개인은 각자의 환경과 위치에서 리더십을 개발해야 할 필요가 있다. 리더십을 개발하는 데 방해요인이 되는 오해를 살펴보면 첫째, 리더의 선천성이다. 둘째, 리더의 자격이다. 셋째, 리더십과 명령의 관계이다. 넷째, 리더십과 상급자이다. 다섯째는 리더십에는 적용 분야가 따로 있다는 것이다.

그러나 리더십은 자기 자신에게 셀프 리더십으로서 적용할 수 있다는 것이다. 타인과 함께하는 대인관계에서도, 내가 속해 있는 집단 및 조직(가정이나 학교생활 포함)에서조차 우리는 리더십을 발휘해야 한다.

대학생의 리더십 개발은 본격적으로 사회에 나가기 위한 준비 운동으로 필요하다. 대학생활의 기간 동안 철저한 자기 관리의 필요성을 인식하고 본인의 흥미와 적성에 맞는 학업 및 진로를 설계해야 하는 시기이기 때문이다. 그 과정에서 본인이 인생의 기준이 될 수 있는 가치관을 분명히 형성하고 정체성을 찾는 독립적 사고형성이 요구되는 시기이다. 대학생활을 통해 공동체가 요구하는 자질, 태도, 그리고 행동을 개발하며 원만한 대인관계를 형성하는 법을 배우고 학습하게 된다. 이에 자신이 속한 공동체의 비전, 목표 및 동기화가 요구된다.

2) 대학생 리더십의 실천 원리

대학생 리더십을 실천하기 위해 크게 '자기 관리', '대인관계 관리', '공동체 참여' 세 가지의 기본 원리가 수행되어야 한다. 이를 위한 대학생의 리더십 영역으로는 '자기 지도력(셀프 리더십)', '인관관계 지도력(대인관계 리더십)', '공동체 참여 리더십(조직리더십)'을 들 수 있다.

(1) 대학생 리더십의 영역

첫째, 자기 지도력에 요구되는 리더십의 영역은 '셀프 리더십'이다.

셀프 리더십은 기본적으로 자기 관리를 기본으로 들 수 있다. 이에 대학생은 지적 능력을 개발하고 바른 식사, 충분한 수면, 그리고 바른 자세 유지와 운동과 같은 건강관리를 수행해야 한다. 또한 시간관리도 매우 중요하다. 중 · 고등학교 학생의 신분에서는 짜여 있는 스케줄로 인한 규칙적인 생활을 해야만 했다면 대학생은 자율에 의해 자신의 시간을 조정하고 스케줄링을 한다. 따라서 대학생활을 하며 다양한 자기 관리가 더욱 요구되는 것이다. 이 외에 감정의 관리라든가 자신의 신념을 정립하는 과정에 있어 사고방식의 관리 또한 중요하다. 사고방식의 관리, 다시 말해 신념체계는 무의식 중 일상생활에서의 행동과 정서를 지배하여 나에게 유익한 신념을 확실히 인지하는 게 좋다. 대표적인 질문으로는 "그것들이 어떻게 나에게 힘을 주는가?", "그것들이 어떻게 인생에 도움이 되는가?", "그것들이 연쇄적으로 미치는 긍정적인 영향은 무엇인가?"를 들 수 있다(앤서니 라빈스, 2008).

둘째, 인간관계 지도력에 요구되는 리더십의 영역은 '대인관계 리더십'이다.

대학생의 대인관계 주요 영역으로는 가족관계, 친구관계, 선 · 후배관계, 그리고 이성관계를 들 수 있다. 인간관계는 리더의 핵심적인 기술이다. 타인을 대함에 있어 경청하는 자세가 있어야 하며, 공감적으로 이해할 줄 알아야 한다. 이때 상대방의 메시지가 왜곡되어 일관성이 없다고 판단될 경우 그 부분을 확인 요청하는 것도 하나의 기술이다. 적극적인 경청의 의미에는 상대방이 말하고자 하는 내용의 숨겨진 의도까지 들어

주고 단지 표면적으로 드러난 메시지뿐만 아니라 상대방이 마음속에서 느끼고 있는 것까지 파악하고 들을 수 있는 것이 중요하다.

인간관계의 가장 기본적인 기초는 자신의 인간관계를 돌아보고 그 관계에 대해 건강한 태도를 개발하는 것이다. 대학생활 동안 마주하게 될 다양한 인간관계를 통해 적극적 경청의 실제를 익히고 연습하는 것이 중요하며, 그 과정에서 발생될 수 있는 갈등을 어떻게 다루느냐가 인간관계 지도력 증진에 큰 영향을 미치게 된다. 따라서 갈등 대처의 형태를 이해하고 효과적 갈등관리 및 대처전략을 대학생활을 통해 익히는 것이 필요하다. 가정에서는 현재의 가정과 미래의 가정을 돌볼 자로서의 지도력을 준비한다. 아울러 이성교제에 있어서는 사랑에 대한 자신의 특성을 이해하고, 건강하며 주도적 이성교제를 준비하는 것을 목표로 삼아 결론적으로 보다 건강한 인간관계 지도력을 학습할 수 있도록 해야 한다.

셋째, 공동체 참여 리더십에 요구되는 리더십의 영역은 '조직 리더십'이다.

대학생활에서 크게 참여되는 공동체 영역으로는 수업이나 학생회 같은 '학과활동'이 있을 수 있고, '동아리 활동', 그리고 아르바이트나 인턴십과 같은 '예비 직장체험'을 들 수 있다. 대학생의 조직 리더십 개발의 방법으로는 다음과 같은 것을 들 수 있다(김광수 외, 2003)

① 셀프 리더십을 이해하고 갖춘다.
② 타인을 충분히 이해한다.
③ 갈등을 피하지 않고 발전을 위해 환영하며 극복한다.
④ 타인을 인정할 줄 알며, 칭찬하고, 보상한다.
⑤ 자신이 속한 공동체 체제의 기반이 되는 원칙과 비전을 제시하고 공유한다.

공동체 참여 리더십에서 중요한 요소 중 하나는 능동적인 팔로워로서 공동체에 참여하고 협동할 수 있어야 한다. 능동적이고 적극적으로 공동체의 리더와 상호 영향력을 주고받을 수 있는 존재로 성장할 수 있도록 해야 하며 구성원으로서 조직을 위해 긍정적 효과를 기대할 수 있는 존재로 거듭나야 한다. 조직 리더십은 나눔의 가치를 이해하고 현재 내가 존재하는 곳에서 현재 가진 것을 나눌 수 있음을 실천해야 한다. 이에 자신의 조직 리더십 개발을 위해 생활 속에서 나눌 수 있는 것을 생각해 보는 것도 좋은 방법이다.

(2) 리더십과 습관

Stephen Covey의 '성공하는 사람들의 7가지 습관'에서 제시한 성공의 요인에는 [그림 7-3]과 같이 인식, 기술, 그리고 욕구의 혼합이 바탕이 된 좋은 습관이 있어야 한다고 설명하고 있다.

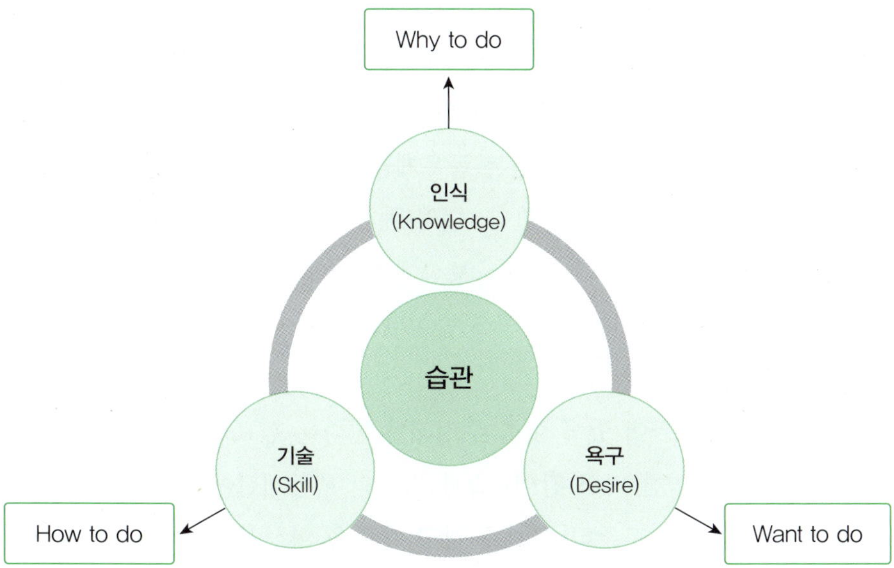

그림 7-3 습관을 형성하는 요인

습관은 매일 반복적인 것으로 의식 없이 무의식적으로 일어나는 것을 말한다. 사전적 의미로는 버릇으로도 설명될 수 있으며 특정 행위를 오랫동안 되풀이하면 자연발생적으로 저절로 몸이 익혀진 행동양식으로 정의되고 있다. 습관은 성공으로 자신을 이끌기도 하고 반대로 실패의 나락으로 끌어내리기도 한다. 전적으로 습관은 내 스스로 만들어 내는 것이지만, 행동의 90%가 반사적으로 습관에 의해 좌우되기도 한다. 때로는 이익을 때로는 실패를 가져다주는 양면의 얼굴을 하고 있는 습관은 몸에 자연스럽게 익게 되는 것이므로 인생에 많은 영향을 미치게 된다.

따라서 우리는 좋은 습관을 형성하기 위해 노력해야 한다. 그러기 위해서 [그림 7-3]을 잘 이해할 필요가 있다. 습관은 앞서 제시된 바와 같이 인식, 기술, 그리고 욕구가 복합적으로 연결되어 형성되는 것이므로 습관을 형성할 때 이 세 요인을 잘 활용해야 한다. 첫째는 욕구에 의해 습관을 형성하는 것이다. 욕구는 우리가 특정 환경에 처했을 때 행동 개시의 방아쇠 역할을 수행한다. 이는 행동으로 나타나거나 심리 또는 감정의 변화를 일으키게 한다. 본능적으로 내가 원하는 것을 얻기 위한 명령이 나의 신체에 정신에 내려지는 것이다. 둘째, 보상에 대한 기대이다. 욕구를 채우기 위한 원츠(wants)를 자극한다는 기본 공식을 사용하면 새로운 습관을 형성하는 것이 어렵지 않다. 예를 들면, 다이어트를 위한 노력은 매우 힘들다. 먹고 싶은 혹은 운동하고 싶지 않은 유혹의 상황에서 내가 목표로 하고 있는 몸무게를 달성하거나 몸의 형태를 얻을 수 있는 보상에 대한 욕구에 집중하여야 한다. 미국 체중조절연구회에서 다이어트에 성공한 사람들을 조사하였다. 이들 거의 전부는 보상에 대한 열망을 지니고 있었으며, 그들이 지닌 보상으로는 수영복을 입은 자신의 모습이나 체중계에 올라섰을 때 느끼는 희열감이라는 결과가 도출되었다(강주헌, 2012).

만약, 잘못 형성된 습관이 있어 이를 수정해야 한다는 필요성을 느꼈다면 먼저 시도를 해야 한다. 앞서 설명한 바와 같이, 습관은 나의 행동패턴에 완전하고 장착된 것이기 때문에 전력을 다해서 꾸준히 끈기를 갖고 습관을 형성시키는 요인을 끊어내어 행동패턴에 변화를 줄 수밖에 없다. 실제로 습관을 바꾸기 위한 특별한 방법을 없다. 다만, 정확하게 무엇을 왜 이것을 해야만 하는지에 대한 인식을 갖고, 보상을 위한 욕구를 추구하기 위한 새로운 행동을 꾸준히 수행한다. 예를 들어, 담배를 끊고자 한다면, 담배를 태워 얻을 수 있었던 보상에 대한 욕구를 대체할 수 있는 새로운 것을 찾아야 하며 이 행동을 유지할 생각을 해야 한다. 이를 위해 반드시 수반되어야 하는 것은 자신이 변할 수 있다는 믿음을 지니는 것이다.

좋은 습관을 갖기 위해서는 끊임없는 노력이 요구된다. 일반적으로 우리는 언제, 어디서부터, 어떻게, 어떤 습관이 몸에 배게 되었는지 기억할 수 없다. 하지만 일단 몸에 밴 습관은 우리의 행동에 직접적으로 영향을 미치며 대부분 인지하지 못한다. 이렇게 의식조차 되지 못하지만 의도적으로 만들어갈 수도 있다. 따라서 습관을 의식적으로라도 점검하여 좋은 습관은 유지하고 나쁜 습관은 수정하여 올바른 습관이 잡힐 수 있도록 해야겠다.

다음 〈표 7-6〉을 통해 자신의 나쁜 습관을 점검해 보고 나에게 필요한 새로운 습관을 찾아본다.

표 7-6 나의 새로운 습관 형성하기

단계	구분	내 용
1	내가 가진 습관 중 나쁜 습관 3가지 적기	
2	왜 그 습관을 버려야 하는지 적기	
3	꼭 가지고 싶은 습관 3가지 적기	
4	왜 이 습관을 가지고 싶은지 적기	
5	이 습관을 갖기 위해 어떻게 행동해야 하는지 구체적으로 적기	

자료 : 김은영 외(2016). 부분 발췌 및 재구성.

Part 3

리더십 연습하기

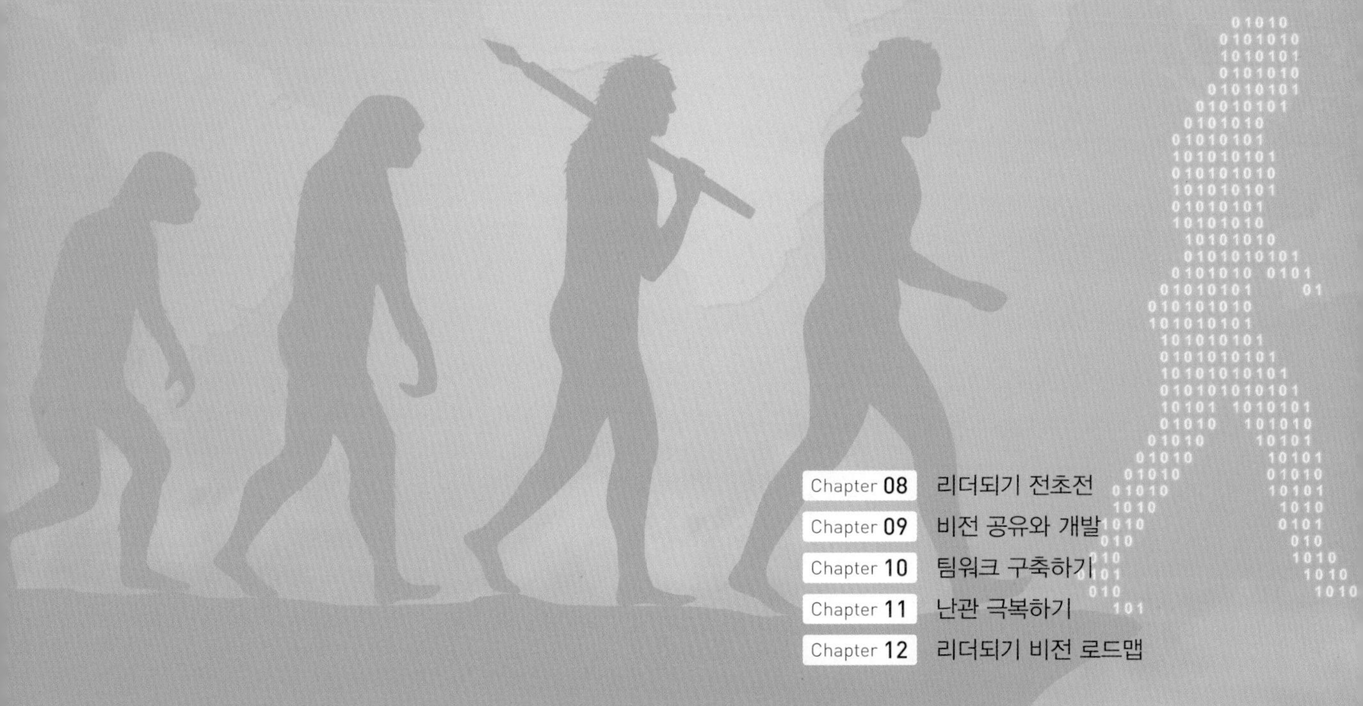

리더되기 전초전

Chapter 08

1. 변화 동기와 역량 강화
2. 목표관리와 실천
3. 시간관리와 전략
4. 건강관리

학습 목표

1. 전인적 리더로 거듭나기 위한 조건을 인식할 수 있다.
2. 개인 차원의 리더십 실천의 중요성을 인식할 수 있다.
3. 효율적 자기 관리 방법을 익혀 일상생활에 적용할 수 있다.

주요 내용

1. 전인적 리더로 거듭나기 위한 조건의 이해
2. 변화 동기를 높이기 위한 자신의 인생에 대한 적극적 관심 정도와 자신감의 중요성
3. 목표의 설정과 그 달성 방법의 이해

인성과 리더십

4차 산업혁명시대 스워라밸

study-work & life balance leadership

08 리더되기 전초전

1 변화 동기와 역량 강화

"인간은 선천적으로 목표를 추구하도록 설계되어 있다. 만약 이 기능을 제대로 수행하지 못하면 불행해진다. 결국 진정한 의미의 성공과 행복은 동반되는 것이며 서로의 발전을 돕는다." Maxwell Maltz는 인간의 '성취의 동력'에 대해 방법과 같은 '어떻게'가 아닌 목표에 해당하는 '무엇'임을 강조하며 이와 같이 설명한 바 있다. 실제로 인간은 자신이 세운 목표를 달성하기 위해 계획을 세우며 실천하고자 노력한다. 그 과정에서 우리는 스스로에게 지속적인 피드백과 자체적인 소통을 하게 된다.

하지만 현대를 살아가는 우리에게 더욱 필요한 것은 보다 나은 내일의 나를 찾아가기 위해 요구되는 반복적인 질문을 던지는 것보다 자신에 대해 자신감을 갖는 것이 더 중요하다. 왜냐하면 과거에는 견고했던 심리적인 지지물(국가, 신, 대가족 등)의 붕괴 현상과 현재 만연하고 있는 개인주의에 대한 지나친 집착 때문이다. 그 결과 스스로 정신적 속박을 만들어 우울증이라는 병을 키우며 매사에 의욕이 저하되어 있다. 특히, 결과 위주의 평가로 인해 자신감이 낮아져 있는 경우가 발생되며 이는 곧 일상생활에 부정적 영향을 미친다. 나아가 사회에 진출하는 데 두려움을 가지는 경우가 높고, 진출 후에도 노력의 결실을 맺지 못하는 경우가 파다하다. 이에 자신감을 가지기 위한 변화의 시작은 자신의 인생에 대한 적극적 관심 및 자신감으로 구성되는 변화 동기를 높이기 위한 노력에서부터 시작할 수 있다.

1) 변화 동기와 구성요소의 이해

변화의 원리는 자신의 '생각'과 함께 '행동'이 수반되어야 하며 심리적인 에너지인 '감정'을 기반으로 강화 또는 유도를 끌어낸다. 이때 '동기'는 인간의 행동을 설명할 수 있는 매우 중요한 요소로 행동을 예측하거나 개인의 만족 또는 적응 여부에 영향을 미친다. 동기는 크게 행동에 따른 보상을 목표로 삼아 발생되는 약하고 수동적 동기인 '외적 동기'와 행동 그 자체에서 즐거움을 느껴 자발적으로 발생되는 강하고 능동적 동기인 '내적 동기'로 나뉜다.

Cohen 외(1997)의 연구에 의하면 '변화 동기'는 자신의 인생에 대한 적극적 관심의 정도 및 자신감으로 정의할 수 있다. Miller & Rollinick(2002)은 변화의 중요성으로 설명되는 '의지(willing)', 변화에 대한 자신감으로 나타나는 '능력(able)', 중요성의 우선순위의 개념인 '준비(ready)'로 설명하며 [그림 8-1]과 같이 유기적으로 연결된다고 설명하였다.

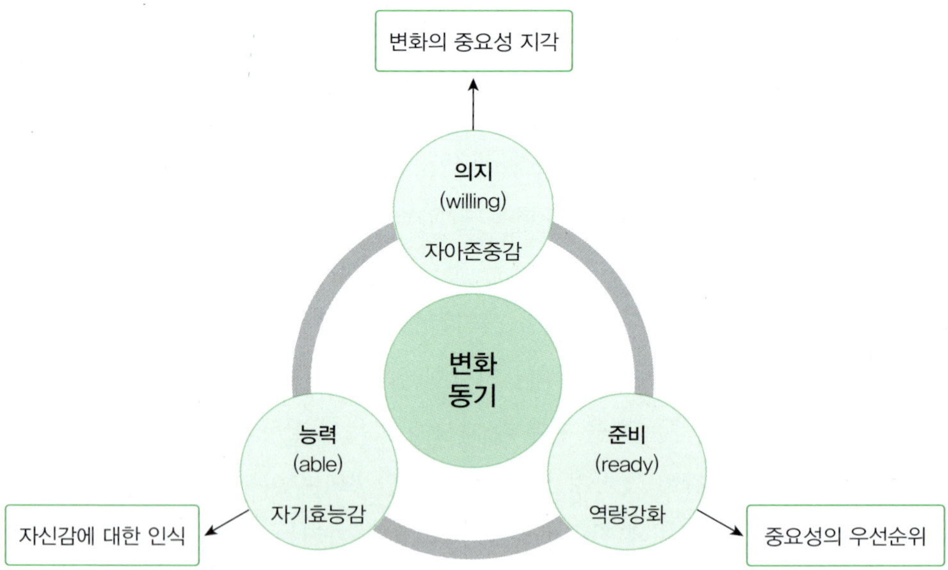

그림 8-1 변화 동기의 구성요소

첫째, 의지(willing)는 인간이 얼마나 변화를 원하는가에 대한 변화의욕을 어느 정도 보유하고 있는가에 대한 척도로 변화의 중요성에 대한 자신의 지각 정도를 나타낸다. 변화에 대한 의지는 지속적인 자기 자신에 대한 감시의 과정으로 해석되며 현재의 위치와 성취하고자 하는 목적 사이에 부조화가 크다고 지각될 때 변화 동기가 발생된다고 설명했다. 변화 동기 중 의지 요인을 설명하는 개인의 인지적 요소로는 '자아존중감'을 들 수 있다.

둘째, 능력(able)은 변할 수 있다고 생각하는 자신감에 대한 인식으로서 변화의 중요성을 지각하고 이를 위한 방법을 모색하며 자신이 해낼 수 있다고 믿으며 이를 행동으로 옮겨 변화를 추구하는 것으로 설명된다. 변화 동기 중 능력 요인을 설명하는 개인의 인지적 요소는 자기효능감을 들 수 있다.

셋째, 준비(ready)는 상대적 순서에 따른 중요성의 우선순위를 의미한다. 변화의 중요성과 변화에 대한 자신감, 마지막으로 변화의 절박함이 함께 상승될 때 변화 동기는 발발하며 인간들의 행동 패턴에도 변화가 일어난다. 변화 동기 중 준비 요인을 설명하는 개인의 인지적 요소는 '역량강화'를 들 수 있다.

(1) 자아존중감

자아존중감(self-esteem)은 변화 동기의 변화 의지요인과 관련된 개인의 인지적 요소로서 자기 자신을 중요하거나 성공적이고 가치가 있다고 생각하며 이를 믿는 정도를 의미한다. 이는 '자존감'이라고도 불리며 자기 자신에 대해 자신이 내리는 평가이다. 자존감에 대해 자신이 얼마나 능력 있고 가치가 있으며 중요한 의미를 가지고 있는가에 대한 믿음은 긍정적으로 표현되거나 부정적 태도로 표현되기도 한다(Rosenberg, 1965).

인지심리학자인 Martin Seligman은 습관적이고 근본적인 긍정적 태도 표현은 성공으로 연결될 수 있으며 개인의 노력에 의해 언제든 수정될 수 있다고 설명하고 있다. 따라서 부정적 태도 표현을 변화시키고자 하는 행동 또한 개인의 가치와 관련된 정서적 과정이므로 자기 자신에 대한 삶의 의미, 내적 느낌, 부여된 다양한 역할 등에 대한 지각들이 변화 동기에 영향을 미친다(Saunders et al., 1996).

(2) 자기 효능감

자기 효능감(self-efficacy)은 변화 동기의 변화 능력요인과 관련된 개인의 인지적 요소로서 성공적인 태도 변화의 시도 또는 유지에 요구되는 행동을 수행할 수 있는 능력을 의미한다. 보다 구체적인 상황에서 자신감 또는 자신의 가치와 능력에 대한 자신의 신념의 정도로 정의된다. 따라서 자기 효능감이 높은 사람은 어려움을 극복하거나 자신이 설정한 목적을 달성하기 위한 과정을 긍정적으로 대응할 수 있다. 반면, 자기 효능감이 낮은 사람은 자신의 결점에 지나치게 초점을 맞추어 자신에게 직면한 다양한 과업에 충분한 집중을 하지 못함으로써 실패의 확률이 높아진다.

즉, 자신의 가치와 능력에 대한 신념의 정도로 정의되는 자기 효능감을 가지고 자신의 미래를 위해 긍정적으로 최선의 노력을 다할 때 자아존중감 또는 자존감이 향상된다. Roosevelt는 다음과 같이 말했다.

"당신이 동의하지 않는 한 이 세상 누구도 당신을 열등하다 느끼게 할 수 없다."

자존심과 자존감의 가장 큰 차이는 나를 평가하는 기준이 나 자신인지 혹은 타인인지에 따라 다르다. 자존심은 남에 의해 평가되는 마음으로 타인이 기준이 되며, 자존감은 스스로 자신을 존중하는 것으로 내가 기준이 된다. 우리는 나의 주인이 누구인가에 보다 집중할 필요가 있다.

2) 자신의 이해와 발견

자아존중감과 자기 효능감을 통해 궁극적으로 얻게 되는 자신감은 우리의 삶에 제공되는 에너지가 되며, 이를 통해 용기를 부여받고 한계를 극복하게 해준다. 때로는 큰 위험을 극복하게 해주며 스스로 가능하다고 생각했던 수준 이상의 효과를 낼 수 있게 한다. 다시 말해, 자신감은 때로 기회를 제공하고 도전할 수 있는 원동력이 되며 성공과 미래의 행복을 가져오게 한다. 이는 자신의 노력 여하에 따라 달라질 수 있다.

(1) 행동가치 강점 검사[1]

Seligman과 Peterson이 제작한 행동가치(Values-in-Action) 강점 검사는 자신을 표현할 수 있는 24가지 강점으로 구성되어 있다. 〈표 8-1〉에서 제시된 바와 같이 질문하는 문항에 달린 빈 칸에 제시되어 있는 점수를 쓰고 검사 결과에 따라 강점을 1위에서 24위까지 나열하여 자신의 강점을 이해하는 데 도움이 된다.

자신의 강점을 나타내는 단어들의 의미 분석을 통해 자신을 보다 정확하게 파악할 수 있으며 강점을 극대화하고 약점은 보완할 수 있도록 하는 것이 중요하다. Seligman은 사람은 저마다 3~4가지의 대표적인 강점을 가지고 있으며 이러한 강점은 본인이 스스로 인정하고, 자부심을 느낄 수 있으며 일상생활에 영향을 미치고 있는 탁월한 특성이라고 설명하고 있다. 그중에서도 아래 조건에 부합되는 강점이 바로 자신의 대표적인 강점이다.

- 진짜 나다운 것이라는 자신감이 생긴다.
- 발휘하는 순간 흥분에 휩싸인다.
- 처음 습득한 이후 발전한다.
- 이 강점을 계발하기 위해 새로운 방법을 모색한다.
- 이 강점을 활용할 때 몰입으로 인해 제어가 힘들다.
- 이 강점을 활용할 때 피곤을 느끼지 않고 의욕이 솟는다.

1) www.authentichapiness.org

표 8-1 행동가치 강점 검사 목록 및 정의

구분		강점	정의
지혜와 지식 (wisdom & knowledge)	1	호기심	흥미, 새로운 자극추구, 경험에 대한 개방성
	2	학구열	새로운 기술, 지식, 주제를 숙달하며 체계적으로 자신의 지식을 더하는 경향
	3	판단력	비판적 사고로 사물을 철저히 보고 다각도에서 검토하며 모든 증거를 공정하게 고려함
	4	창의성	독창성, 기발함으로 사물을 새롭고 생산적으로 사고하며 예술적 성취를 포함함
	5	지혜 및 균형감	타인에게 현명한 조언을 해줄 수 있는 능력으로 모두에게 의미 있는 방향으로 세상을 바라봄
용기 (courage)	6	용감함	용맹함으로 위협, 도전, 고통에 위축되지 않고 옳은 것을 말하며 신념대로 행동함
	7	정직	진실성과 통합적 사고를 바탕으로 진심 어린 태도로 표현하며 자신의 감정과 행동에 책임짐
	8	끈기	인내와 근면함으로 시작한 일을 끝내며 장애가 있어도 행동을 지속하려함
	9	열정	활력, 활기, 에너지를 갖고 열정적으로 삶에 임하며 도전 정신을 갖고 삶을 영위함
자애 (humanity)	10	사회지능	정서지능과 개인지능으로 자신과 타인의 동기 및 감정을 잘 파악함
	11	친절	관대함, 돌봄, 이타적 사랑, 연민과 같은 감정을 갖고 타인에게 호의적이며 선한 행동을 함
	12	사랑	타인과 상호 나누고 돌보는 친밀한 관계를 소중히 여기며 타인을 돕고 돌봄
정의 (justice)	13	시민정신	협동심, 사회적 책임감과 같은 개념에 따라 집단 구성원으로서 잘 기능하며 충실함
	14	공정성	모든 사람을 동등하게 대하며 개인적 감정에 치우쳐진 결정을 하지 않음
	15	리더십	집단을 동기부여 시켜 활동을 조직화하고 일을 해내도록 하며 좋은 관계를 유지하도록 함

구분		강점	정의
절제 (temperance)	16	자기 통제력	자신의 감정과 행동을 조절하며 욕구와 정서를 통제함
	17	신중함	선택을 조심스럽게 하며 불필요한 위험을 택하지 않고 후에 후회할 일을 만들지 않음
	18	겸손	자신의 성취를 떠벌리지 않고, 스스로를 타인보다 특별한 사람이라고 평가하지 않음
	19	용서 및 자비	타인의 단점을 수용하고 잘못을 저지른 사람에게 앙심을 품지 않으며 다시 기회를 줌
초월 (transcendence)	20	감상력	아름다움과 탁월함에 대한 감상력을 경외감, 경이로움, 숙련된 수행을 인식하고 감상함
	21	감사	좋은 일을 알아차리고 시간을 들여 감사를 표현
	22	희망	낙관성과 미래지향적 성향을 갖고 그것을 기대하며 성취하기 위해 노력함
	23	유머	웃고 장난치는 것을 좋아하며 타인에게 미소를 선사하고 밝은 면을 보려함
	24	종교 및 영성	신앙과 목적의식, 의미에 대한 일관된 신념으로 품행을 갖추고 위안을 제공하는 삶의 의미에 대해 신념을 가짐

자료 : 마틴 셀리그만(역: 김인자, 2009); 조성진, 2017. 재구성.

행동가치 강점 검사는 www.authentichappiness.org 또는 www.viacharacter.org에서 무료로 구할 수 있다. 24개의 성격 강점에 대하여 비교적 간단한 질문 형태의 240문항으로 구성되어 있으며 30~40분 정도 소요된다. 검사가 마무리되면 작성자의 5개 상위 강점을 알려주며, 24개의 강점의 순위도 알려준다.

이 검사는 성격의 강점을 평가하는 데 유용한 도구임에는 틀림없지만 다른 심리평가 척도와 마찬가지로 표면적 검사 결과의 가치만 취해서는 안 된다. 반드시 상황 및 환경에 따른 자신의 폭넓은 삶의 맥락을 바탕으로 해석되어야 한다.

(2) 자존감 검사

〈표 8-1〉을 통해 자신의 강점 항목들을 살펴보았다면 〈표 8-2〉에서 제시하고 있는 것과 같은 도구를 통해 현재 자신의 자존감 정도가 어느 수준인지 파악해 보는 것이 필요하다. 현재 자신의 모습을 점검하는 기회가 될 수 있으며 이를 통해 변화의 필요성을 인식할 수 있는 계기가 될 수 있다.

표 8-2 자존감 척도 검사

문항	내용	매우 그렇지 않다	보통이다	그렇다	매우 그렇다
1	나는 타인과 마찬가지로 가치 있다.	①	②	③	④
2	나는 좋은 성품을 가졌다고 생각한다.	①	②	③	④
3	내 자신에 대해 긍정적인 태도를 가지고 있다.	①	②	③	④
4	나는 대부분 타인과 함께 일을 잘 할 수 있다.	①	②	③	④
5	나는 내 자신에 대해 대체로 만족한다.	①	②	③	④
6	나는 자랑할 것이 별로 없다.	①	②	③	④
7	나는 대체로 실패한 사람이라는 생각이 든다.	①	②	③	④
8	나는 내 자신을 좀 더 존경할 수 있으면 좋겠다.	①	②	③	④
9	나는 가끔 내가 쓸모없는 사람이라는 생각이 든다.	①	②	③	④
10	나는 때때로 내가 좋지 않은 사람이라고 생각한다.	①	②	③	④
합 계					

긍정적 문항(1번–5번) : ① 1점 ② 2점 ③ 3점 ④ 4점
부정적 문항(6번–10번) : ① 4점 ② 3점 ③ 2점 ④ 1점
체크한 항목에 표시된 점수를 하위에 기재하여 점수를 합산
※ 점수가 높을수록 자아존중감은 높음(한국인 평균 29.1점)

자료 : 이용규(2009). 재구성.

세계인의 조사 자료를 기준으로 했을 때 한국인의 평균치는 29.1점이라는 결과가 나왔다. 설명한 바와 같이, 총점이 높을수록 자아존중감은 높은 것으로 해석된다. 하지만 대체적으로 평균 이상의 점수가 나오면 자아존중감이 좋은 상태라고 볼 수 있다. 만약, 평균 이하의 점수가 나왔다면 자신을 찾는 과정을 통해 자아존중감이 높아질 수 있도록 자가 점검을 하며 높여주는 것이 좋다.

단, 여기에서 주의할 점이 있다. 이러한 검사를 통해 자신을 객관적으로 정확하게 파악하는 경우도 있지만 왜곡을 하게 되는 경우도 있다. 부정적인 측면으로 결과 중심의 성적 도출 환경에 노출되어 있는 현대인이 상대적으로 무능감 및 부정적 자아개념을 형성하고 있는 경우가 많기 때문이다. 반복적으로 겪게 되는 실패의 경험은 누적되어 자신에 대해 부정적 자아개념을 형성할 수 있기 때문이다. 물론, 긍정적인 측면도 있다. Maltz가 제시한 바와 같이, 자기 자신에 대해 갖고 싶은 이미지를 의도적으로 형성하기도 한다. 하지만 이러한 경우, 현재 내 자신을 객관적으로 바라본 형상이 아닐지라도 향후 자기 자신에 대한 이미지에 따라 일반적인 생각에서 나아가 행동으로까지 연결이 되는 변화심리로서 '자아이미지심리학(self-image psychology)'으로 자연스럽게 연결되기 때문이다.

2 목표관리와 실천

꿈을 현실로 만들고자 하는 사람들이 자아실현을 위해 세우는 우선적 단계는 누구보다 확실한 목표를 설정하는 것이다. 수많은 자기계발서에 명시되어 있는 성공한 사람들의 공통점은 바로 그들이 본래 가지고 있던 천재성이나 다른 특이 사항들이 아닌 목표를 우선시하는 것이었다.

목표 없는 비전은 그저 상념에 지나지 않는다. 목표는 미래에 대한 표상이며, 우리가 나아가야 할 방향성을 제시하고 특정 행동을 촉진시켜 주는 견인차 역할을 한다. 삶의 미래상이라고 일컬어지는 비전(vision)을 실현하기 위해 요구되는 것은 구체적인 목표다. 목표는 선택에 대한 확실한 지침을 제공하여 우리가 집중하도록 도와주는 역할을 수행한다. 따라서 목표가 없으면 원하는 성공을 이룰 수 없다.

ㅅ는 저서 『성취심리』에서 목표를 설정하고 이를 성취하기 위한 계획을 세우는 능력이 바로 성공의 핵심 기술(master skill)이라고 설명하며 목표를 설정하고 달성하고자 하는 계획이 얼마나 중요한가에 대해 강조하였다.

1) 목표 위계의 이해

Tracy는 미래의 삶을 보다 구체적인 이미지로 그리고 이를 통해 자신의 잠재력을 극대화시켜 추구하고자 하는 방향으로 나아가게 하는 원동력이 되는 의미로 쓰이는 여러 단어의 위계를 [그림 8-2]와 같이 분류하였다. 실제로 흔히 혼용하기도 하는데 특히, 비전, 꿈 그리고 목표는 구별해서 사용해야 한다.

첫째, '꿈(dream)'은 실현될 가능성이 매우 적고 혹은 전혀 없는 헛된 생각을 자는 시간 동안 여러 가지 사물을 보고 듣는 현상으로서 실현하고자 하는 희망 또는 이상을 말한다(조성진, 지희진, 2014). 둘째, '비전(vision)'은 꿈보다 실현 가능성이 있는 것으로 실질적으로 실현 가능한 결과가 도출되는 어떤 것에 대해 구체적인 그림을 그려내는 것이다. 따라서 막연한 희망 또는 이상에서 그치는 꿈보다 훨씬 강렬하며 행동으로 드러날 수 있다(박윤희, 2011). 셋째, '목표(goal)'는 비전을 보다 더 구체화시킨 미래상의 주요 결과물로서 단기적이며 훨씬 구체적인 특성을 가진다. 따라서 목표가 없는 비전은 상념일 뿐이며 비전이 없는 목표에는 생명이 없다(정철상, 2011).

그림 8-2 목표의 등위

목표는 어려움과 역경 속에서도 이를 이겨내고 앞으로 나아갈 수 있는 방향을 제시해 준다. 무엇을 선택하는 것이 좋을지 고민할 때 목표는 우선순위를 정해 주는 역할을 하는 경우도 있다. 목표는 달성하고자 하는 활동에 더욱 집중할 수 있도록 하며 이는 상대적으로 보다 덜 가치 있는 일에 소비될 수 있는 시간을 줄일 수 있는 기준이 되어 준다. 따라서 이루고자 하는 확고한 목표가 있다는 것은 삶의 원동력과 강한 의욕을 부여하는 좋은 촉진제가 된다.

누구나 원하는 바가 존재하며, 원하는 바를 달성하면 어떠한 결과가 오는지 알고 있기 마련이다. 사람이 무의식적으로든 의식적으로든 어떠한 목표를 갖게 되면 이를 통해 행동이나 태도 그리고 동기에까지 영향을 미친다.

다시 말해, 미래를 그리며 대비할 수 있는 원동력인 목표는 성취하고자 하는 바를 향해 자신의 힘과 에너지 그리고 행동 및 나아갈 방향을 정하고 집중하게 한다. Rothar J. Seiwert는 목표에 대해 우리가 현재 가지고 있거나 잠재되어 있는 욕구, 소망, 과제, 흥미를 바라보고 이것이 지닌 의도를 명확하게 파악한 후 간명하게 표현되는 것이라고 설명하였다. [그림 8-2]에서 제시된 바와 같이, 추상적인 개념에서부터 구체적인 개념에 이르기까지 비슷한 의미로 또는 혼용되는 목표 관련 단어의 특성과 실현 가능성의 정도를 구분하여 다음 〈표 8-3〉으로 정리할 수 있다.

표 8-3 과제 · 계획 · 목표 · 비전 · 이상의 특성과 실현 가능성

실현 가능성	낮음(추상적)				높음(구체적)
구 분	**이상**	**비전**	**목표**	**계획**	**과제**
특 성	• 창의적 상상력 • 대중과 공감	• 마음에 이미지화 • 장기적 핵심가치 • 명확한 • 미래 방향 제시 • 실현 가능성	• Specific (구체적) • Measurable (측정 가능한) • Achievable (달성 가능한) • Relevant (결과지향적) • Time-based (달성기한)	• 치밀성 • 적시성 • 변화대응성	• 추진력 • 협동성

자료 : 브라이언 트레이시(2004). 재구성.

실현 가능성이 낮고 추상적인 의미를 가진 '이상(illusion)'은 현실성이 떨어지더라도 이루어지기를 바라는 꿈과 같은 의미로 희망을 내포하고 있다. '비전(vision)'은 이상과 현실을 이어줄 수 있는 최상의 희망을 의미하며 이는 실현 가능한 꿈에 다가가는 것으로 이상이 막연한 희망이라면 비전은 보다 결과를 명확한 그림으로 그릴 수 있는 희망을 말한다. '목표(goal)'는 비전을 현실에서 단계적으로 실현해 나아가며 성취된 결과를 가늠할 수 있는 좌표로서 설명되며 특정한 원칙과 기준에 의거하여 개인의 행동 방향을 의식적으로 설정한다는 것을 뜻한다. '계획(plan)'은 설정한 목표를 실현하기 위한 시간과 같은 다양한 자원 활용을 판단하는 것으로 실행을 위한 보다 구체적인 방법을 의미한다. 마지막으로 '과제(task)'는 계획에 의해 실행해야 하는 실현 가능성이 높은 구체적인 행동 목록을 의미한다.

1953년 예일 대학교에서 목표와 관련된 매우 흥미로운 실험을 진행하였다. 졸업을 앞둔 학생들을 대상으로 '목표가 있는 학생들의 성공효과'를 조사한 것이다. 목표가 있는지에 대한 여부에 대해 다음과 같은 3가지 질문을 하였다.

1. 인생의 목표를 문장으로 적고 항상 인식하고 있다
2. 목표를 인식하고 있으나 문장으로 적어 놓지 않는다
3. 목표를 아직 정하지 못했다

✓ 조사결과 : 1번 문항 3%, 2번 문항 30%, 3번 문항 67% 응답

이후 20년 후인 1973년에 조사에 참가했던 이들의 외적 환경의 성공 여부(돈, 결혼, 사회생활, 건강, 자식 등)를 조사하고 이후 10년 후인 1983년에 재조사하였다. 그 결과, 목표가 있는지에 대한 여부에 대해 질문했던 항목 중 인생의 목표를 문장으로 적고 항상 인식하고 있다고 대답한 3%의 이들이 나머지 97%보다 10배의 사회적 지위와 부를 누리고 있었다는 결과를 도출하였다.

여러분은 구체적인 목표가 있는가? 깊이 생각해 볼 필요가 있다.

2) 목표 설정에 필요한 원칙

일반적으로 인생의 목표가 있느냐는 질문에 목표를 설정했다고 대답하는 이들 중 의외로 그 목표가 막연한 경우가 많다. 하지만 목표에 의거한 최대의 성취를 이루기 위해서는 분명한 기술이 필요하다.

(1) 목표 설정의 원칙 5가지(Brian Tracy, 2004)

① 적합성(congruency)의 원칙

자신이 추구하는 가치와 목표가 상통되어야 한다. 가치란 자신의 기준에서 옳고 그름을 가르고, 좋고 나쁨을 구분하며, 무엇이 의미가 있고 중요한가에 대한 자신의 확신을 뜻한다. 자신의 가치와 목표가 완벽하게 조화로울 때 높은 성과와 더불어 자부심을 느낄 수 있게 된다.

② 우수영역(area of excellence)의 원칙

우수영역은 특별한 능력을 가지고 있어 개개인마다 그 영역은 독특하며 다르다. 뛰어나게 잘 해낼 수 있는 이 독특한 영역은 다시 말해 자신이 가장 좋아함과 동시에 잘하는 일을 의미한다. 따라서 자신의 고유한 우수영역을 찾아내고 그 영역 내에서 재능을 개발하며 초점을 맞춘다면 잠재력을 최대로 발휘할 수 있다.

③ 다이아몬드 에이커(acres of diamonds)의 원칙

"자신의 발 밑에 논밭이 있을지도 모른다"라는 의미로서 이는 자신이 가지고 있는 재능, 흥미, 배경, 교육 수준, 종사하고 있는 분야, 체득한 다양한 경험, 거주하고 있는 도시, 형성되어 있는 인간관계 안에서 발견할 수 있다. 실제로 우리는 무엇인가를 찾기 위해 시간과 노력을 기울이지만 대부분 우리 곁에 아주 가까이 놓여 있다.

④ 균형(balance)의 원칙

원하는 바를 성취하여 최대의 성공을 거두기 위해 다음과 같은 여섯 가지 핵심영역이 있다. 이 핵심영역에서 다양한 목표를 설정해야 할 필요가 있다. 인생을 보다 윤택하고 만족스럽게 살아가려면 이러한 영역들 내에서의 목표들끼리 서로 균형이 이루어져야 할 것이다.

① 개인 및 가정	② 건강	③ 정신적이고 지적인 생활 영위
④ 일과 직장	⑤ 경제적이고 물질적 부분	⑥ 내적 성장 및 영적 생활

⑤ 주요 목표 결정(major purpose)의 원칙

주요 목표는 다른 어떤 목표보다 우선적으로 더 중요한 목표를 의미한다. 자신의 삶을 원만하고 만족스럽게 영위하기 위해 우리는 다양한 목표를 세운다. 하지만 시점마다 주된 중심이 되는 목표는 오직 하나다. 포괄적이고 구체적이지 못한 목표는 실패로 이어지기 쉽다. 그 이유는 노력의 초점이 맞춰지지 못하기 때문에 분산되고 시간을 낭비하게 하기 때문이다. 구체적인 주요 목표 설정은 열정을 갖게 하고 이를 달성하고자 노력하면 신속하게 앞으로 나아갈 수가 있다.

(2) SMART 법칙

① S : Specific(구체적인) 목표

구체적이고 분명한 목표는 추상적인 목표보다 잠재의식을 실현시키는 데 더 효과적이다. 막연한 기대에 근거한 목표는 달성되기 어려우며 진행과정을 구체적으로 확인할 수 있다면 목표 달성의 가능성이 더욱 높아진다.

② M : Measurable(측정 가능한) 목표

목표는 관찰 가능하고 측정할 수 있어야 한다. 명확한 숫자로 측정이 가능하다면 달성할 가능성이 높아진다. 이는 정규적으로 목표달성의 과정을 확인할 수 있게 하며 피드백을 통해 목표가 달성되었는가에 대한 여부를 판단할 수 있게 한다.

③ A : Achievable(달성 가능한) 목표

목표를 설정할 때 너무 쉽게 달성하거나 또는 달성 불가능한 목표가 되어서는 안 된다. 큰 목표를 성취하려면 실현할 수 있는 수준으로 단계를 구분하고 하나씩 실천하는 것이 좋다. 달성 가능한 목표는 내가 무엇을 어떻게 해낼 수 있는지를 제시할 수 있게 한다. 이것이 목표를 이룰 수 있는 현실적인 방법이다.

④ R : Result-oriented(결과지향적) 목표

목표는 달성했을 때 구체적인 결과가 나와야 한다. 결과지향적인 목표는 사고 중심적인 부분이 아니라 행동지향적인 형태를 의미한다. 예를 들면, '졸업 전에 자격증을 취득하기'보다 '3학년을 마치기 전까지 전공과 관련된 ○○ 국가자격증 1개 따기'와 같은 것이 결과지향적 목표이다.

⑤ **T : Time-bounded**(달성기한이 있는) **목표**

목표를 달성하고자 하는 기한을 지정해야 한다. 일차원적으로 목표를 달성하기 위해 요구되는 시간을 적절하게 배분하고 즉각적으로 실천하는 것이 중요하다. 달성기한을 지정하게 되면 기한 안에 목표달성을 위해 몰입을 하며 노력을 쏟아 단계적 성취를 하고자 한다.

표 8-4 SMART 법칙에 따른 목표 설정

구 분	내용	목표_외국어 실력 향상
S(Specific) 구체적	구체적인 목표	○○영어학원에서 TOEIC 공부를 오전 6~8시까지 한다.
M(Measurable) 측정 가능한	목표달성 과정을 측정할 수 있도록 수치화	TOEIC 점수를 매달 30% 향상시킨다.
A(Achievable) 달성 가능한	현실적으로 달성할 수 있는 것	점수 향상을 위해 통학시간을 활용하여 10개씩 암기한다. 영어 학원에서 배운 내용을 그 날 저녁 12시까지 복습한다.
R(Result-oriented) 결과지향적	목표를 달성했을 때 구체적 결과가 나올 수 있는 것	TOEIC 점수를 800점으로 올린다.
T(Time-bounded) 달성기한이 있는	달성하고자 하는 기한을 설정하는 것	TOEIC 점수 800에 도달하는 기간은 이번 학기 끝나기 전으로 한다.

3) 실현할 수 있는 목표 세우기

이와 같은 원칙을 거쳐 세워진 목표는 실현할 수 있는 바람직한 목표가 될 수 있다. 목표를 세울 땐 부정적 표현보다 긍정적 표현으로 작성하는 것이 좋다. 예를 들면, '게

으른 사람이 되지 말아야겠다'보다는 '부지런한 사람이 되어야 하겠다' 등 긍정적 표현으로 세워야 에너지를 끌어올리는 데 효과적이다.

이러한 목표를 세울 때는 목표의 실현을 위한 다양한 자원을 필요로 한다. 다양한 자원에는 시간, 재정적 측면, 도구, 인간관계 등이 있으며 이를 보다 효율적으로 투입하고 관리할 때 비로소 목표를 달성할 수 있게 된다. 따라서 내가 목표가 있다면 여기에 필요한 자원들이 무엇인지 파악하는 것이 선행되고 이 부분을 꼼꼼하게 준비해야 한다.

표 8-5 목표 설정하기

목표 작성하기	착안사항
1. 나에게 가장 중요한 5가지 적기	우선순위대로 1~5까지 순서를 매긴다.
2. 나에게 가장 중요한 인생목표 3가지 적기	30초 안에 질문에 대한 답을 쓴다. (잠재의식 속 목표를 빠르게 분류할 수 있음)
3. 절대로 실패하지 않는다는 가정 하에 하고 싶은 일 2가지 적기	또 하나의 가치관에 관한 질문으로 무엇이 진정으로 소중한지 알 수 있음
4. 갑자기 1억 원이 생겼다. 어떻게 할 것인가 적기	2분 안에 질문에 대한 답을 쓴다. (무엇을 새로 시작하고 무엇을 중지하겠는가)
5. 오랫동안 해보고 싶었으면서 두려움 때문에 시도해 보지 못했던 것 적기	진정으로 하고 싶으면서 두려움 때문에 하지 못했던 것들을 알 수 있음
6. 가장 좋아하는 일은 무엇인가 적기	나에게 커다란 자부심과 만족감을 주는 일? 내가 가장 좋아하는 일은 무엇일까?

자료 : 진재열(2017). 재구성.

이와 같은 질문을 통해 일상 속에서 놓칠 수 있는 나의 우선순위를 파악하고 자신의 가치를 명확히 할 수 있을 것이다. 나에 대한 끊임없는 질문은 나의 삶에서 누가, 그리고 어떤 것이 진정으로 소중한지를 파악할 수 있으며 나에게 선택권이 있다고 느낄 때 우리가 지금과 얼마나 다르게 많은 일을 하고 싶어 하는가를 깨닫게 되어 '나'를 보다 더 들여다 보고 이해할 수 있게 된다. 이를 위해 목표설정 법칙인 SMART 법칙을 고려하여 〈표 8-6〉의 활동 목표를 설정한다.

표 8-6 활동 목표 설정하기

구분		목표	목표 달성을 위한 행동
자아 계발	자신감		
	자기관리		
	자아성취		
대인 관계	문제해결능력		
	의사소통		
	습관형성		

자료 : 김은영 외(2016). 재구성.

활동 목표를 설정하였다면 목표 달성을 위해 필요한 행동을 위한 조건을 분석할 필요가 있다. 행동을 위한 또 다른 목표가 〈표 8-7〉과 같이 설정되어야 한다.

표 8-7 목표 달성을 위한 행동 조건 분석하기

구분	조사결과	나에 대한 분석	
필요한 자질		나의 강점	나의 약점
필요한 전문 능력			
요구되는 학력 수준			
요구되는 자격증			

자료 : 김은영 외(2016). 재구성.

3 시간관리와 전략

철저한 자기 관리자이자 시간관리자였던 Benjamin Franklin은 "인생을 사랑하는가, 그렇다면 시간을 낭비하지 말라. 시간은 인생을 이루는 요소이다"라고 하였다. 인생을 사랑한다면 자신이 보내는 시간도 효과적으로 배분할 수 있다. 시간이 지나간 후 그 시간을 후회하지 않게 되기 때문이다.

시간관리란 자기 스스로를 개발하고 의식적으로 자신을 조절하며 타인으로부터 받는 환경의 영향을 덜 받는 것을 말한다(Rothar J. Seiwert). 다시 말해, 타인의 통제를 받는 것이 아니라 시간을 자기 주도적(self-direct)으로 활용한다는 것을 의미한다.

효율적인 시간의 중요성은 하루에 다양한 일을 소화하는 것이 아니라 비전과 목표를 성취하기 위해 우선순위를 가지는 가치 있는 일에 시간을 집중적으로 사용해야 할 것을 강조한다. 이러한 관리가 이루어지면 하루 24시간을 효율적으로 사용할 수 있으며 나아가 삶의 효율을 높이게 된다. 시간의 관리는 결국 시간을 통제(control)한다는 뜻이다. 이는 살아가면서 벌어지는 갖가지 사건들을 통제한다는 것을 의미하며, 잘 통제된 시간으로 인해 생산성이 향상되어 보다 가치 있는 활동에 시간을 투자할 수 있게 된다.

하지만 대부분 시간관리의 중요성을 잘 알고 있지만 실천에는 노력과 고통이 수반되기 때문에 행동으로 옮기기 쉽지 않다. 독보적인 경영저술가이자 세계적 경영사상가 Malcolm Gladwell은 '1만 시간의 법칙'이라는 용어를 사용하며 "1만 시간은 위대함을 낳는 매직넘버"라고 하였다. 이 시간을 쏟아보지 않았다면 성공을 말하지 말라고도 충고하였다. 1만 시간이란 매일 3시간씩 10년을 한 가지 분야에 투자하면 반드시 성공한다는 시간의 절대량으로서 해석된다. 자신의 분야에서 최고가 되기 위해 요구되는 것이 선천적 재능보다 성실하게 노력하며 특정 분야에 숙달되기 위해 필요한 시간임을 말한다. 이처럼 많은 시간과 노력이 꾸준히 요구되기 때문에 쉽지 않으므로 시간관리 역시 자신의 습관을 형성하는 하나의 과정으로 설명된다.

1) 시간관리의 방법과 우선순위

효율적인 시간관리는 지금보다 더 많은 일을 소화해 내는 것이 아니라 내가 정말 원하는 일을 수행하기 위해 필요한 것이다. 시간은 모든 사람에게 하루 24시간 공평하게 주어진다. 하지만 주어진 시간을 어떻게 사용하느냐에 따라 그 사람의 인생은 달라진다.

시간관리의 핵심 포인트는 현재 내게 주어진 시간을 무엇에 집중하며 어떻게 활용하느냐에 따른 것이다. 시간은 과거, 현재, 그리고 미래의 연속체이다. 날마다 발생되는 무심코 흘려보내는 '조각시간'을 잘 활용하는 것이 시간관리의 핵심 포인트 중 하나이다. 의미 없이 소비되는 시간을 조각시간이라고 하는데 이 시간을 활용하는 방법에는 크게 두 가지가 있다. 하나는 조각시간에 해야 할 일에 시간을 소비하는 것이고, 다른 하나는 다른 시간을 효과적으로 사용하기 위한 휴식시간을 갖는 것이다. 우리는 생활습관 중 의식하지 못한 채 흘려보내는 조각시간을 찾아보아야 한다.

시간관리를 효율적으로 수행하기 위해 선행되어야 할 일은 일에 우선순위를 두는 것이다. 나에게 가장 소중하고 가치 있는 일을 파악하여 가장 적합한 순서를 정해서 집중해야 성취하고자 하는 결과를 얻을 수 있다. 이때 어떤 것을 우선순위로 정하느냐는 자신의 가치관, 설정한 비전, 현재 하고 있는 일에 따라 달라진다. [그림 8-3]은 '시간관리 매트릭스(Time Matrix)'로 우선순위를 정할 때 가장 흔하게 사용되는 기준을 매트릭스로 표현한 것이다.

시간관리의 핵심이 되는 원칙 중 하나는 중요한 일을 수행할 시간을 갖는 것이다. 이때 '중요성'의 정도와 '긴급성'의 여부를 살핀다. 중요한 일은 자신의 기준에서 우선순위가 높은 일들과 관련되어 있으며 결과와 직접적인 영향을 미치고, 더불어 개인의 자발성을 요구하는 일들이 포함된다. 급한 정도의 척도가 되는 긴급성은 즉각적으로 행동하여 당장 처리해야만 하는 것을 말한다. 이러한 일은 때로는 압박감으로 다가오기도 하고 반대로 재미있고 즐겁지만 생산적이지 못한 경우가 많다. 시간관리가 되지 않고 원하는 성과를 도출하지 못하는 사람들의 경우 대부분 중요하지 않고 급하지 않은 일들에 반응하는 경향이 많다.

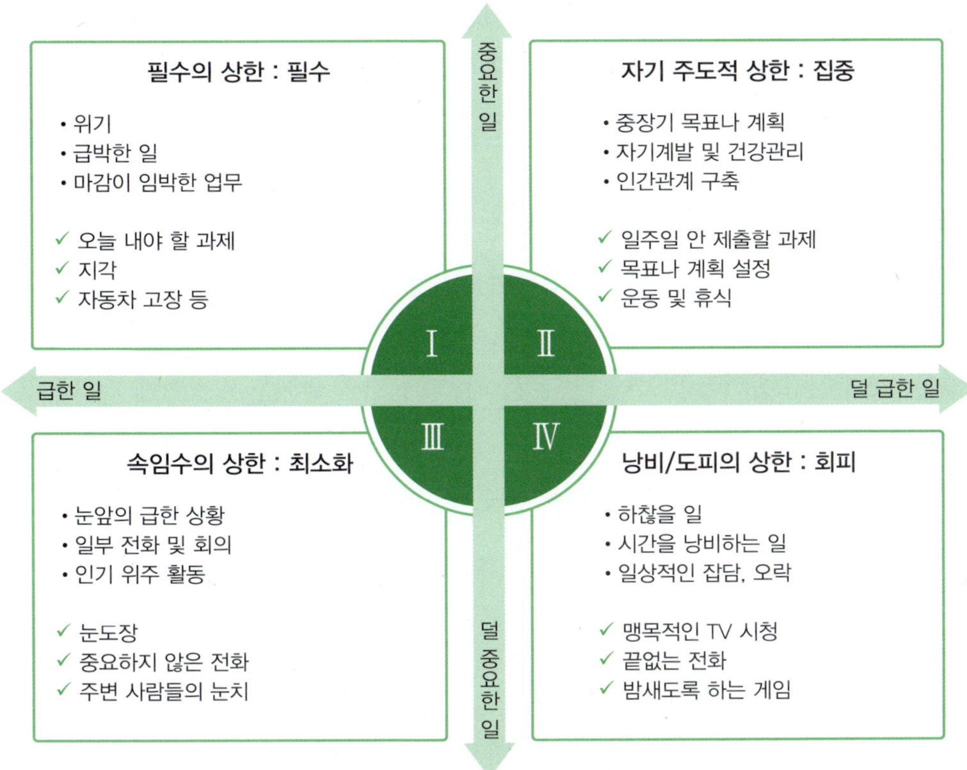

그림 8-3 시간관리 매트릭스(Time Matrix)

자료 : 스티븐 코비(김경섭, 김원석 역, 1994); 신화식 외(2013). 재구성.

Ⅰ상한(필수의 상한)은 중요하며 급한 일을 말한다. 이 상한에 해당하는 일은 즉각적으로 처리해야 할 뿐 아니라 반드시 해야만 하는 일이다. 이 영역에 해당하는 일들은 많은 시간을 소비하게 하며 피로를 가중시켜 스트레스를 야기하기도 한다. 이 영역에 속하는 일을 일컬어 '문제' 또는 '위기'라고 말한다.

Ⅱ상한(자기 주도적 상한)은 중요하지만 덜 급한 일을 말한다. 이 상한에 해당하는 일은 중요하지만 상대적으로 덜 급한 일로 시간이 흐른 후 중요한 일이 되는 경우가 많다. 급한 일이 아니기 때문에 중요하다는 인식을 하면서도 뒤로 미뤄지는 경우가 흔하지만 문제가 발생되었을 때 매우 긴급하고 중요한 일로 넘어가게 된다.

Ⅲ상한(속임수의 상한)은 상대적으로 덜 중요하지만 급한 일을 말한다. 대부분 사람은 이 영역에 속하는 일들이 중요하다고 착각하며 시간을 허비하는 경우가 많다.

Ⅳ상한(낭비/도피의 상한)은 덜 중요하면서도 덜 급한 일을 말한다. 시간을 허비하는 일들이 이 부분에 해당하며 대개 유흥 활동이 이 영역에 속하는 것들이 많다. 대부분 스트레스를 푸는 활동으로 활용하는 경우가 많지만 이러한 일에 지속적으로 많은 시간을 소비하게 되면 생산적이지 못하며 결핍되어 가는 자신을 발견하게 된다.

성공적인 삶을 사는 사람들은 Ⅲ상한과 Ⅳ상한에 속하는 일에 들이는 시간을 삼간다. 대신 Ⅱ상한에 속하는 일들에 더 많은 노력과 시간을 들이고 Ⅰ상한에 속하는 일들에 들이는 시간을 점차적으로 줄여나간다. 결국 시간관리를 잘 하는 비결은 자신의 삶 속에서 어떤 활동들이 Ⅱ상한에 속하는 일인지 결정하며 시간관리를 하여 자신이 원하는 삶을 사는 것이다.

2) 시간관리의 실제

Hermann Hesse는 "인간은 모두 자신의 운명을 손에 쥐고 있어서 자신만의 작품과 생활을 창조하지 않으면 안 된다"고 말했다. 따라서 시간 디자인(time design)이 필요하다. '가장 먼저 할 일을 먼저 하라(put first thing first)'라는 우선순위에 대한 격언이 있다.

우선순위가 정해졌다면 일상생활 역시 그 순위에 맞춰 지내는 것이 바람직하다. 이를 위해 사람들은 계획은 세우며 거기에 맞춰 가능하면 나의 의도에 따라 많은 것을 통제하기 위해 시도한다. 통제는 곧 자신이 계획한 것을 이루기 위해 실천하고 노력하는 것이며 그렇지 못할 때 융통성을 갖고 수용할 수 있는 자세가 필요하다.

삶 속에서 발견한 우선순위에 따라 시간을 관리하기 위한 동기부여를 유지하기 위해 다음과 같은 방법을 사용하는 것이 좋다(김주엽 외, 2012).

① 자신만의 소중한 나의 존재 의미, 꿈, 목표를 적을 것
② 적어 놓은 것을 자주 들여다 볼 것
③ 부족한 부분을 주기적으로 확인하고 수정 · 보완할 것
④ 가끔 멈춰서 자신의 주변을 돌아볼 것
⑤ 자신을 지원해 줄 수 있는 멘토와 교류할 것

세계적으로 가장 많이 판매되고 있는 시간관리 도구인 '프랭클린 플래너(Franklin Planner)'의 개발자인 Hyrum W. Smith는 "시간관리를 잘 한다고 해도 그 시간을 자신의 인생에서 있어 소중한 것들에 소비하고 있지 않다면 의미가 없다"라고 말했다. 그리고 시간에 대한 두 가지 착각을 설명하였다. 하나는 우리가 지금보다 언젠가 미래의 어느 순간 더 많은 시간을 갖게 될 것이라고 착각하는 것, 다른 하나는 어찌되었든 시간을 저축할 수 있다고 착각하는 것이다. 이 외에 우리의 인생에 사건을 발생시켜 생산성을 떨어뜨리고 시간을 도둑질하는 어떤 사건들을 '시간도둑'이라고 명명하며 이런 것들이 어떻게 습관화가 되어 있는지 〈표 8-8〉과 같이 제시하였다.

Bliss는 "우리가 어떤 계획을 수립할 때 시간을 투자하면 할수록 그 일에 소요되는 총 시간이 적어진다. 바쁘기만 하며 성과가 없는 시간도둑과 같은 일로 스케줄에서 계획을 짜는 시간이 없어지는 일은 반드시 피해야 한다"라고 충고하였다.

스케줄에서 계획을 짜는 것은 다시 말하면, 개인이 스스로 세운 목표를 향하여 나아가게 해줄 수 있는 습관을 기르는 데 효과적이다. Smith가 제시한 '시간도둑'으로부터 나의 시간을 보호하고 일과 삶의 균형을 위해 보다 효율적으로 관리하고 파악하는 데 도움을 받을 수 있다.

표 8-8 시간도둑

남들이 부과한 것		자신이 부과한 것	
방해에 의한 중단	대답 대기	위임 실패	무기력한 태도
불분명한 직무 정의	불필요한 회의	개인적인 혼란	건망증
과도한 업무	의사소통 부족	타인의 말을 못 알아듣는 것	우유부단함
우선순위 변경	기기의 고장	사교/접대	피로
무계획적인 상사	관료주의	완수하지 않은 일의 방치	실천력 부족
우선순위 충돌	직장 내 사기 저하	정리되지 않은 서류	뒤로 미루기
훈련되지 않은 직원	동료/직원 부탁	어지러운 작업 공간	외부 활동
권위 부족	직장 내 유희	불분명한 목표	완벽주의
타인의 실수	데드라인 변경	엉성한 계획	괜한 걱정
일부 회의		과도한 의욕	

자료 : 하이럼 스미스(김경섭, 이경재 역, 1998). 재구성.

누구에게나 한 번 지나간 시간은 다시 돌아오지 않는다. 따라서 누구나 시간을 효율적으로 가치 있게 사용해야 하며, 제대로 활용할 수 있어야 한다. 특히, 대학생 시절은 자신의 미래를 설계해야 하는 시점에 있으므로 더욱 시간관리를 잘해야 하는 시기라는 것은 아무리 강조해도 모자라지 않다. 한국전문대학교육협의회에서는 시간도둑들로 인해 낭비되는 시간을 잘 관리하고 진로를 설계 및 선택하는 데 필요한 활동에 시간을 소비할 수 있도록 〈표 8-9〉와 같은 점검을 하도록 권고하고 있다.

표 8-9 시간관리 점검하기

(단위 : 소요시간)

1주일 간 활동 내역	월	화	수	목	금	토	일
수면시간							
식사시간							
친구와 보낸 시간							
수업시간							
공부시간							
운동시간							
TV시청시간							
컴퓨터/스마트폰 사용 시간							
기타 시간							

표 8-10 우선순위 점검하기

하루 생활 구분	우선순위	활동 내역	소요시간
중요하다고 생각되는 시간			
가치 없다고 생각되는 시간			
목표와 관련 있는 시간			
향후 늘려야 되는 시간			
향후 줄여야 되는 시간			

자료 : 동의과학대학(2010). 재구성.

먼저 매일 해야 할 일들을 적는 것이 '일일 계획'이다. 철저한 시간관리자 Franklin이 항상 소지하고 다녔던 '프랭클린의 수첩(Franklin's 24hour Scheme)' 양식은 크게 6가지로 나뉘는데 그 내용은 다음과 같다.

하루 생활 구분	예정 시간
1. 하루를 준비하는 3시간	05시~07시
2. 일을 위한 4시간	08시~11시
3. 현재 프로젝트를 검토하며 점심을 먹기 위한 2시간	12시~13시
4. 일하는 데 4시간	14시~17시
5. 저녁 식사와 휴식 및 마감을 위한 4시간	18시~21시
6. 잠자는 7시간	22시~04시

표 8-11 일일 계획 작성 실습

날짜 : 월 일 요일

✓	우선순위	오늘의 계획	시간	예정일정	
			AM 6		
			7		
			8		
			9		
			10		
			11		
			PM 12		
			1		
			2		
			3		
			4		

			5		
오늘의 중요 정리			6		
			7		
			8		
			9		
			10		
			11		

자료 : 부산대학교 교수학습지원센터(2009). 재구성.

이와 같이, 성공적인 미래 설계를 위해 점검을 마쳤다면, 자신의 목표 달성을 위한 계획을 보다 체계적으로 수립할 수 있다. 매주 해야 할 일을 적는 것을 '주간 계획'이라고 하는데 이때 '일일 계획'보다 더 긴 안목을 제시하고 보다 유연한 태도를 허용한다.

'일일 계획'의 작성 시점이 내일 해야 할 일을 적는 것이라면 주간 계획은 주로 금요일 오후 다음 한 주에 수행해야 할 활동을 적는 것이 좋다.

표 8-12 주간 계획 작성 실습

주간목표								
시간	월	화	수	목	금	토	일	금주의 긴급도
AM 06시								상 중 하
07시								
08시								
09시								

10시							
11시							
PM 12시							
01시							
02시							
03시							
04시							
05시							
06시							
07시							
08시							
09시							
10시							
11시							
사용가능시간							
시간점검							

주간 계획 작성 요령

- 고정적인 시간 우선 표기 후 고정 활동을 위한 모든 시간 표시하기
- 사용 가능한 시간 확인 후 한 주 시간 흐름 파악하기
- 활동별 가능한 작은 단위로 쪼개고 소요될 시간 계산하기
- 자신의 신체적 바이오리듬과 학습환경을 고려하여 활동을 배치하고 끊임없이 관찰하기

4 건강관리

현대인은 크고 작은 스트레스를 경험하며 살아가고 있으며, 이때 스트레스를 적절하게 대처해 내지 못하면 원활한 생활을 유지하기 어렵게 된다. 스트레스와 마주했을 때 자신을 잘 조절하고 관리하지 못하면 신체적인 문제 혹은 정신적인 문제에 부딪히게 된다. 이에 효율적인 스트레스의 대응 행동방법들을 살피고 모색해 볼 필요성이 있다.

1) 스트레스의 이해

스트레스는 어떠한 상황에서 발생될 수 있는 요구 수준과 그 일을 처리할 능력의 불균형을 지각할 때 일어나는 생리적이며 심리적인 반응을 말한다(Wagner & Hollenbeck, 1992). Selye는 "스트레스란, 우리의 신체가 특정 외부 자극에 대해 보이는 비특정적 반응(non-specific response)이다"라고 설명하였다.

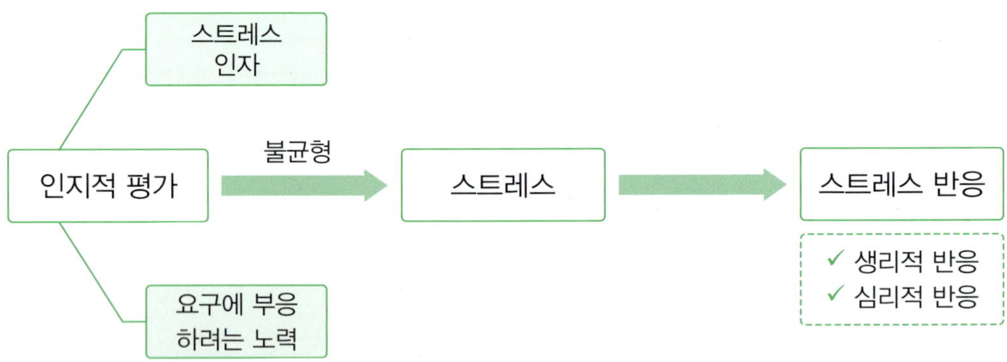

그림 8-4 스트레스의 원리

일반적으로 '스트레스'는 부정적인 이미지가 연상되지만 실질적으로는 부정적인 면과 긍정적인 면 모두 가지고 있다. 스트레스가 유발되는 상황 또한 마찬가지로 부정적인 상황과 긍정적인 상황 모두 해당된다. 예를 들면, 어떤 일을 계획하고 진행하며 성취하는 과정에서 필연적으로 스트레스를 경험하게 되지만 원하는 결과가 도출된다면 성취감과 행복감과 같은 긍정적인 에너지를 얻게 된다.

양면적인 특성을 지닌 스트레스의 이러한 효과는 정도에 따라 '유스트레스(eustress)'와 '디스트레스(distress)'로 나뉘어 설명된다. '유스트레스(eustress)'와 같은 유용한 스트레스란 적절한 정도의 수위로 스트레스를 받는 것을 의미한다. 유스트레스는 불쾌하고 고통스러운 상황에 처했을 때 극복할 수 있도록 활력을 제공하고 자신감이나 일의 창의력을 높여준다.

'디스트레스(distress)'란 해로운 스트레스로 스트레스의 수위가 지나친 경우로서 신체 및 정신적 문제의 원인이 되는 과도한 긴장 상태로 질병이나 우울증과 같은 결과를 야기 시키는 스트레스를 말한다.

Selye는 스트레스로 인해 발생되는 여러 가지 신체적 증상에 대해 '일반적응증후군(General Adaptation Syndrome: GAS)'이라고 명명하였다. 일반적응증후군에는 '경고 반응기', '저항기', '소진기'의 총 3단계가 있어 계속되는 스트레스는 질병과 밀접한 연관이 있음을 밝혔다.

일반적응증후군 1단계인 '경고 반응기'는 정서적으로 흥분되거나, 긴장과 같은 생리적인 변화가 나타나는 단계로 신체적인 위협으로부터 적극적으로 대항할 수 있는 변화가 나타난다. 2단계인 '저항기'는 정상 수준 이상의 반응이 서서히 나타나는 단계로 경고 단계를 지나 지속적으로 스트레스를 받으면 나타난다. 3단계는 '소진기'로 신체질환을 야기하는 단계로 신체적 방어능력이 떨어져 그 결과 각종 질병이 나타나게 된다.

스트레스를 받으면 생기는 몸의 변화로 스트레스 호르몬이라고 불리는 카테콜라민(catecholamine)과 코르티솔(cortisol)이 분비된다. 카테콜라민은 혈압을 상승시키며 혈관 수축으로 이어져 심혈관 문제를 야기시킨다. 코르티솔은 포도당을 생성하게 되는데 간, 신장에서부터 체내의 단백질까지 포도당화를 시켜 면역체계를 파괴시킨다. 스트레스가 이와 같이 질병에 취약하며 면역체계 기능에 직접적 손상을 미친다(Jemmott & Locke, 1984).

하지만 반드시 면역체계 기능에 손상만을 미치는 것은 아니다. 반대로 증진을 시키는 경우도 있는데, 구체적으로 흉선 위축을 일으키는 스트레스의 경우 코르티솔이 증가하며 저하되지만, 흉선 위축을 일으키지 않는 스트레스는 교감신경이 작용되어 아드레날린이 방출되어 결과적으로 면역 능력이 증가되는 경우도 있다.

(1) 스트레스 외적 요인

스트레스의 외적 요인은 외부에서 영향을 미치는 자극으로 다양한 요인이 작용된다. 일반적으로 '물리적 요인', '대인관계 요인', '사회적 요인', '일상생활 사건'이 이에 해당된다.

'물리적 요인'은 외부의 소음, 강렬한 빛, 더위나 추위, 그리고 자기 공간 확보의 부족과 같은 요인이다. '대인관계 요인'은 타인으로부터 받는 무례함, 명령 및 갈등이 이에 해당된다. '사회적 요인'은 조직사회에 속함으로써 발생될 수 있는 규율이나 규칙, 통근, 승진, 차별, 과도한 업무, 마감시간, 또는 직업의 상실과 같은 요소를 들 수 있다. 마지막으로 '일상생활 사건'을 일상생활에 발생되는 다양한 사건으로 출산, 가족이나 주변 사람들의 죽음, 결혼과 이혼, 물건을 잃어버리는 것과 같은 것들이 이에 해당한다.

(2) 스트레스 내적 요인

스트레스의 내적 요인은 자신 내부에서 일어나는 여러 가지 사고나 감정, 그리고 의지 등과 관련된 요인을 말한다. 일반적으로 '사고방식', '개인 성격', '생활양식', '심리적 문제'가 이에 해당된다.

'사고방식'은 어떤 문제가 발생했을 때 자신의 기준에 따라 생각하고 궁리하는 방법이나 태도로서 자신에 대한 혹평, 과도한 분석, 비현실적인 기대나 완벽주의, 흑백논리, 과장되고 경직된 사고력, 비관적인 생각 등이 이에 해당된다. '개인 성격'은 말 그대로 자신이 가지고 있는 고유의 성격으로 조급한 성격, 강박적 성격, 소심한 성격, 과도한 성취지향적 성격일 경우 스트레스 요인으로 작용될 수 있다. '생활양식'은 생활태도를 포함한 생활의 방식으로 해석할 수 있는데, 예를 들면, 과도한 카페인 섭취나 과중한 스케줄에 따른 수면 부족, 계획성 부족, 자신의 성향과 맞지 않는 직업 및 생활 패턴이 이에 해당된다. 마지막으로 '심리적 문제'는 무력감, 우울증, 그리고 불안과 같은 심리적 반응으로 적응장애라든가 나아가 반사회적 행동을 나타내기도 한다.

2) 스트레스 대응행동

건강한 스트레스의 대처가 안 될 경우 스트레스는 표출 방향에 따라 외부로의 표출과 내면으로의 표출로 나뉘어 문제를 야기시킨다. 부정적으로 외부로 표출될 경우 분노와 공격적인 성향을 보이거나 직접적으로 폭력을 행하기도 한다. 내면으로 표출될 경우에는 그 감정을 내면화시켜 우울감이나 불안, 근심, 걱정 등과 같은 증상을 보이게 된다.

이처럼 스트레스는 우리에게 심리적, 정서적, 신체적, 행동적 증상과 같이 내 · 외적으로 영향을 미친다. 이때 드러날 수 있는 증상을 파악하는 것이 매우 중요한데, 그 이유는 스트레스가 자신이 인식하지 못하는 사이 영향을 미칠 수 있기 때문이다. 이에 현재 자신이 스트레스를 경험하고 있는 중인지 아닌지에 대해 파악하고 대응할 수 있도록 해야겠다.

다음은 스트레스를 받았을 때의 반응 유형이다. 자신의 유형을 잘 파악하여 효과적으로 대처할 수 있는 방법을 파악한다.

표 8-13 스트레스를 받았을 때 반응 유형과 결과

구분	〈반응 1〉 방어형	〈반응 2〉 공격형	〈반응 3〉 쾌락추구형	〈반응 4〉 제갈공명형
생각	몰라, 몰라	가만 안 둬	일단 잊자	힘들지만 언젠가 좋은 날이 올거야
신체적 반응	소화불량	혈압 상승	흥분 ⇒ 피곤	처짐 ⇒ 극복
감정	우울감, 무기력	분노, 화	기분 좋음 ⇒ 부정적 정서	긍정적 정서
행동	TV만 봄	폭언, 폭력	술, 쇼핑 등	스트레스 해소 후 다시 활동 시작
발생문제	다시 시작할 엄두가 나지 않음	남 탓으로 집중이 어려워짐	효율적 일상생활 저해	지나친 긍정적 전략으로 스트레스 해소 간과
결과	동기 저하에 따른 행동 저해			지속적인 행동

자료 : 러너코리아. Job Stress Management 강사양성과정. 재구성.

스트레스는 내가 살아 있음을 알려주는 지표가 되기도 한다. 어떤 일을 수행하는 데 반드시 스트레스는 수반되며, 이때 스트레스는 나의 발전 원동력이 될 수 있다. 나에 대한 올바른 시각을 갖고 스트레스를 인생의 부분으로 인정하는 것이 중요하다.

〈표 8-14〉는 스트레스 지수를 측정하는 문항이다. 해당되는 내용을 체크해 보자.

표 8-14 스트레스 지수 측정 질문지

문 항	체크
1. 학교에 오는 것이 부담스럽거나 두렵다.	
2. 학업에 흥미도 없고 지루하다.	
3. 최근 학교생활에 문제가 발생한 적이 있다.	
4. 내 학업 수행 능력이 타인보다 뒤떨어지는 느낌을 받는다.	
5. 학교생활에 집중하기 힘들다.	
6. 항상 시간에 쫓기며 일한다.	
7. 내 책무가 너무 많다고 생각한다.	
8. 밖에서 해야 할 일을 집까지 가져가서 할 때가 많다.	
9. 전공이 내 능력과 흥미와 잘 맞지 않는다고 생각한다.	
10. 내 전공이 향후 전망이 별로 유망하지 않다고 느낀다.	
11. 우울하다.	
12. 별다른 이유 없이 긴장되거나 불안할 때가 있다.	
13. 잠을 잘 자지 못한다.	
14. 짜증이 자주 나서 가까운 사람이나 가족들과 자주 다툰다.	
15. 사람들과 어울리지 않고 혼자 지내는 시간이 많다.	
16. 대인관계가 원만하지 못할 때가 있다.	
17. 최근 지나치게 체중이 늘거나 또는 지나치게 체중이 줄었다.	
18. 쉽게 피로를 느낀다.	
19. 무기력하거나 멍할 때가 있다.	
20. 술과 담배를 이전에 비해 많이 한다.	

상기의 문항 중 10가지 이상이 해당된다면 스트레스 적색 경보 상태임

다음은 생활 속에서 스트레스를 해소할 수 있는 몇 가지 방법이다.

스트레스 해소법

- 아침을 여유 있게 시작하여 가족과 대화를 나눈다.
- 일의 우선순위를 정하고 급한 일부터 처리하며 완벽하게 일을 처리할 생각을 하지 않는다.
- 휴식시간에는 완전히 쉰다.
- 건강한 생활의 3대 원칙(충분한 수면, 규칙적인 운동, 균형 잡힌 식사)을 생활화 한다.
- 억울하고 불쾌한 감정을 갖게 되었을 때 보다 낮은 목소리로 표현한다.
- 서로를 격려하는 친구와 모임을 갖는다.
- 일감을 절대 집에 가져가지 않고 일은 밖에서 해결한다.
- 중요한 약속이나 업무는 수첩에 기록하여 빗나간 약속에 의한 스트레스를 미연에 방지한다.
- 커피나 청량음료를 피하고 물과 주스를 마신다.

자신의 사고방식과 생활양식 등에 따라 대처하는 법이 다르다. 보다 구체적인 방법으로 원하지 않는 생각을 없애고 원하는 방향으로 생각을 대치시키는 방법인 '사고 멈추기' 기법이 있다. 또는 부정적인 사고를 긍정적인 사고로 전환시킬 수 있다. 물론 긍정적인 사고가 근본적인 스트레스를 해결해 주는 것은 아니지만 사고가 행동을 바꾸기도 하고 행동이 사고를 바꾸기도 한다. 이 외에 '건강한 육체에 건강한 정신이 깃든다'는 말과 같이, 스트레스를 이기는 데 도움이 될 수 있는 필수영양소를 채워 줄 수 있는 '영양관리'와 긴장을 풀어주고 신체의 생리학적 상태를 개선시켜 주는 '운동'도 좋은 방법이 될 수 있다.

비전 공유와 개발

Chapter 09

1. 상황에 맞는 리더의 유형
2. 비전(Vision)의 개발과 공유
3. 리더(Leader)와 팔로워(Follower)

학습 목표

1. 상황에 맞는 리더의 유형을 인식할 수 있다.
2. 비전 설정의 중요성을 인식할 수 있다.
3. 바람직한 영향력을 통해 양자 간 노력으로 성과를 창출할 수 있다.

주요 내용

1. 상황에 따른 리더의 조건을 이해
2. 비전과 행동과의 관계와 비전 설정의 중요성
3. 영향을 행사하는 리더와 영향을 받는 팔로워의 영향력의 이해

인성과 리더십

4차 산업혁명시대 스워라밸

study-work & life balance leadership

09 비전 공유와 개발

1 상황에 맞는 리더의 유형

효과적인 리더십을 발휘하기 위해서 리더는 상황에 대한 이해가 필요하다. 효과적인 리더십의 영향력을 미치기 위해 리더의 행동은 상황의 다양한 요인에 의해 영향을 받는다. 이때 상황요인은 크게 '팔로워'와 '과업의 특성' 등 조직의 성과에 직 · 간접적으로 영향을 미치는 다양한 요소들이 있다. 따라서 리더십의 효과성은 리더의 특성이나 행위, 그리고 상황적 조건에 따라 달라진다.

리더의 특성과 행동유형을 분석하려 해도 상황에 따라 효과적인 리더의 특성과 행동이 달라지기 때문에 어떤 행동 유형이 성과 창출에 보다 효과적이라는 단정을 할 수 없다. 예를 들면, 민주형의 리더와 권위형의 리더가 있다고 가정했을 때 정답은 상황에 따라 어느 유형이 더 적합한지를 봐야 한다는 것이다. 민주형의 리더는 조직 구성원의 능력이 높고, 시간이 많으며 과업환경 수준이 높을 때 적합하다. 반면 권위형의 리더는 조직 구성원의 능력이 낮고, 시간이 부족하며 과업환경 수준이 낮을 때 적합하다. 따라서 어느 유형이 더 좋다고 단정할 수 없는 것이다.

이처럼 리더의 특성이나 행동에 영향력을 증가시키기도 하고 감소시키기도 하는 상황적 특성은 〈표 9-1〉과 같이 구분할 수 있다.

표 9-1 리더의 행동에 영향을 미치는 상황적 특성

구 분	특 성
리더	성격, 가치관, 욕구, 동기 경험 등
구성원	성격, 가치관, 숙력도, 성숙도, 경험 등
과업	구조화의 정도, 난이도, 과업절차, 과업이 명확성 등
집단 및 조직	리더의 권력 수준, 의사결정 구조, 보상체계, 조직의 응집력 등

자료 : 조용현(2005). 재구성.

(1) Fiedler의 상황적합 리더십

Fiedler(1967)는 '리더의 스타일'과 '상황의 특성'에 따라 리더십의 유효성에 따른 상황적합 모형을 개발하였다. 상황적합 모형은 리더십을 발휘해야 하는 다양한 상황이 리더에게 호의적인지 또는 비호의적인지에 따라 상황의 특성에 적합한 리더십 스타일을 제시하는 데 그 의의가 있다.

LPC(Least Preferred Coworker) 척도를 기준으로 '관계중심적 리더'와 '과업 중심적 리더'로 '리더의 스타일' 유형을 분류하였다.

표 9-2 LPC 항목의 설문지

- 당신과 지금까지 함께 일했던 사람들 중 가장 같이 일하고 싶지 않은 사람을 한 사람 생각해 내고 그 사람에 대해 평가하시오.

	수 준		점수
쾌활한 사람	⑧ ⑦ ⑥ ⑤ ④ ③ ② ①	쾌활하지 못한 사람	
친절하고 다정한 사람	⑧ ⑦ ⑥ ⑤ ④ ③ ② ①	불친절하고 다정하지 않은 사람	
거절을 잘하는 사람	① ② ③ ④ ⑤ ⑥ ⑦ ⑧	수용을 잘하는 사람	
긴장하는 사람	① ② ③ ④ ⑤ ⑥ ⑦ ⑧	긴장을 풀고 여유로운 사람	
거리를 두는 사람	① ② ③ ④ ⑤ ⑥ ⑦ ⑧	친근한 사람	
냉담한 사람	① ② ③ ④ ⑤ ⑥ ⑦ ⑧	다정한 사람	
지원에 적극적인 사람	⑧ ⑦ ⑥ ⑤ ④ ③ ② ①	적대적인 사람	
따분한 사람	① ② ③ ④ ⑤ ⑥ ⑦ ⑧	흥미를 잘 느끼는 사람	
싸우기를 좋아하는 사람	① ② ③ ④ ⑤ ⑥ ⑦ ⑧	화목하고 타인과 조화로운 사람	
우울한 사람	① ② ③ ④ ⑤ ⑥ ⑦ ⑧	즐거워하는 사람	
망설이지 않고 개방적인 사람	⑧ ⑦ ⑥ ⑤ ④ ③ ② ①	망설이고 폐쇄적인 사람	
험담을 잘하는 사람	① ② ③ ④ ⑤ ⑥ ⑦ ⑧	너그럽고 관대한 사람	
신뢰를 할 수 없는 사람	① ② ③ ④ ⑤ ⑥ ⑦ ⑧	신뢰할 만한 사람	
사려 깊은 사람	⑧ ⑦ ⑥ ⑤ ④ ③ ② ①	사려 깊지 못한 사람	
심술궂고 비열한 사람	① ② ③ ④ ⑤ ⑥ ⑦ ⑧	점잖고 신사적인 사람	
마음에 맞는 사람	⑧ ⑦ ⑥ ⑤ ④ ③ ② ①	마음에 맞지 않는 사람	
성실하지 않은 사람	① ② ③ ④ ⑤ ⑥ ⑦ ⑧	성실한 사람	
친절한 사람	⑧ ⑦ ⑥ ⑤ ④ ③ ② ①	불친절한 사람	
총점			

총점 64점 이상 : 관계중심적 스타일
총점 57점 이하 : 과업중심적 스타일

자료 : 이상해(2012). 재구성.

LPC 항목의 설문지는 18개의 항목으로 구성되어 있다. 점수는 최저 18점에서부터 144점까지 분포되어 있다. 항목의 총점 결과가 64점 이상이면 관계중심적인 리더, 57점 이하면 과업중심적 스타일로 분류된다. 다시 말해, 척도의 점수가 높을수록 관계중심적이며, 낮을수록 과업중심적 리더로 해석할 수 있다.

관계중심적 리더는 구성원들과의 신뢰관계에 중점을 맞춘다. 구성원의 참여와 자율성을 존중하며 그들의 개인 사정에 관심이 있고 언제든 편하게 만날 수 있다. 과업중심적 리더는 과업 자체에 중점을 맞춘다. 리더중심의 결정과 지시를 내리며 조직 내 규칙과 규정을 강조하고 업무의 데드라인과 스케줄 관리를 중요한 요소로 꼽는 경우가 많다.

'상황의 특성' 또는 '상황 호의성'에 대한 분류로는 '리더와 구성원과의 관계', '과업의 구조', '직위권한'으로 나누었다.

첫째, 리더와 구성원과의 관계는 부하들이 리더를 어느 정도 신뢰하며 기꺼이 따르는가에 대한 정도로 설명된다. 이는 리더가 고려해야 하는 상황 요소 중 가장 중요한 요소가 된다.

둘째, 과업의 구조는 집단 또는 조직 내의 표준화된 규정의 정도를 말한다. 이때 목표는 구체적으로 명시되어야 하며 과업의 구조화 정도가 높으면 높을수록 리더의 영향력이 높다고 설명하고 있다.

셋째, 리더의 직위권한은 리더가 구성원을 평가하고 포상 또는 질책을 줄 수 있는 정도를 의미한다. 리더의 직위권한이 강하게 발현될수록 리더의 영향력은 높다고 평가할 수 있다.

[그림 9-1]은 Fiedler의 리더십의 유효성의 상황적합 모형을 도식화한 것이다. 상황의 3가지 특성을 각각 이분하여 여덟 가지로 구체화한 후, 상황에 맞는 리더십 스타일을 연구결과로 도출하였다.

구성원이 리더에게 가장 호의적인 상황

리더–구성원 관계	좋음	좋음	좋음	좋음	나쁨	나쁨	나쁨	나쁨
과업의 구조	고	고	저	저	고	고	저	저
직위권한	강	약	강	약	강	약	강	약
	과업중심			관계중심			과업중심	
	높은 성과 창출							

그림 9-1 리더십의 유효성의 상황적합 모형

[연습문제]

[상황]
- A은행에 부지점장이 새로 부임했다.
- 부지점장의 구성원으로는 3명의 팀장이 있다.
- 새로 부임한 은행의 업무는 이전보다 훨씬 더 복잡하며 일이 힘들었다.
- 3명의 팀장들 간에 불화가 많았으며 관계가 원활하지 못했고 어떤 팀장은 노골적으로 불만을 표출했다.
- 급자인 지점장은 부지점장에게 많은 권한을 부여하고 있다.

은행 지점장에게 바람직한 리더십을 Fiedler의 상황적합 모형으로 분석하고 방향을 제시해 보자.

1. 리더–구성원 관계, 과업의 구조, 직위권한 분석

2. 어떤 리더십이 바람직한지 제시

(2) Hersey와 Blanchard의 상황적 리더십

Hersey와 Blanchard는 "리더십의 행동 유형은 팔로워의 성숙도에 맞추어야 한다"라고 설명하였다. 리더십의 효과성을 설명하기 위해 리더 행동을 과업지향성(Directive Behaviour)과 관계지향성(Suppor tive Behaviour)으로 나누고 각 특성에 따라 조직 구성원의 발달 수준을 조사하였다. 리더의 행동을 유형화시키고 리더가 상황에 따른 리더십 스타일을 구사한다면 보다 구성원과 적합한 관계를 갖고 조직의 유효성이 높아진다는 것이다.

리더십의 행동은 과업지향성과 관계지향성의 두 축으로 구분하며, 이를 기준으로 리더십 스타일(Leadership Style)을 네 가지로 구분하여 설명한다.

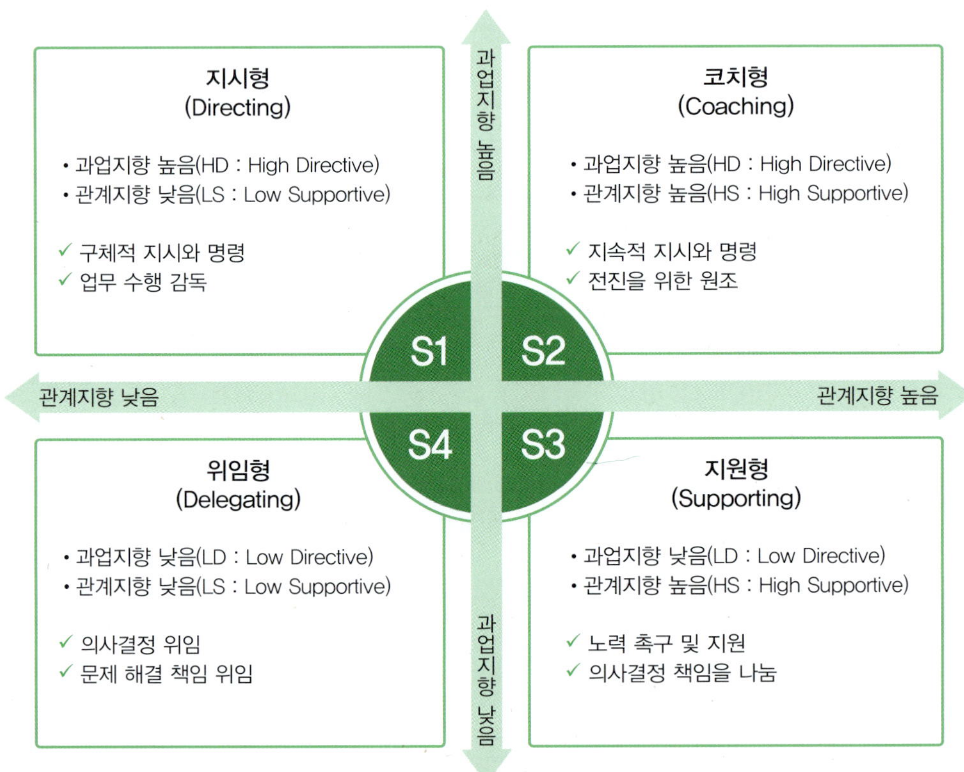

그림 9-2 리더십 스타일(S)

자료 : Vecchio, R. P. (1987). 부분 발췌 및 수정.

첫째, 지시형(S1)은 구체적으로 지시와 명령을 전달하며 업무에 대해 면밀하게 관리 · 감독하는 리더십이다. 조직의 구성원이 수행능력이 떨어지지만 열정과 의욕이 있다면 지시형 리더십이 적합하다. 이때 리더는 주로 지시적 행동을 내리며 지원적 행동을 부수적으로 수행하며 혼자 모든 문제를 해결하고 결정하며 구성원은 리더의 결정에 따른다.

둘째, 코치형(S2)은 리더가 지속적으로 지시와 명령을 전달하며 지시형과 마찬가지로 업무에 대해 면밀하게 관리 · 감독을 수행하지만 의사 결정의 단계에서 구성원들에게 충분히 설명하며 구성원의 제안을 수용하며 원조하는 리더십 형태를 띠고 있다. 조직 구성원의 수행 능력이 어느 정도 있지만 열정이 없는 사람에게 코치형 리더십은 매우 적합하다. 이때 구성원이 자존감을 가질 수 있도록 적절한 원조와 칭찬이 요구된다. 결론적으로 코치형은 명령과 원조를 모두 포함하고 있으며 구성원의 제안을 수용하는 양방향 커뮤니케이션 기법을 사용한다.

셋째, 지원형(S3)은 리더가 공동의 목적 달성을 향해 구성원의 노력을 촉구하고 지원하며 결정사항에 있어 구성원과 나누는 리더십이다. 조직 구성원이 수행 능력은 있지만 열정이 없는 상태일 때 적합하다. 리더는 주로 지원하는 형태의 행동을 취하며, 지시적 행동은 부수적으로 수행한다. 리더는 구성원의 자신감을 북돋기 위해 격려와 칭찬을 통해 의욕을 향상시킨다.

넷째, 위임형(S4)은 리더가 문제 해결에 대한 의사결정과 책임을 구성원에게 위임하는 리더십이다. 조직 구성원의 수행능력과 열정, 그리고 공헌도가 높을 경우 위임형 리더십이 적합하다. 이때 리더는 일일이 지시하고 관리하며 감독할 필요가 없고 구성원이 스스로 해결할 수 있도록 분위기를 조성해 주는 역할을 수행한다. 이때 가장 중요한 점은 신뢰와 인정이다.

리더가 고려해야 할 상황적 요소로 꼽은 팔로워, 즉, 구성원의 성숙도는 다시 '능력'과 '의지'로 나눌 수 있다. '능력'은 직무상의 성숙도로서 직무와 직접적으로 관련된 지능과 지식을 말하며 해당 분야에 대한 전반적 지식을 의미한다. '의지'는 심리상의 성숙도로서 일에 대한 자신감과 업무를 수행하고자 하는 의지를 의미한다.

Hersey와 Blanchard가 주장하는 '리더십 스타일(S)'과 '구성원의 성숙도(M)'의 대응 관계는 [그림 9-3]과 같다.

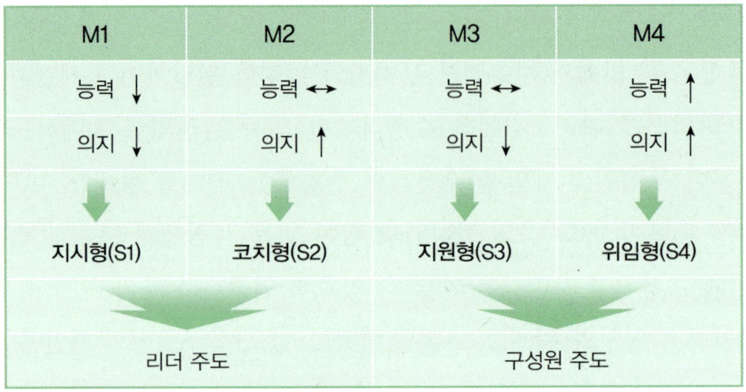

그림 9-3 상황대응 리더십

자료 : 송영선(2006). 재구성.

구성원의 성숙도1(Maturity, M1)는 구성원의 다소 낮은 능력과 낮은 의지를 지닌 상태로 지시형(S1)의 리더 스타일이 적합하다. 리더는 과업지향적 행동에 초점을 맞추는 것이 효율적이므로 구성원의 역할을 정의하고 목표와 규정, 그리고 절차를 세운 데 있어 지시적일 필요가 있다.

성숙도2(Maturity, M2)는 낮거나 또는 다소 있는 능력과 높은 의지를 갖춘 상태로 코치형(S2)의 리더십 스타일이 적합하다. 이때 구성원들은 중간 정도의 준비도를 가지고 있는 상황으로 리더는 관계지향적 행동을 취하는 것이 좋다. 이는 명령형과 원조의 형태를 모두 갖고 있는 리더의 스타일을 취한다.

성숙도3(Maturity, M3)은 다소 할 수 있는 능력과 낮은 의지로 지원형(S3)의 리더십 스타일이 적합하다. 리더가 과업 달성을 향해 구성원의 노력을 촉구하고 동시에 지원하며 전반적인 의사결정에 대한 책임을 구성원과 나눈다. 구성원의 업무 수행능력이 있는 상태이기 때문에 무리한 지시는 오히려 역효과를 낼 수 있으므로 목표와 비전을 제시해 주고 의욕을 향상시켜 줄 수 있는 원조가 더욱 효과적이다.

성숙도4(Maturity, M4)는 높은 능력과 높은 의지로 위임형(S4)의 리더십 스타일에 적합하다. 전반적으로 구성원의 자율성을 허용하는 형태이다. 리더가 문제해결, 의사결정과 같은 책임을 구성원에게 맡기는 것으로 수행능력과 동시에 의욕이 높은 구성원에게 좋은 성과를 도출하기에 효과적이다.

(3) DISC 행동유형 검사를 통한 성향 파악

DISC 행동유형 검사를 통해 자신이 어떤 성격의 유형을 가지고 있으며 조직 내 효과적인 리더십-팔로워십을 위해 자신을 이해하고 타인을 이해하며 서로 다름을 인정하도록 한다.

자신과 타인에 대한 이해는 DISC 철학의 기본이 된다. 자신과 다른 것에 대해 잘못되었다고 생각하면 올 수 있는 갈등을 피하고 자신과 다른 것은 틀림이 아닌 그저 다름이라는 것을 인정함으로써 얻을 수 있는 이해를 돕고자 한다. 나아가 어떤 문화의 조직에 있을 때 어떤 성향의 리더십을 발휘하는 것이 효과적인가에 대해서도 이해할 수 있다.

다음 〈표 9-3〉은 개인의 DISC 유형 Sheet이다. 〈표 9-3-1〉의 DISC 유형 sheet에서 과업을 하거나 행동에 있어 자신에게 해당되는 문항을 체크하고 그 내용대로 〈표 9-3-2〉의 개인 유형 조사 집계표에 표시한다.

표 9-3-1 개인 DISC 유형 SHEET

• 일 또는 행동에 있어 자신을 가장 잘 표현한다고 생각되는 문항에 체크(✓)하시오.

구분	A	B	C	D
1	인내하는	밀어붙이는	꼼꼼한	표현을 잘하는
2	도전 개척적인	정확한	흥미에 관심	만족스러운
3	기꺼이 하는	활기있는	대담한	빈틈없는
4	논쟁을 좋아하는	회의를 좋아하는	주저하는 성격	충동적인
5	공손한	사교적인	참을성이 있는	무서움을 모르는
6	설득력 있는	독립심이 강한	논리적인	온화한
7	신중한	차분한	과단성 있는	모임을 좋아하는
8	인기 있는	고집 있는	완벽주의자	인심 좋은
9	변화가 많은	수줍음을 타는	느긋한	완고한
10	체계적인	낙관적인	의지가 강한	친절한
11	엄격한	겸손한	상냥한	말주변이 좋은
12	호의적인	빈틈없는	놀기 좋아하는	의지가 강한
13	참신한	모험적인	인내하는	신중한
14	참는	성실한	공격적인	호감주는
15	열정적인	분석적인	동정심이 많은	단호한
16	지도력 있는	충동적인	느린	비판적인
17	일관성 있는	영향력 있는	생기 활발한	느긋한
18	사람을 잘 사귀는	친절한	독립적인	정돈된
19	이상주의적인	평판이 좋은	쾌활한	솔직한
20	참을성 없는	진지한	미루는	감성적인
21	경쟁심이 있는	자발적인	충성스러운	생각이 깊은
22	희생적인	이해심 많은	설득력 있는	용기있는
23	의존적인	변덕스러운	인내 있는	밀어 붙이는
24	포용력 있는	옛날을 생각하는	사람들과 어울리는	이끌어가는

표 9-3-2 개인 DISC 유형 조사 집계표

구분	D 형	I 형	S 형	C 형
1	B	D	A	C
2	A	C	D	B
3	C	B	A	D
4	A	D	C	B
5	D	B	C	A
6	B	A	D	C
7	C	D	B	A
8	B	A	D	C
9	D	A	C	B
10	C	B	D	A
11	A	D	C	B
12	D	C	A	B
13	B	A	D	C
14	C	D	B	A
15	D	A	C	B
16	A	B	C	D
17	B	C	D	A
18	C	A	B	D
19	D	B	C	A
20	A	D	C	B
21	A	B	C	D
22	D	C	B	A
23	D	B	A	C
24	D	C	A	B
	( ) 개	( ) 개	( ) 개	( ) 개

- 모두 표시하였으면 하단에 개수를 쓰고 내가 어느 유형에 가장 많은 해당 사항이 있는지 확인한다.
- 모든 유형은 조금씩 속해 있는 유형들이며, 어느 유형이 더 강한 성향을 보이는지 확인하는 것이다.

① D형(Dominance) : **주도형**

D형은 결과를 성취하기 위해 장애를 극복함으로써 스스로 환경을 조성한다. 빠르게 결과를 얻고 다른 사람의 행동을 유발시키기도 한다. 도전을 받아들일 줄 알며, 의사결정을 내리는 속도가 빠르다는 특징을 보이기도 한다. 문제 제기를 할 줄 아는 지도력을 발휘하기도 하며 어려운 문제를 처리하며 책임감, 리더십, 힘든 일도 곧잘 해낸다. 주도형의 경우, 일 중심적인 사람이 많으며 보스 기질을 타고나 도전에 의해 동기 부여가 되는 경우가 많다. 단점으로는 난폭한 언어를 사용하거나 변덕스러운 단점을 보이기도 한다.

② I형(Influence) : **사교형**

I형은 무엇보다 사람지향적이며 낙천적인 특징을 보인다. 사회적 인정에 의해 동기 부여를 받는 I형은 다른 사람을 설득하거나 영향을 미침으로써 스스로 환경을 조성할 줄 안다. 사람들과 접촉하며 호의적인 인상을 주며 대부분 말솜씨가 좋아 다른 사람을 동기유발시키는 것에도 탁월한 능력을 보인다. 열정적이며 사람들을 즐겁게 하고 그룹 활동을 좋아한다는 특징이 있다. 다만, 사람들로부터 거부당하는 것에 대한 두려움이 있고 책임감이 다소 약해 보일 수 있다.

③ S형(Steadiness) : **안정형**

S형은 팀 지향적인 특징을 보인다. 업무의 품질과 정확성을 높이기 위해 기존의 환경 안에서 신중하게 일하고 중요한 지시나 기준에 관심을 두어 보다 세부적인 사항에 신경을 쓴다. 분석적으로 사고하려 하며 찬 · 반이나 장 · 단점 등을 고려한다. 부드러움과 호감을 주는 인상이 많아 외교적 수완이 있는 편이며 갈등에 대해서도 간접적으로 혹은 우회적으로 접근하려는 지혜가 보인다. 다만, 결정을 미루거나 게으른 사람으로 보일 수 있고 책임감이 약해 보일 수 있다.

④ C형(Conscientiousness) : 신중형

C형은 분석적이며 과업지향적 특징을 가지고 있다. 정확성과 완벽성과 같은 특정 기준에 동기를 부여한다. 다른 사람과 협력하는 과정 역시 과업을 수행하기 위하는 경우가 많다. 예측이 가능하고 일관성 있게 일을 하며 과업과 관련된 일에 있어 참을성 역시 남다르다. 전문적인 기술을 개발하며 타인을 돕고 지원하는 일 또한 탁월한 면모를 보인다. 안정되고 조화로운 업무를 하며 환경을 조성하는 역할을 잘 수행한다. 다만, 업무수행 비판에 대한 두려움이 있으며 강압적 상황에 맞닥뜨리면 마음의 문을 닫는 경향이 있다.

2 비전(Vision)의 개발과 공유

1) 비전과 행동의 관계

추구하는 바람직한 미래상인 '비전'은 다섯 가지 특징을 포함한다(박윤희, 2011).

첫째, 미래에 관한 것으로 원대해야 한다. 비전은 등대와 같이 삶의 나아가는 방향을 잡아주는 길잡이 역할을 한다. 따라서 삶에 지속적으로 영향을 미칠 수 있는 영속성을 가진 것으로 설정되어야 한다.

둘째, 바람직하며 타인과 함께 나눌 수 있어야 한다. 비전을 설정할 때, 개인적인 것에서 멈추는 것이 아니라 타인과 나누고 나아가 사회에 기여할 수 있는 것이어야 한다. 비전을 설정했다면 타인과 공유하며 실천의지를 가지는 것이 좋다.

셋째, 변화와 발전이 수반되어야 한다. 건강한 비전은 목표에 있어서 명확한 의미를 갖되 이를 중심으로 끊임없이 변화하며 개발되고 발전시켜야 한다.

넷째, 장기적인 안목으로 보아야 한다. 비전은 목표와 구분되어야 한다. 장기적으로 이루어져야 하며, 그 과정에서 단기적인 목표가 설정되는 것이다. 그리고 단계가 되는 목표를 달성하기 위해 전략을 세우며 계획하고 수행해 나가야 한다.

다섯째, 비전은 가슴을 뛸 수 있게 해야 한다. 이를 통해 동기부여가 될 수 있으며 동기가 있을 때 노력을 하고 이 노력에 몰입할 수 있다. '비전'은 '몰입'할 수 있도록 내 가슴을 뛸 수 있게 하는 좋아하는 일을 실현시켜 나가는 것이다.

Hitt(1988)는 비전과 행동의 실천 정도에 따라 [그림 9-4]와 같이 네 가지 유형으로 구분하여 설명하고 있다.

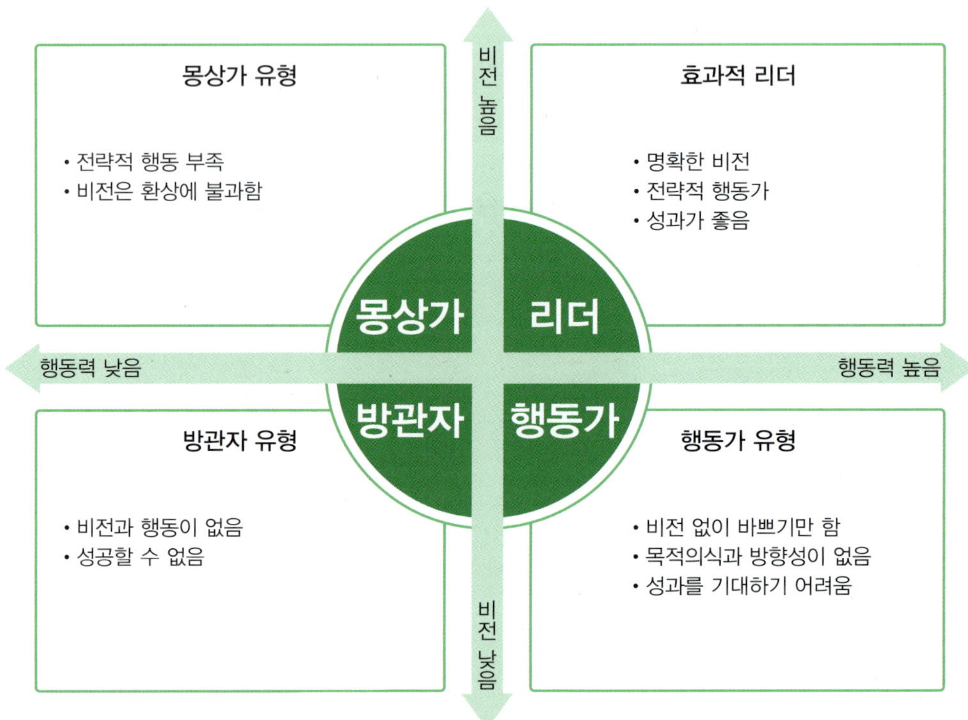

그림 9-4 비전과 행동의 실천 정도에 따른 리더유형

자료 : 변상우, 허갑수(2014). 재구성.

2) 비전의 개발과 공유

(1) 비전 설정하기

자신의 '가치체계', '열망', '재능'을 파악하고 이를 기준 삼아 의사를 결정하고 행동을 선택하는 데 있어 지침을 줄 수 있는 '사명'을 설정한다. '사명'은 개인헌법과 같은 역할을 하며 나에게 가장 중요한 것이 무엇인지를 분명하게 해준다. 삶의 의미와 목적에 대해 깨닫게 해주는 '사명'을 바탕으로 우리는 '비전'을 갖는다. 실현 가능한 비전을 만들기 위해 다음과 같은 비전 수립 전략을 세울 수 있다.

표 9-4 비전 설정 수립 전략

① 올바른 방향의 비전을 추구할 것
② 가슴 뛰는 비전을 선택할 것
③ 현재 자신의 직업 및 재능을 확장시킬 것
④ 꿈은 원대하게, 현실은 냉정하게 바라볼 것
⑤ 비전은 좀 더 가치 있고 멋있게 포장할 것
⑥ 미래 이력서를 만들 것
⑦ 미래의 모습을 구체적이고 생생하게 꿈꿀 것
⑧ 반드시 종이에 적을 것

자료 : 정철상(2011). 재구성.

비전을 구체적으로 종이에 글을 쓰거나 말로 표현하는 것은 매우 중요하다. 글을 쓰거나 말로 표현하는 순간 비전은 이미 행동으로 실현화되기 시작했다는 것을 의미하기 때문이다. 비전이나 목표를 구체적으로 표현하는 이와 같은 행위는 실제로 실현 가능성을 높인다는 것은 이미 수많은 연구 결과에서 제시된 바 있다(Macleod & Les, 2012).

따라서 '비전 선언문'을 작성하는 것은 비전을 실현화시키기 위한 도구와도 같다. Walt Elias Disney는 "어린이로부터 노인에 이르기까지 모든 사람을 꿈과 환상의 나라로 인도한다"라는 비전을 갖고 있었고 이를 실현시켰다. 1965년 싱가포르 총리 리콴유

(李光耀, Lee Kuan Yew)는 '12345비전'을 공포하였는데 그 내용은 다음과 같다. "나는 싱가포르를 12345의 나라로 만들겠다. 1명의 아내, 2명의 자녀, 3개의 침실, 4바퀴의 자동차, 주당 500달러의 1인당 소득을 실현하는 나라로 만들겠다."

이와 같이, 자신의 꿈을 떠올려 의미를 찾고, 내가 원하는 것을 파악하여 긍정적 언어를 사용한 문장으로 완성시킨다. 명확한 문장으로 표현된 비전은 반드시 목표를 달성하고자 하는 삶의 원동력의 역할을 수행할 것이다.

표 9-5 비전 선언문 작성하기

나의 비전은	이다.
본 사명을 수행하기 위해	
본 사명을 완수하기 위해 다음 역할을 충실히 행하길 원한다.	

(2) 비전 개발하기

조직에서 리더는 비전을 단독으로 설정할 수 있다. 또는 조직 구성원들과 함께 설정할 수도 있다. 이때 구성원들과의 커뮤니케이션은 매우 중요한 요소이다. 리더는 정기적으로 조직 구성원들과의 공유를 통해 비전을 개발하고 설득해야 한다. 앞서 설명된 바와 같이, 비전은 조직의 장기적 목표를 드러내는 것이기 때문에 조직 구성원들과 함께 공유하며 이를 성취하기 위한 단계적 목표를 세워야 한다. 조직의 구성원들이 비전 개발 과정 단계에서부터 참여했다면 그 구성원은 명확하게 비전을 인지하며 공감하고 그 비전이 자신에게도 도움이 된다고 생각하게 된다. 결과적으로 자신의 과업에 대한 몰입과 조직에 대한 충성도가 증진될 수 있다.

다음 〈표 9-6〉은 리더십의 필수 자질인 비전의 중요성과 의미를 생각하고 자신의 삶을 이끌어갈 비전을 수립할 수 있는 정도를 파악하는 테스트이다(김세우, 2007).

표 9-6 비전 선언문 작성하기

항 목	매우 그렇다	그렇다	보통	아니다
1. 내가 무엇을 원하는지 알고 있다.	①	②	③	④
2. 나는 상상력이 풍부하다.	①	②	③	④
3. 나는 내 장점을 잘 알고 있다.	①	②	③	④
4. 나는 늘 새로운 것을 추구한다.	①	②	③	④
5. 지난 3년 동안 스스로 이룬 일이 많다고 생각한다.	①	②	③	④
6. 나는 내게 필요한 정보를 수집하고 스크랩하는 것을 좋아한다.	①	②	③	④
7. 나는 필요할 때 쓰려고 모아둔 돈이 있다.	①	②	③	④
8. 나의 행동은 일관성이 있다.	①	②	③	④
9. 나는 모험심과 도전정신이 있다.	①	②	③	④
10. 나는 낙관적으로 생각한다.	①	②	③	④
11. 나는 작은 일에도 최선을 다하려고 노력한다.	①	②	③	④
12. 나는 내 행동에 책임지려고 노력한다.	①	②	③	④
13. 나는 친구들과 좋은 관계로 지내며 필요한 때 도움을 받는다.	①	②	③	④
14. 나는 내게 온 기회를 잘 잡는다.	①	②	③	④
15. 나는 내 삶의 주인이다.	①	②	③	④

매우 그렇다 : 3점 / 그렇다 : 2점 / 보통이다 : 1점 / 아니다 : 0점

- **15점 이하** : 이상을 넘어서 망상까지
  자신과 관계없는 꿈을 꾸고 있다. 노력은 전혀 하지 않고 자신이 무엇을 잘하는지 인지하지 못하고 있다. 따라서 비전은 자신의 현실과 동떨어져 있다. 삶을 비관하는 자세도 보여 지기 때문에 특별한 워크숍 활동이 요구된다.
- **15점~30점** : 삐~ 적신호
  비전을 이루고자 하는 마음은 있으나 현실 파악이 아쉽다. 노력해야 할 부분이 무엇인지 모르고 있다. 워크숍을 통해 자신의 현실을 분석하고 비전을 이루기 위한 방법을 찾는 것이 필요하다.
- **30점 이상** : 캡틴! 오 캡틴!
  조금만 더 노력하면 비전을 이룰 수 있는 가능성이 보인다. 하지만 워크숍 활동을 통해 보다 체계적으로 자신의 현실과 비전을 정리하면 더욱 좋은 성과를 볼 수 있을 것으로 진단된다. 무엇보다 끊임없는 노력이 필요하다.

자료 : 김세우(2007). 부분 발췌.

3 리더(Leader)와 팔로워(Follower)

1) 리더

구성원이 없는 리더(Leader)는 없다. 올바른 팔로워가 없는 리더는 성공할 수 없다. 올바른 팔로워를 얻기 위해서는 리더 스스로가 변화함으로써 팔로워가 스스로 리더를 따르게 하는 팔로워십을 이끌어 내야 한다.

사람을 움직이는 힘은 감동이며 감동은 사랑으로부터 온다. 감동을 받은 팔로워는 진심으로 리더를 따르게 된다. 서번트와 사랑을 통한 감동, 열정에 대한 감동, 희생에 의한 감동, 책임감, 헌신을 통한 감동 등 다양한 방법을 통해 리더는 구성원에게 감동을 줄 수 있어야 한다. 또한 구성원의 능동적 참여와 주인의식 고취를 위해 종사원에게 보다 많은 권한과 책임을 부여해 줄 경우 구성원은 헌신을 통한 충성심을 보일 것이다.

이를 이루기 위해서 반드시 리더는 구성원을 신뢰해야 한다.

리더는 항상 구성원들에게 올바르게 따를 수 있는 방법을 알려줄 의무가 있다. 무작정 지시를 통해 따라만 하는 구성원들은 그 능력이 출중해도 방향성 제시가 부족한 조직은 성공할 수 없다. 구성원의 입장에서 생각해 보고 자신의 모습을 먼저 되돌아보는 유연적인 자세를 유지하며 적절한 보상과 구성원의 권리 및 독창성을 인정해 줘야 한다.

표 9-7 올바른 팔로워십을 이끌어 낼 수 있는 리더의 방법

① 감동을 주는 리더가 될 것
② 권한과 책임을 부여할 것
③ 구성원 모두 리더가 될 수 있게 대할 것
④ 구성원들을 신뢰할 것
⑤ 따르는 기술을 잘 다듬어 줄 것
⑥ 능력에 따른 대우와 적절한 피드백을 해줄 것
⑦ 역지사지의 마음으로 부하를 이해하는 마음
⑧ 신명나게 일할 수 있는 조직문화를 마련해 줄 것

자료 : 배정훈, 송경수(2014). 부분 발췌.

2) 팔로워

팔로워(Follower)에는 다양한 종류가 있다. 리더에게는 보다 선호되는 팔로워의 종류가 있을 수 있겠으나 현실적으로 불가능하다. 팔로워의 종류에 대해 알아보면 [그림 9-5]와 같다.

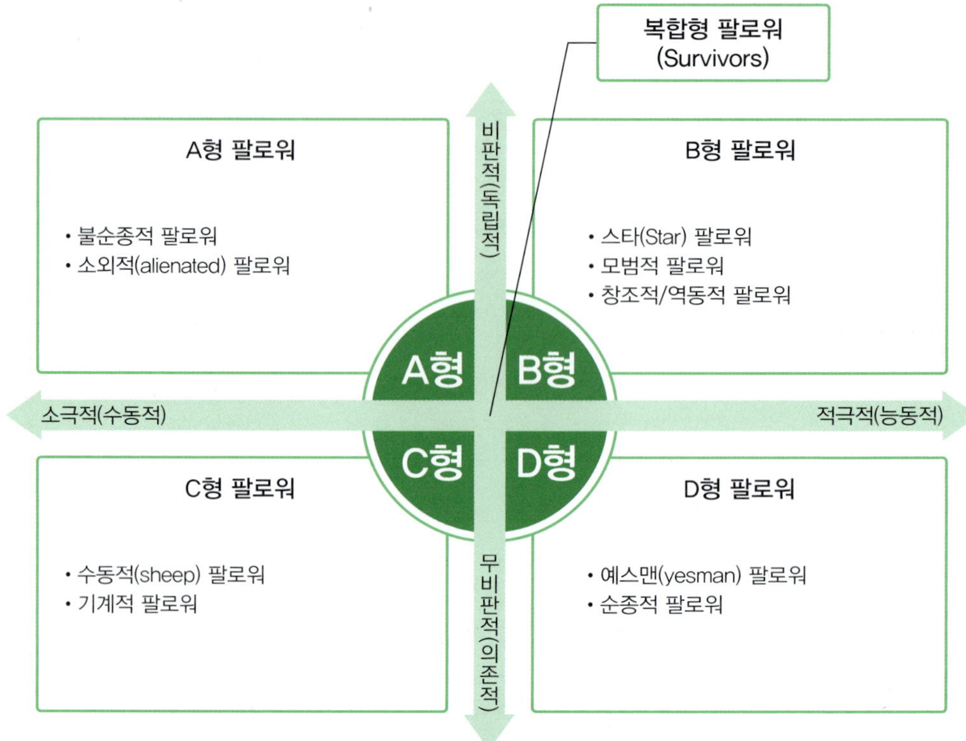

그림 9-5 팔로워의 종류

자료 : Kelly, R. E. (1988). 재구성.

(1) A형 팔로워

독립적이며 비판적 사고의 소유자인 경우가 많다. 수동적 행동주의자로 리더와 심리적 · 정서적으로 거리를 둔다. 조직에 잠재적 위험이 될 수 있는 구성원일 수 있다.

(2) B형 팔로워

조직에 가장 유익한 구성원으로 자기 관리와 책임을 실천하고 전문성을 강화하며 과업에 열중하는 특성을 보인다. 용감하고 정직하며 신뢰할 만하며 투입과 산출에 관한 권한과 책임을 이양해도 문제가 없는 그룹이다.

(3) C형 팔로워

독립적이고 비판적으로 생각하지 않는 수동적 행동주의자이다. 리더가 말하는 대로 따르기 때문에 조직시스템에 맞춤형 구성원이라고 할 수 있다.

(4) D형 팔로워

무비판적이며 의존적이지만 행동에 있어 매우 적극적이다. 리더의 사고와 아이디어를 강화하는 데 도움이 되지만 자신들의 생각과 제안에는 도전하지 않는다. 간혹 잘못된 리더의 선택에도 긍정적 반응을 보이기 때문에 조직에서 가장 위험한 구성원일 수 있다.

리더로서 갖춰야 할 덕목이 많은 만큼, 잠재적인 리더인 구성원들 또한 마찬가지이다. 리더는 이러한 팔로워들의 다양성을 인정하는 것이 무엇보다 중요하며, B형 팔로워의 비율을 늘릴 수 있도록 노력해야 할 것이다. 중요한 건 다른 A형, C형, D형 유형에 속한 팔로워 역시 스스로 노력을 통해 B형 팔로워가 될 수 있으며 이를 위해 노력을 해야 한다는 것이다.

그렇다면 유능한 구성원이 갖추어야 할 조건에는 무엇이 있을까? 다음은 유능한 부하가 갖춰야 하는 소양을 제시하였다(배정훈, 송경수, 2014).

① 헌신(devotion)
② 전문성(knowhow)
③ 용기(courage)
④ 리더의 장점을 인정하고 격려해 줄 수 있는 능력
⑤ 역지사지의 마음으로 타인을 이해하는 능력
⑥ 분명한 대안을 제시할 수 있는 능력
⑦ 조직목표와 자신의 목표를 동일화 시킬 수 있는 능력
⑧ 편안함을 느끼게 할 수 있는 능력

구성원의 위치에서 리더에게 하는 헌신은 단순히 리더에게 하는 헌신 그 이상으로 조직과 조직이 설정한 비전 달성에 대한 것이어야 한다. 기본적으로 자신의 과업에 대한 전문적 지식과 기술, 능력을 갖춰 전문성을 완비해야 한다. 또한 항상 동의만 하는 것은 조직의 발전에 도움이 되지 않는다. 리더의 목표 또는 결정에 문제가 있다고 판단이 된다면 겸손하지만 단호한 자세로 분명한 대안을 제시할 수 있는 용기가 필요하다. 결과적으로 조직의 목표달성에 기여할 수 있는 구성원으로써 조직의 발전과 자신의 발전을 동시에 성취할 수 있어야 한다.

팀워크 구축하기

Chapter 10

1. 팀워크 이해
2. 팀워크 개발하기

학습 목표

1. 팀워크 구축을 위한 조건을 인식할 수 있다.
2. 팀워크의 중요성을 인식할 수 있다.
3. 팀워크 개발 방법을 이해하고 활용할 수 있다.

주요 내용

1. 팀워크 구축을 위한 조건과 공동 목표 달성의 이해
2. 팀원 간 협력과 신뢰 및 조화의 중요성
3. 팀 빌딩을 위한 설정과 그 방법의 이해

인 성 과 리 더 십

4차 산업혁명시대 스워라밸

study-work & life balance leadership

10

팀워크 구축하기

1 팀워크 이해

사회적 동물인 사람은 다양한 집단이나 조직을 형성한다. 집단이나 조직의 구성원들은 공동의 목표를 가진 두 명 이상의 사람들이 모여 목표 달성을 위해 각자가 맡은 역할에 따라 서로 힘을 모으고 영향력을 주고받는다. 이러한 행동을 우리는 '팀워크(team-work)'라고 부른다.

팀워크는 개인들의 집합체가 단합된 노력을 통해 더 큰 성과를 내기 위해 구성원 간의 협력을 유도하고 시너지 효과를 창출하는 것으로 상호작용과 동시 상호의존적이라는 특징이 있다. 다시 말해, 팀은 서로 보완적 기술을 가진 구성원들이 자신의 기술을 보완적으로 활용하며 도출된 결과에 대해 스스로 책임을 진다. 따라서 팀 내 구성원끼리 공유된 사명감과 집단적 책임감이 수반된다(Robert & Christopher, 2010). 이와 같이, 팀의 구성원들이 조직의 공동 목표를 성취하기 위해 각 역할에 따라 책임감을 갖고 협력적으로 행동하는 '팀워크'는 주어진 팀의 업무를 수행하고, 수행하는 과정에서 발생되는 문제점들을 효과적으로 해결하기 위해 맺어진 팀의 구성원들 사이의 관계를 의미한다.

GW 전략팀의 정재훈은 팀의 사명(mission)에 대해 "최고의 팀워크로 최대의 성과를 달성하기 위해 전 방향에서 지원하는 것이다."라고 설명하며 이를 위해 다음과 같은 요소들이 필요하다고 하였다.

첫째, 팀의 비전이 명확하게 정의되어야 한다. 팀에는 목적과 방향이 분명하게 있어야 한다. 이는 단기적으로 당장 처리해야 할 과업을 지정하고 이해하는 것이 아닌 장기적인 향후 방향에 대한 전반적인 사명에 대한 이해를 뜻한다. 앞서 설명된 바와 같이, 가장 좋은 비전은 팀 구성원과 함께 공유된 비전으로 이는 구성원으로 하여금 사명감을 갖게 해준다. 이를 위해 팀의 리더는 팀의 비전을 설정할 때 가능한 한 모든 구성원이 참여할 수 있도록 배려하고 노력할 수 있는 자세가 필요하다. 세계적인 경영컨설턴트의 권위자인 Blanchard는 모든 팀의 구성원이 소속감을 느끼며 자신이 팀의 일원으로서 기업의 성공에 참여한다고 느끼게 만드는 것이 매우 중요한 리더십의 덕목이라고 강조한 바 있다(데이비드 레스터 외, 2013).

둘째, 모든 구성원이 팀의 비전에 대해 공감할 수 있어야 한다. 아무리 훌륭한 비전이 있더라도 구성원들의 자발적이고 적극적인 참여가 없다면 그 비전은 실현될 수 없다. 반대로 훌륭한 비전과 구성원들의 자발적이며 적극적인 참여가 있더라도 리더의 전폭적인 지원 없이는 비전이 실현될 수 없다. 즉, 팀의 리더와 구성원 모두 팀 공동의 비전과 함께 목적과 방향 등에 대한 깊은 공감과 이를 실현시키기 위한 적극적이며 자발적인 자세를 가지고 있어야 한다.

셋째, 팀 구성원은 자신의 역할과 책임을 명확하게 파악한다. 역할과 책임을 명확하게 파악하기 위해서는 구성원 각자의 역할과 책임이 분명하게 정의되어야 한다. 이를 위해, 리더는 구성원의 역할과 책임을 명확하게 지시해야 하며 구성원 또한 리더가 자신에게 기대하고 있는 바가 무엇이며, 다른 구성원의 역할 또한 이해해야 한다. 또한 급변하는 사회의 흐름 속에서 변화되는 환경에 적응하며 구성원 각자의 역할과 책임을 늘 새롭게 구성시킬 수 있는 능력도 중요하겠다.

넷째, 팀 구성원 모두 높은 참여율과 열정으로 과업에 임해야 한다. 대부분 좋은 결과를 창출하는 팀은 높은 참여도와 열정적인 구성원으로 이루어진 경우가 많다. 이를 위해 팀 구성원은 자신의 과업에 흥미를 가지고 업무에 몰입하며 생산적인 생각을 바탕으로 스스로를 발전시켜 나간다.

다섯째, 팀 구성원은 창조적으로 일할 줄 알아야 한다. 실천 정신과 창조성은 팀 발전에 있어 필수적인 요소이다. 앞으로 나아가는 추진력이 훌륭한 팀은 일하는 방법을 다양하게 구상하며 계획 하에 위험요소를 받아들인다. 창조적으로 일하기 위해서 실패를 두려워해서는 안 되며 새로운 현상이나 문제점에 대해 개방적이고 유연한 사고를 가져야 한다. 이러한 자세는 새로운 방법과 기술을 수용할 줄 알며 기회를 창출해 나간다.

여섯째, 팀 구성원 상호 간에 솔직하고 개방적인 의사소통을 유지한다. 팀의 결속력에도 직접적인 영향을 미치는 의사소통은 매우 중요한 요소이다. 구성원은 서로에게 직접적이고 솔직하게 표현할 줄 알아야 한다. 또한 타인으로부터의 제안과 충고를 고려하며 존중한다. 이를 위해 모든 구성원은 상대방의 말을 경청하며, 상대방의 입장에서 생각하고 그 과정에서 발생될 수 있는 생산적인 충돌을 두려워하거나 꺼려해서는 안 된다.

일곱째, 리더와 구성원 모두 리더십이 있다. 훌륭한 리더는 팀 구성원 각자의 강점과 약점을 파악하고 그 능력을 효율적으로 활용한다. Blanchard의 경영 접근 방식 중 유명한 문구로 알려져 있는 다음 문장에도 그 의미가 잘 드러나 있다. “오늘날 성공적인 리더십의 핵심은 권위가 아니라 영향력에 있다.” 그는 사람을 기업의 핵심 요소로 간주함으로써 구성원을 통해 어려운 환경 속에서도 비범한 결과를 얻을 수 있음을 수없이 입증해 왔다. 따라서 훌륭한 팀 리더는 구성원 개개인에게 관심과 인정을 주며 그들을 파악하고 그들의 능력을 적재적소에 활용해 나간다.

여덟째, 갈등을 피하지 않고, 생산적으로 해소한다. 팀 구성원들 사이에 발생될 수 있는 다양한 갈등은 피하지 않고 받아들일 수 있어야 한다. 의견의 불일치는 어디에서나 존재하며 여기서 발생되는 갈등은 피할 수 없다. 이를 나쁘게 받아들이지 말고 차이를 인정하며 토론을 통한 윈윈전략(win-win strategy)을 추구해야 보다 발전할 수 있다.

아홉째, 팀의 문제점을 주기적으로 파악하여 끊임없이 팀의 발전을 추구한다. 즉, 지속적인 팀의 관찰과 팀을 향상시키고자 하는 훌륭한 점검표가 필요하다는 말이다. 팀이 수행하고 있는 과업의 과정과 결과를 주기적으로 평가하며 작업 결과의 성과와 능력을 제고하고, 현재 팀의 수준과 잘된 점과 잘못된 점을 명확하게 파악한다. 이를 통해 객관적인 데이터를 기반으로 지속적인 팀의 성장을 도모하며 보다 탄탄한 팀워크를 단련시킬 수 있다.

마지막으로, 팀의 목표 달성에 모든 초점을 맞춘다. 이것은 앞서 제시한 아홉 가지 요소들을 잘 관리하는 것으로 이해할 수 있다. 모든 팀의 가장 중요한 목적은 팀의 목표 달성이다. 모든 구성원은 이것을 반드시 숙지하고 상기의 내용들을 잘 관리하여 팀의 목표 달성을 위해 전력을 다 해야 할 것이다.

1) 팀워크의 구성요소 및 특징

효과적인 팀의 운영을 위해 팀을 잘 이해하고 팀 구성원 간 팀워크가 조화를 이루기 위해 갖추어야 할 구성 요소는 [그림 10-1]과 같다.

첫째, 공유(sharing)는 팀 구성원 간에 구축된 공동의 목표의식을 가지고 힘들고 어려운 상황에서도 이 목표를 성취하기 위한 강한 도전의식을 공유하는 것이다.

둘째, 책임(responsibility)은 팀 구성원이 가져야 하는 집단적 책임감을 의미한다. 요구되는 지식과 기술을 익혀 자신의 능력을 배양하고 결과적으로 팀 전체의 역량을 높이기 위해 자신의 책임과 역할을 이해해야 한다.

셋째, 이해(understanding)는 구성원들 사이에 서로 이해하는 것이다. 이해를 위해 팀 구성원들은 서로의 생각과 의견을 자유롭게 교환하고 배려하여 감정이 상하지 않은 상태에서 팀이 운영되도록 한다.

넷째, 자신감(confidence)은 팀 구성원 개개인의 사기 또는 의욕으로 이해할 수 있으며, 이는 결과적으로 팀 전체의 역량에 큰 영향을 미치므로 중요하다. 구성원 개개인이 지니는 강한 자신감은 상대방의 사기 또한 드높여 진작시키는 효과가 있다.

다섯째, 협력체제(cooperation system)는 팀 구성원 간의 경쟁이 아닌 협력관계로의 인식이 요구되는 것이다. 또한 단순히 협동하는 관계가 아닌 시스템화가 된 협력 구조로 나아가 팀 구성원의 잠재력을 최대한 끌어내야 한다. 물론, 경쟁체제에 들어가면 경쟁력을 끌어내기에는 적합하겠지만 함께 협력을 통해 얻을 수 있는 종합적인 경쟁력은 떨어뜨릴 수 있다.

여섯째, 신뢰(trust)는 팀 구성원에 대한 의구심을 버리는 것이다. 팀의 활성화와 목표 달성을 위해 반드시 팀 구성원에 대한 신뢰를 선행되어야 한다. 때로는 처리할 수 없는 일에 대해 다른 구성원에게 일을 위임하여 처리할 수 있는 유연함이 필요하다.

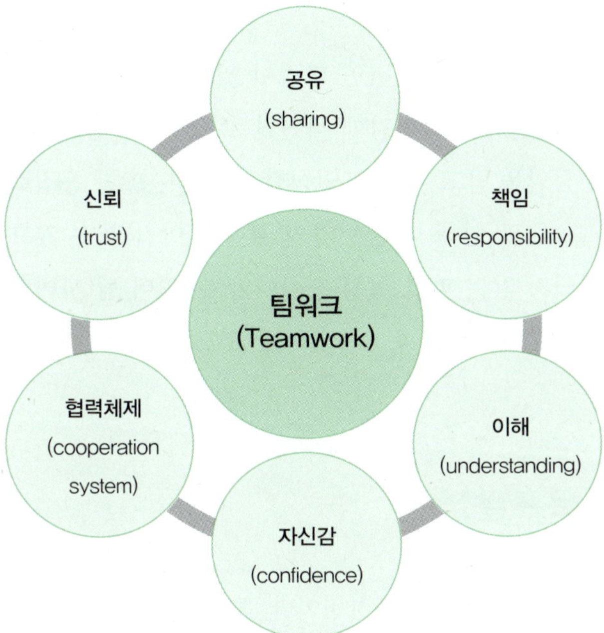

그림 10-1 팀워크의 구성요소

자료 : 조은경(2007). 재구성.

결론적으로 팀워크는 모든 팀의 구성원들이 속한 집단이나 조직의 공동 목표를 잘 이해하고 몰입하는 것을 뜻한다(Robert & Christopher, 2010). 팀워크는 창의적으로 협력할 때 구성원 간의 긍정적 시너지를 창출할 수 있다. 또한 목표를 달성하는 과정에서 구성원들의 생각과 의견을 듣고 평가할 수 있다. 그로 인해 발생될 수 있는 여러 가지 문제를 피해 결과적으로 원치 않는 결과를 사전에 방지하게 된다. 마지막으로 팀의 구성원은 소속감을 갖게 되며 스스로 동기부여하며 자신의 직무에 만족할 수 있는 작업 환경을 구축한다.

하지만 팀워크에는 몇 가지 잠재적인 단점이 있다. 팀 구성원으로서의 행동과 성과가 집단 기준에 맞아야 한다는 압박감에 직면할 수 있으며, 팀의 구성원이라는 것 자체만으로도 자율성에 침범을 받고 있다고 인식할 수 있다. 또한 응집력이 강한 팀인 경우 집단적 사고(group thinking)로 인해 다른 팀과의 갈등을 야기할 수 있고 이러한 문제가 외부와의 상호작용이 되지 않는 파벌 형성에 기여할 수 있어 팀 사이의 갈등을 초래할 수 있는 잠재적 문제점을 가질 수 있다.

2) 팀워크와 목표달성

우리 모두 집단 및 조직 내 팀의 구성원이다. 팀워크란 팀을 위해 개인을 희생시키는 것이 아니다. 개인이 특정 목표를 성취하고자 하는 자유를 확보하고 그 위에 팀의 공동 목표를 달성하는 것이기 때문에 결론적으로는 개인의 욕구를 유보했다가 목표가 달성되었을 때 결실로써 유보했던 욕구를 돌려받는 것이다.

이처럼 팀 구성원은 각자가 맡은 역할 수행을 하며 책임을 다하고 협력적으로 행동하게 되는데 팀에 대한 이해 부족이나 구성원 간의 사고 차이로 팀워크가 저해되는 경우도 있다. 이에 한국전문대학교교육협의회(2010)에서 제시한 팀워크를 저해하는 요소는 다음과 같다.

- 조직에 대한 이해 부족
- 자기 중심적 행동과 같은 이기주의
- 자부심과 아집과 같은 자아의식의 과잉
- 질투나 시기로 인한 파벌분쟁
- 팀 구성원을 객관적으로 판단하지 못하는 경우에서 비롯되는 그릇된 인정
- 사고방식의 차이에 대한 무시와 독선
- 자기 희생적 팀워크 강요

기본적으로 집단이나 조직에 대한 개념 또는 이해 없이 단순한 개개인이 모인 집합 정도로 생각한다면, 자기 중심적인 생각이나 좁은 소견에 갇히게 된다. 문제는 거기에서 발생한다. 왜냐하면 단순한 개인 모임 이상의 큰 힘을 발휘하도록 구성된 팀이 유기적인 관계를 맺고 움직이는 데 방해가 될 수 있기 때문이다. 또한 전체의 목표를 고려하지 않고 질투나 시기, 그릇된 인정의 경우 그로 인한 파벌주의로 인해 조직이 붕괴될 수 있다. 따라서 팀의 규칙을 잘 이행하고 상호 존중하는 구조가 될 수 있도록 노력해야 할 것이다.

팀워크가 잘 형성되지 못했다면 팀 내 효과적인 커뮤니케이션이나 인간관계에서 비롯되는 여러 가지 갈등, 공통된 목표를 성취하는 데 나아갈 방향성, 의사결정 과정 등 갖가지 문제가 발생하게 된다. 팀 내 발생될 수 있는 이러한 문제점을 효과적으로 해결하지 못하면 '팀'이 가질 수 있는 긍정적 에너지가 아닌 역기능적 팀이 생기게 되고 결과적으로 조직에 좋지 못한 영향을 미칠 수 있다.

표 10-1 팀워크 향상 방법 모색하기

구 분	주의사항	체크(✓)	
		O	X
팀워크 구성요소	• 팀 구성원들은 목표 및 도전의식을 공유하는가?		
	• 팀 구성원들은 각자의 책임과 역할을 다하는가?		
	• 솔직한 대화로 서로 이해하고 있는가?		
	• 팀 구성원들은 강한 자신감과 낙관적 생각을 보이는가?		
	• 팀 구성원들 간 칭찬과 격려를 잘 하고 있는가?		
	• 팀 구성원의 능력에 대해 나와 비교하여 의구심이 있는가?		
팀워크 저해요소	• 집단과 조직에 대한 이해가 부족한가?		
	• 팀 구성원들이 자기 중심적으로 행동하는가?		
	• 집단과 조직 내 질투나 시기로 인한 파벌주의가 있는가?		
	• 대부분 구성원들이 집단과 조직에 대해 관심을 가지고 있는가?		
	• 다른 구성원의 입장을 고려하지 않고 자기 입장만을 고집하는가?		
	• 팀 구성원들에게 자기 희생적 팀워크를 강요하고 있는가?		
팀워크 수준			
팀워크 향상 방안			

자료 : 한국전문대학교육협의회(2010). 재구성.

개인과 팀의 조화는 매우 중요한 요소이다. 집단 또는 조직 안에서의 팀원은 자기 성장의 장이며 삶의 보람을 찾는 터전이 된다. 따라서 팀의 구성원은 조직의 발전과 개인의 보람이 조화를 이룰 수 있도록 집단 활동을 수행해야 할 것이다. 집단 또는 조직의 일원으로서 조직 내 업무를 분담하고 성과가 모여 '팀'의 업적이 되고 '팀의 업적'이 모여 '조직의 업적'이 된다. 이때 팀 구성원이 자신이 수행하는 일에 보람을 갖고 나아가 조직생활에 보람을 느낄 수 있도록 조직 활동이 이루어져야 한다.

2 팀워크 개발하기

팀워크는 각각의 팀 구성원이 공공의 조직 목표를 생각하며 팀 구성원 간 신뢰가 쌓여야 비로소 온전하게 이루어질 수 있다. 신뢰를 쌓기 위해서 선행되어야 할 것은 팀 활동에 참여하는 것이며 참여한 결과는 성과로 도출되어야 한다. 팀워크 개발을 위한 3요소는 다음과 같다.

첫째, 신뢰 쌓기

팀워크 개발의 가장 중요한 부분이다. 신뢰가 쌓이면 업무의 효율성과 속도가 높아지고 비용은 낮아진다. 하지만 신뢰가 쌓이지 않으면 업무의 속도는 느려지며 비용이 올라간다. 신뢰는 인간관계 속에서 설명되는데, 반드시 나의 노력과 행동을 통해 형성될 수 있다. 신뢰를 조성하는 방법으로는 자신이 상대방에게 해 줄 수 있는 것을 찾거나, 상대방에게 도와주려는 의지가 전달되어야 한다. 신뢰가 형성되면 다른 팀 구성원으로부터 문제 해결자로서 인정받게 되었다는 것이다. 이를 통해 특정 의견을 주장하였을 때 기꺼이 공감을 받게 될 것이다. 신뢰는 자신과 상대방을 깊이 이해하게 되며, 상대방과의 대인관계에서 자신감을 갖게 된다.

둘째, 참여하기

참여는 말 그대로 팀 활동에 적극적으로 참여하는 것이다. 신뢰를 쌓기 위해 팀 구성원의 목표 달성을 기꺼이 도와주는 것도 좋은 방법이다. 그중 신뢰를 조성하기 위한 효과적으로 빠른 길은 바로 적극적인 참여이다. 결과적으로 나의 참여는 곧 팀원들과의 협력적 분위기를 조성하게 될 것이다.

셋째, 성과 내기

팀 구성원과 함께 도출한 훌륭한 성과는 성취감으로 연결되며 존중과 협력으로 이끌어낸 결과에 대해 보람을 느끼게 될 것이다. 성과를 내지 못한다면 '팀'은 그 존재 가치를 잃게 될 것이다.

1) 팀워크와 신뢰 구축

신뢰는 앞서 설명된 바와 같이 성공적인 팀의 목표 성취를 위해 자신의 자아실현을 위해 반드시 필요한 중요한 요소이다. 신뢰는 타인이 나를 의지하는 정도와 믿음을 의미하며 신뢰를 통한 네트워크 형성은 팀의 성과에도 직접적인 영향을 미친다. 이러한 신뢰는 신용(credibility), 친밀감(intimacy), 신뢰성(reliability), 그리고 이기심(self-orientation)의 수준을 통해 파악할 수 있으며 그 공식은 다음과 같다(Robert & Anne, 2007).

$$\text{신뢰도} = \frac{\text{신용(credibility)} + \text{신뢰성(reliability)} + \text{친밀감(intimacy)}}{\text{이기심(self-orientation)}}$$

Robert & Anne(2007)은 연구를 통해 'SEEKER' 모델을 만들어 신뢰를 단계별로 구축할 수 있다고 설명하였다. 'SEEKER' 모델은 'S(Show)', 'E(Establish), 'E(Explain)', 'K(Keep)', 'E(Engage)', 'R(Reinforce)'의 약자로 다음 [그림 10-2]와 같이 구축할 수 있다.

그림 10-2 Robert & Anne의 'SEEEKER model'

정명복과 유흥위(2013)는 팀워크를 위한 신뢰를 구축하는 방법으로 다음과 같은 4가지 방법을 제시하였다.

첫째, 비전과 목표 설정에 있어 구성원을 참여시켜야 한다. 훌륭한 리더는 가능한 한 모든 구성원의 의견을 모으고 만족할 수 있는 방향으로 팀을 이끌어야 한다. 독단적으로 조직의 의견일치를 강요해서는 안 된다는 것이다. 만약, 리더가 단독으로 하나의 의견을 제시하여 결정했다면 반드시 구성원들에게 충분한 설명을 해야 할 것이다.

둘째, 공개적으로 인정해야 할 경우, 일관성을 가져야 한다. 이를테면, 회사가 위기에 처했을 때, 오로지 회사를 위한 구성원이 없는 결과 도출은 좋지 않다. 이러한 행위는 결과적으로 팀 구성원들로 하여금 방어적인 태도를 형성하기 때문이다. 따라서 정기적으로 공개적인 인정이 실시되어야 한다. 대표적인 예로 기업에서 공지하는 '이달의 우수 직원' 등을 뽑아 합당한 보상을 제공하는 것을 들 수 있다. 이와 같은 과정을 통해 뽑힌 구성원의 경우, 자신이 조직에서 필요로 하는 능력을 가지고 있다는 것을 인지하고 자긍심을 갖게 되어 결과적으로 조직에 충성심을 갖게 된다.

셋째, 대안적인 관점을 장려해야 한다. 사람들은 모두 제각각 다양한 관점을 가지고 있다는 사실을 간과해서는 안 된다. 따라서 팀의 구성원들 모두 아이디어를 자유롭게 제시할 수 있어야 하며 그 아이디어가 갖고 있을 작은 장점까지 발견하도록 리더는 노력해야 한다.

넷째, 건전한 경쟁의 장을 만들어야 한다. 모든 사람이 인정할 수 있는 행동이나 성취 결과 등을 공개적으로 조명하여 동경심과 건전한 경쟁의 환경을 조성하는 것은 팀의 발전을 위해서도 좋은 방법이다. 이를 통해 구성원들이 스스로 팀을 위해 추구해야 하는 행동의 범위를 분명하게 인지할 수 있도록 밝혀야 한다.

2) 팀 역량 체득을 위한 팀 빌딩

팀 빌딩(Team Building)은 팀워크를 향상시키고 팀 내 문제해결능력 및 생산성 증대를 목적으로 하는 조직 활동이다. 이 활동은 신뢰 구축을 통해 팀원 상호 간 이해와 원활한 소통 및 유대관계를 강화시키는 도구로 사용될 수 있다.

개개인의 역할보다 조직의 팀워크가 중요시되고 있다. 이에 일체감을 조성하고 친밀감을 높일 수 있는 '팀 빌딩'을 수행할 때 반드시 목적에 부합되는 의미부여가 요구되며 피드백이 필요하다. 한국HRD협회에서는 조직에서 '팀 빌딩'을 선택하는 이유에 대해 ① 의사소통, ② 배려, ③ 친밀도를 높이기 위해서라고 설명하였다.

Richard Beckhard(1969)는 조직 개발에 대해 조직 활동의 '과정'에 계획적인 개입을 통해 효과성을 증대시키는 것으로서 협동, 화합, 친밀감, 소통 등을 주요 요인으로 꼽았다. 같은 맥락에서 '팀 빌딩'은 팀의 화합을 중심으로 구성원들의 공동 목적 달성을 위해 문제를 발견하고 해결하기 위한 전 과정에 계획적으로 필요로 되는 도구인 것이다. 이를 위해 개인보다 팀의 성공이 우선시되어야 하며, 상호 간 적극적 협력체계가 구축되어야 할 것이다. 이 외에 팀 구성원 간의 관계 정립 및 의사소통, 업무의 분업화 및 명확화 등을 통해 문제해결을 위한 적극적 접근과 방식, 업무 수행 능력 향상을 위한 다양한 활동이 요구된다.

가장 효율적인 팀 빌딩은 문제에 대한 해결을 위한 창의적 접근이 가능하도록 팀 구성원의 다양한 시각 수집 및 경험을 가진 팀을 구성하는 것이 바람직하다. 비생산적인 활동이 예상될 때 시간을 효율적으로 활용할 수 있게 하는 팀 빌딩에는 몇 가지 기본 규칙이 적용되면 좋다. 예를 들면, 팀 내의 질서유지와 토의의 생산성을 높이기 위한 행동 원칙을 지정하는 것이다. 이러한 규칙은 문제가 될 수 있는 행동을 사전에 제거하거나 문제 발생 시 변화 요구의 가능성을 넓히는 것이다. 더 구체적으로는 발언 시간을 제한하거나, 타인의 말을 중간에 자르거나 비판하지 않거나, 회의 후 테이블 정리정돈 마무리하기 등이 이에 해당된다.

표 10-2 팀 빌딩을 위한 규칙 정하기

구 분	주의사항	팀 빌딩 활동
팀 명	• 긍정적인 것 • 적극적인 것 • 진취적인 것	
팀 구호	• 간명한 것 • 활력 있는 것 • 부르기 쉬운 것	
팀 로고	• 간명한 것 • 팀 명 상징	
팀 규칙	• 팀원 합의로 도출 • 구체적일 것 • 5항목 내외	
역할분담	• 성향에 맞출 것 • 의견을 조율할 것	

명목 집단법 활용(NGT : Nominal Group Technique)
토론 시작 전 침묵 속에서 팀원과 의견을 교류하지 않고 주어진 토의의 주제에 대해 자신의 생각을 따로 정리할 수 있도록 시간을 부여함 • 토론 시간 절약 • 모든 팀원의 적극적 참가 유도 • 타인 의견 경청 가능

팀의 가치를 끌어 올리는 가장 좋은 방법 중 하나는 훌륭한 질문을 하는 것이다. 훌륭한 질문은 팀원들로 하여금 스스로의 위치나 직면한 문제에 대해 깊이 생각해 보고 성찰할 수 있는 시간을 준다. 이때 자신의 의견을 내세우는 논쟁 방식보다 질문을 통해 함께 문제를 탐구하고 그 과정에서 통찰력이나 아이디어 등을 얻음으로써 보다 효과적인 해결책을 찾을 수 있다. 훌륭한 질문은 상황에 따라 다른 유형으로 나타날 수 있다(마이클 J. 마쿼트 저, 2000).

첫째, 개방형 질문(open-ended questions)과 폐쇄형 질문(closed-ended questions)으로 나뉠 수 있다. 폐쇄형 질문은 준비된 선택지 또는 문항 항목 안에서 답을 선택하도록 하는 것이다. '폐쇄적 질문'이라고도 한다. 한편, 개방형 질문은 체계적인 질문 형태로 응답자가 어떤 방향으로든 대답할 수 있도록 하는 유형이다. 팀 내에서 팀원에게 이 유형의 질문을 사용하면 자연스럽게 평소의 생각을 말하게 된다. 따라서 팀원은 많은 사람이 자신의 말에 귀를 기울이고 있음을 깨닫고 자신의 가치를 발견할 수 있다.

둘째, 중립적 질문(neutral questions)과 유도질문(value-loaded que stions)이 있다. 중립적 질문은 질문을 받는 팀원이 발전할 수 있도록 질문자의 의도를 배제한 질문이다. 이는 수직이 아닌 수평적 소통을 가능하게 하며 사고를 확장시킨다. 반면, 유도질문은 개인적 의견이나 가치관이 담긴 질문으로 질문자의 가정을 승인하도록 답을 하게 해서 특정 방향으로 끌고 가게 될 수 있다.

셋째, 가능성 탐색형 질문(possibility-searching questions)과 책임 추궁형 질문(accountability-searching questions)이 있다. 가능성 탐색형 질문은 토의 과정에서 최종안을 결정하기 전 몇 가지 후보가 되는 의견을 놓고 비교 및 검토하는 것을 말한다. 이는 팀원의 아이디어를 알아볼 수 있는 질문으로 사고를 확장시킬 수 있다. 책임 추궁형 질문은 팀원에게 문제의 책임을 문책하는 질문으로 사고를 폐쇄시킬 수 있다.

Dorothy Leeds는 '질문'에 대해 생각을 자극하며 마음을 열게 하고 동시에 정보를 얻는 기능을 한다고 설명했다. 또한, 질문에 답을 하는 응답자는 질문에 답하는 과정에서 사고를 정리하고 스스로를 설득하며 그 과정에 오류를 수정한다고 주장하였다.

3) 목적에 부합하는 팀 빌딩 프로그램

팀 빌딩은 팀의 화합을 중심으로 팀 구성원들 간의 목표의식을 공유하며 공동의 목적을 성취하기 위한 의욕을 고취시키는 것이다. 개인의 것보다 팀의 성공에 우선순위를 두어야 하며 상호작용을 통한 적극적 협력체계가 이루어지도록 해야 할 것이다.

팀 빌딩의 프로그램은 크게 '인도어 프로그램(Indoor program)'과 '아웃도어 프로그램(Outdoor program)'으로 나뉜다. 말 그대로 인도어 프로그램은 실내에서 활동 가능한 도구 또는 아이디어를 활용하여 진행되고, 아웃도어 프로그램은 실외에서 실시되는 프로그램을 의미한다.

팀 빌딩 프로그램(Team Building Program) 예시	
인도어 프로그램	도미노, 도전 100초, 난타, 연극, 뮤지컬, 하모니, 의식 고도화 훈련, 워 게임(war-game) 등
아웃도어 프로그램	산악, 수상, 갯벌, 서바이벌, 조정, 럭비, 탐사 등

다양한 팀 빌딩 프로그램이 존재하기 때문에 조직의 문화나 목적에 따라 그에 맞는 프로그램을 선별하고 활용할 수 있어야 할 것이다. 중요한 건 기존보다 더욱 향상된 팀워크를 만들기 위해 필요한 부분이 무엇인지 파악하는 것이 선행되어야 할 것이다. 프로그램을 선정하는 것은 그 이후에 이루어져야 한다.

Richard Beckhard는 팀 빌딩 목표의 중요도 순으로 다음과 같이 꼽았다.

첫째, 목표 확립 및 명확화하기

둘째, 역할과 책임 결정 및 명확화하기

셋째, 수단과 절차 확립 및 명확화하기

중요도에 따른 이 세 가지 목적을 달성할 수 없다면 이는 단순한 여가 이벤트이거나 아이스브레이킹(Ice Breaking)에 지나지 않을 수 있으므로 반드시 어디에 초점을 두어 집중해야 할지 결정해야 한다. 앞서 설명된 바와 같이, 중요한 건 팀 빌딩을 실시한 의도와 피드백의 과정이다.

한국HRD협회(2013)에서는 성공적인 팀 빌딩을 위해 다음과 같은 방법이 요구된다고 설명했다.

- 진정한 이슈의 제기
- 효과적 참여 기법을 통한 성공 보장
- 외부 자원에 의존하지 말 것
- 비결 · 기법 · 일시적 유행에 휘둘리지 말 것
- 적극적이고 참여적인 노력
- 결과지향적
- 내용과 과정의 통합화
- 발전적 문제 해결

외부 자원에 대한 의존도가 높으면 이 자원이 없어졌을 때 원상 복구되기 어렵다. 또한 비결, 기법, 한시적인 유행 등에 따를 경우, 자기만의 부담이 가중될 뿐이다. 팀 빌딩의 과정에서 참여가 부진하다면, 그것은 수행하고 있는 구성원의 문제가 아니라 실시된 프로그램이 소극적이기 때문임을 이해해야 한다. 이는 팀 빌딩의 목적이 단순히 아이스브레이킹이 아니라 특정 목적과 의미를 내포하고 있기 때문이다. 충분한 기획을 바탕으로 의도와 목적을 분명히 하며 의도와 목적에 맞는 프로그램 설정과 운영방식을 결정해야 함을 시사하고 있는 것이다.

다음 〈표 10-3〉~〈표 10-5〉는 한국전문대학교교육협의회(2010)에서 소개하는 팀워크 개발 게임이다.

표 10-3 팀 쌓기 게임

구 분	내용
활동 개요	• 10명 정도의 구성원을 기준으로 바닥에 그려놓은 사각형 모양 안에 한 발을 넣는 활동
활동 조건	• 팀 구성원의 단결력 강화 • 느슨해진 팀 분위기를 전환시키기 위한 재미와 웃음이 요구될 때
활동 방법	• 바닥에 10명 정도가 한 발로 디딜 수 있는 정도의 사각형을 그림 ⇒ 게임을 진행하며 점차적으로 줄임 • 방법에 제한 없이 한 발로만 사각형 안에 있으면 성공
활동을 위한 준비	• 사각형을 그릴 수 있는 도구 또는 청테이프 • 서로를 도와 균형을 이룰 것
활동 후 평가	• 게임에 성공했을 때 어떤 기분이 들었는가? • 서로 성공을 위해 노력했을 때 어떤 일이 발생했는가?

• 팀 구성원 간 협동하는 방법을 배우고, 의사소통 기술을 강화시킨다.

표 10-4 팝콘 먹여 주기 게임

구 분	내용
활동 개요	• 2명이 짝을 이루어 둘 다 눈가리개를 한 채로 도구를 이용하여 팝콘을 먹여주는 활동
활동 조건	• 팀 구성원의 단결력 강화 • 느슨해진 팀 분위기를 전환시키기 위한 재미와 웃음이 요구될 때
활동 방법	• 2명씩 짝을 이룸 • 각각 눈가리개와 스푼 및 팝콘을 나눔 • 둘 다 눈을 가린 채로 한 사람이 다른 사람에게 10개의 팝콘을 스푼에 올려 먹여주는 활동 ⇒ 한 사람이 성공하면, 역할을 바꿔서 계속 진행
활동을 위한 준비	• 1인당 눈가리개 1개, 스푼 1개 • 팀별 비닐봉지 1개, 다량의 팝콘 • 팝콘 알레르기가 있는 사람이 있을 수 있으니 다른 대체품을 준비함 • 눈가리개를 정확하게 착용할 것
활동 후 평가	• 눈가리개를 착용했을 때의 기분이 어떤가? • 서로 팝콘을 먹여 주려 할 때 어떤 일이 발생했는가?

• 팀 구성원 간 협동하는 방법을 배우고, 의사소통 기술을 강화시킨다.

표 10-5 나무토막 전달하기 게임

구 분	내용
활동 개요	• 7명 정도의 구성원을 기준으로 준비된 1m 정도의 나무토막 또는 PVC 파이프로 팀 게임을 하는 활동
활동 조건	• 팀 구성원의 단결력 강화 • 느슨해진 팀 분위기를 전환시키기 위한 재미와 웃음이 요구될 때
활동 방법	• 팀 구성원들이 원형 형태로 모여 준비된 나무토막 또는 PVC 파이프를 서로에게 전달하는 게임 ⇒ 막대가 바닥에 떨어지지 않게 옆 사람에게 전달 • 전달하는 방법은 상황에 따라 자유롭게 진행 ⇒ ㊄ 동시에 팀 구성원 전체가 막대기를 옆 사람에게 던져 전달 등
활동을 위한 준비	• 길이 1m 정도의 나무토막 또는 PVC 파이프 • 나무토막 또는 PVC 파이프가 전달되는 과정에서 소요되는 시간 간격과 팀 구성원 간 간격 조절
활동 후 평가	• 게임에 성공했을 때 어떤 기분이 들었는가? • 서로 성공을 위해 노력했을 때 어떤 일이 발생했는가?

• 팀 구성원 간 협동하는 방법을 배우고, 의사소통 기술을 강화시킨다.

팀 빌딩은 '체험'으로 이루어져 있다. 그러므로 체험에서 오는 깨달음이 자기 반성적 검토가 아닌 발전적으로 팀 구성원과 함께 문제를 해결해 앞으로 나아간다는 의식이 있어야 한다. 이는 본인 스스로 느껴볼 수 있는 부문이 많은 특징을 갖고 있기 때문이다. 팀 구성원들에게 '체험'을 하고자 하는 의지와 체험을 통해 얻을 수 있는 느낌과 깨달음의 공유는 단순히 시간을 보내는 것이 아니라 서로를 더욱 파악하고 이해하는 귀중한 시간을 갖도록 도와줄 것이다.

난관 극복하기

Chapter 11

1. 위기관리
2. 갈등관리
3. 낙관주의

학습 목표

1. 난관을 극복하기 위한 위기관리를 이해할 수 있다.
2. 난관을 극복하기 위한 갈등관리를 이해할 수 있다.
3. 난관을 극복하는 데 유용한 낙관주의를 학습하여 일상생활에 적용할 수 있다.

주요 내용

1. 효율적인 위기관리를 위한 조건의 이해
2. 갈등에 대처하고 이를 관리하는 방법의 이해
3. 난관을 극복할 수 있는 낙관주의 적용 방법의 이해

인성과 리더십

4차 산업혁명시대 스워라밸

study-work & life balance leadership

11 난관 극복하기

1 위기관리

'위기(crisis)'는 조직의 목표 달성 또는 이미지에 심각한 문제를 초래하거나 그 이상으로 조직의 존립 여부까지 위협할 수 있는 중요한 사건이나 일련의 사건을 의미한다. 때때로 위기는 작게 시작하나 엄청난 사건으로 연결되기도 하는 다차원적 성격을 가지기도 한다. 이와 같은 위기 상황에서 진정한 리더가 등장한다.

진정한 리더는 위기가 발생했을 때 그것을 극복함으로써 위기를 기회로 삼을 수 있는 진가를 발휘하게 된다. 역사상 수많은 위기상황을 맞닥뜨려야 했던 우리 '대한민국' 역시 '위기'에서 오늘을 이루었다. 유난히 외세 침입이 잦고, 내부 갈등이 많았으나 위기를 관리해 왔다.

IMF 구제금융 요청이 왔을 때, 국가적인 경제위기 속에서도 국민들은 자발적으로 자신의 자산인 '금'을 나라에 기부한 금모으기 운동을 하였다. 그 결과 외환 부채 304억 달러 상환을 위해 모아진 힘은 전국 누계 350만여 명이 참여하여 227톤의 금이 수집되었다.

이순신 장군의 위기관리 또한 좋은 귀감이 된다. 임진왜란 7년 전쟁 동안, 23전 23승을 거두었는데 그중 우리가 잘 알고 있는 '명량해전(대첩)'의 경우 13척의 배로 133척의 적선을 격파한 것은 이제 너무나 유명한 일화가 되었다. 1597년(선조 30) 9월 정유재란 때 조선 수군이 명량에서 일본 수군을 부순 이 싸움으로 인해 조선 수군은 다시 전열을 가

다듬을 수 있었다. 이런 통계학적인 것보다 이순신 장군의 위기관리가 빛을 발하는 것은 바로 지략과 위기관리가 뛰어나 승리할 시기와 장소를 주도적으로 선택했다는 것이다. 이순신 장군은 적과 대치할 때, 철저한 분석과 정보를 근거로 적군의 동향, 그리고 지형 및 바닷물의 흐름까지 면밀히 분석한 후 전쟁에 임한 것으로 알려져 있다. 또한 승리로 이끌 수 있는 이순신의 위기관리 리더십은 장군의 청렴성과 엄격한 공사 구분을 원칙으로 하여 부하장수와 백성들에게 보여준 신뢰일 것이다. 그리고 어떠한 상황에 처한다 할지라도 좌절하거나 두려워하지 않는 모습은 진정한 리더의 모습이자 위기관리의 표본이 된다.

위기관리는 위기가 발생한 후 대응하는 것과 같은 의미가 될 수 있다. 하지만 단순하게 그렇게만 여긴다면 그것은 낮은 수준의 관리 행위밖에 되지 못한다. 진정한 위기관리 리더십은 중대한 위기가 발생되기 전, 위기관리를 체계적으로 다룰 수 있는 프로그램과 메커니즘을 적재적소에 배치할 수 있는 능력이다. 임박해진 위기를 해결할 조기경보의 신호를 파악하고 위기 발생을 야기시키는 원인을 파악하며 재발 방지 프로그램 등을 구축하는 것이 진정한 위기관리인 것이다.

Ernest Hery Shackleton(1874~1922)은 '신' 다음으로 위대한 지도자로 불리는 인물이다. 위대한 탐험가인 Shackleton은 두 번째 남극탐험에서, Scott보다 580km 더 남쪽으로 진입하고, 전 대원을 무사 귀환시켜 "경"의 칭호를 받았다. 세 번째 남극 탐험 시, 비록 탐험에는 실패했으나 마찬가지로 전 대원을 무사 귀환시켰다. 1914년 8월 3번째 남극원정 출발이 갖는 의미는 크다. 남극횡단 탐험 중 1915년 1월 빙하에 갇혔고 생환을 위해 노력한 결과 634일 만에 모두 귀환시켰기 때문이다. Shackleton의 생환을 위한 위기관리는 어떤 것이 있었을까? 우선 생존을 위한 적응이 필요했다. 대원들과 함께 고래 기름으로 스튜를 만들고, 바다 표범과 펭귄을 식량으로 사용하였다. 그리고 중요한 생환방법을 모색해야 했다. 구조 요청을 위해 5명의 대원과 함께, 고래잡이 배를 타고 남극해를 건너 사우스 조지아 섬에 도착한 후 다시 3명의 대원이 2박 3일을 달려, 1916년 5월 21일 포경기지 스트롬니스만에 도착하는 여정을 선택했다. 남아 있는 대원 역시 Shackleton을 향한 멋진 팔로워십을 보여줬다. 바로 '신뢰'를 기반으로 '인내'한 것이다. 반드시 대장이 구조대를 대동하고 돌아올 것이라는 신뢰와 4개월이라는 인내의 시간을 거쳐 구조대를 만나 전원이 무사히 구조되어 귀환한 것이다.

Shackleton의 위기극복 리더십의 원천은 "희망과 팀워크"였다. 극한 상황에 부딪친 조직에 가장 필요한 것이 자신에 대한 믿음이며 타인에 대한 신뢰인 것이다. 실제로 난파된 배에서 책을 읽고, 웃는 모습으로 지내며, 선상파티를 열 정도로 낙천적인 태도를 보였다고 전해진다. 어떤 상황에서도 리더인 '자신이 동요하지 않으면 대원들도 낙담하지 않으리라'는 것을 알고 있었던 것이다. 어떤 극한 상황에서도 "희망"을 버리지 않는 낙천주의와 강력한 카리스마, 그리고 지지 않는 불굴의 의지와 도전정신은 Shackleton의 대원을 한 명의 낙오자 없이 모두 귀환시킬 수 있는 원동력이 되었다.

조직 내에 구성원으로서 우리는 의도하지 않은 결과에 대해서도 무한 책임을 져야 할 때가 있다. 조직이 사회적으로 책임 있는 행동을 위해 가장 먼저 선행되어야 할 일은 "파장을 최소화하고, 선한 일을 행한다"는 미명으로 어리석은 일을 하지 않는 것이다.

경영사상가 Peter Drucker는 리더란 '창 밖까지 바라봄'으로써 자신들이 선택한 행동으로 인해 장차 벌어질 일들을 주의 깊게 관찰하고, 의도한 결과 및 의도하지 않았던 결과까지 모두 주의를 기울여야 한다고 말했다.

1) 위기관리의 일반적 원칙

Richardson(1988)은 위기관리에 다음과 같은 일반적인 원칙이 정립되어 있다고 설명하였다.

첫째, 다양한 의견 수렴이다. 타인의 다양한 의견과 견해를 경청한 후 위기대응전략을 수립하면 위험을 더욱 줄일 수 있다고 설명하고 있다.

둘째, 철저한 통제력 발휘이다. 결정된 정책을 집행할 때 문제가 발생되지 않도록 철저하게 통제해야 한다. 강력한 통제력은 단합된 힘을 과시하는 데 효과적이다.

셋째, 분명한 목표를 제시하는 것이다. 리더는 분명한 목표를 제시해야만 양보 또는 타협을 할 수 있는 명분을 갖게 된다. 이를 기반으로 최적의 선택을 할 수 있다.

넷째, 유연하고 점진적인 선택을 해야 한다. 실제로 협상에서 강압적인 태도는 오히려 그 기회를 놓쳐 최적의 대안마저 선택하지 못할 수 있다.

다섯째, 여유 있는 응급 대응이다. 주어진 시간을 최대한 활용하여 여유롭게 위기에 대응한다면 조급함으로 인해 일어나는 실수를 최소화시킬 수 있다.

여섯째, 상대의 의도와 입장을 고려하는 것이다. 상대방이 무엇을 원하는지 파악하여야만 양보할 수 있는 수준을 파악할 수 있고, 결과적으로 타협을 쉽게 이끌어 낼 수 있기 때문에 반드시 필요하다.

일곱째, 오해 없는 정확한 의사소통이다. 타협의 전반적인 과정에서 가장 중요한 요소다. 이를 통해 보다 정확한 타협 사항을 제시할 수 있기 때문이다.

2) 위기관리 과정에서 발생되는 일반적 오류

모든 조직은 수많은 위기를 경험하며 그 과정에서 다양한 도전과 오류에 직면하게 된다. Deloitte(2015)는 'Enterprise Risk Service Governance, Regulatory & Risk(리스크 관리)'에서 위기에서 대응할 때 발생될 수 있는 4가지의 오류 유형을 분류하여 설명하였다.

(1) 위기관리의 전략적 방향성을 제시하지 못하는 유형

이 유형은 직접적으로 발생된 피해 복구에만 과도하게 집중하여 큰 맥락에서 위기관리의 전략적 방향성을 제시하지 못하는 오류 유형이다. 이 유형의 경우 조직의 명성, 조직과 관련된 이해관계자, 신뢰 구축 등 전략적 영역을 구체적으로 정의하고 적절히 다룰 수 있도록 위기를 구조화시키는 것이 중요하다. 이때, 조직 내 개별 팀이나 기능이 아닌 조직을 전체적인 맥락에서 이해하려는 시각이 중요하다.

(2) 결과를 이해하지 못하거나 과소평가하는 유형

발생된 위기의 규모와 영향 범위의 정도, 그리고 파급 속도 등과 같은 결과를 명확히 이해하지 못하여 과소평가하는 오류 유형이다. 이러한 유형의 경우 리더가 위기의 충격을 극복하고 벌어진 상황에 대한 심각성을 받아들이는 것이 중요하다. 또한 위기로 인해 조직의 존립 여부에 영향을 미칠 수 있음을 제대로 인지하고 이를 고려하여 구성원 개개인에게 대응할 수 있는 적절한 책임을 부여하는 것이 중요하다.

(3) 리더의 잘못된 의사결정으로 인한 피해 확대 유형

리더의 잘못된 의사결정으로 인해 결과적으로 피해가 확대된 오류 유형이다. 해결방안으로는 조직의 보호와 정직하고 투명한 커뮤니케이션을 통해 소통하며 균형을 유지하는 방법을 채택할 수 있다. 창조적인 틀을 넘어서는 "위기관리사고"를 견지해야 하며 주어진 객관적인 정보만으로 조직의 가치와 리더의 직관에 기초하여 의사결정을 해야 한다.

(4) 정보 대응에 의한 혼선 초래의 유형

정보에 일일이 대응함으로써 발생될 수 있는 혼선이 초래되는 오류 유형이다. 이러한 오류의 경우, 정보 수집에서 정보 분석에 이르기까지 조직 내 · 외부 이해관계자와의 소통 등의 역할을 명확하게 구분하여 대응 조직을 구성하는 것이 좋다. 나아가 담당자를 지정하여 의사결정 과정에 있어 시간 순으로 문서화시킨다면, 관련 자료와 정보를 지속적으로 식별, 수집, 그리고 유지하는 절차가 보다 명료하고 수월할 것이다.

3) 위기관리 성공의 원리

위기관리를 성공적으로 수행하기 위한 원리로 다음 4가지를 들 수 있다(이동훈, 1999).

첫째, 협상전략을 간파하는 혜안이 있어야 한다.

전략에는 전략의 변화를 시도하기 위한 '공식적 목표 추구 전략'이 있고 현상을 유지하기 위한 '방어적 전략' 두 가지가 있다. 공식적 목표 추구 전략에는 기정사실화나 협박과 같은 전략이 있으며, 방어적 전략으로는 시간을 벌거나 상대방을 시험하는 등의 전략이 있다.

둘째, 정보를 정확하게 분석해야 한다.

위기가 발생되었을 때, 너무 많은 양의 정보는 오히려 독이 될 수 있다. 따라서 핵심적인 그리고 유용한 정보만을 정확하게 파악하고 분석할 수 있어야 한다.

셋째, 이미지와 신념을 파악해야 한다.

위기를 극복하기 위해 상대방이 가지고 있는 이미지 또는 신념을 파악해야 한다. 정보를 분석하고 결정할 때 자신의 주관에 따라 결정하는 오류가 범해지지 않도록 하기 위함이다. 이를 통해 그릇된 결과를 초래하게 될 수 있기 때문이다.

넷째, 스트레스와 피로를 통제할 수 있어야 한다.

유용한 스트레스의 경우, 적당한 긴장감을 통해 일에 대한 집중도를 높여 주지만 그 수준을 넘겼을 때 집중력 및 분석력을 저하시키고 마음을 조급하게 만들기 때문이다. 그 결과 소극적인 태도로 큰 그림을 보지 못하고 빠르게 결정할 수 있는 사항에 초점을 맞추게 되는 과오를 저지를 수 있다.

다음은 미국 합동참모본부가 1976년에 고안한 단계별 위기관리 절차를 도식화한 것이다. 6단계로 진행되며 단계는 다음과 같다. 1단계는 상황 전개로 현재 발생한 문제가 무엇인지 파악하는 단계이다. 2단계는 위기평가의 단계로 문제가 가진 의미를 분석하는 것이다. 이를 위해 지속적으로 정보를 수집하는 것이 중요하다. 3단계는 방책 개발로 정보를 통해 분석한 문제와 상황별 평가를 이용해 가능한 대안을 모두 도출하는 것이다. 4단계는 방책 선정으로 방책의 실행 가능성을 모두 평가한 후 최적의 대안을 선정하는 것이다. 5단계는 실행계획 수립의 단계로 선정된 대안을 실행하기 위한 세부적인 계획을 설계하는 단계이다. 마지막으로 실행단계에서는 실행 명령을 공포하고 대안을 실행하는 단계이다. 이때 지속적으로 관리 감독을 실시하며 통제와 보고가 이루어진다.

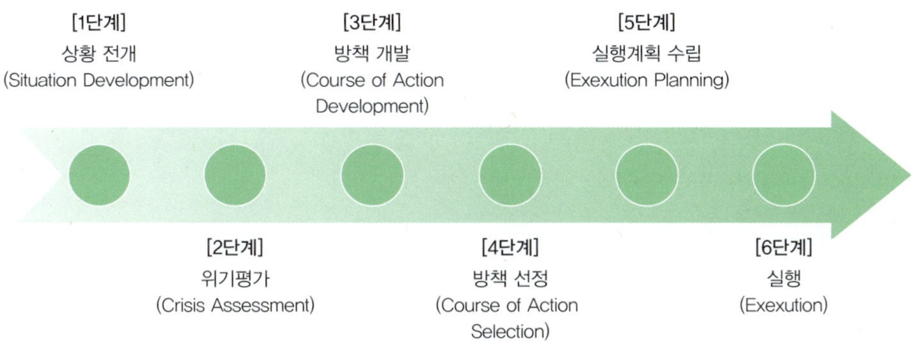

그림 11-1 단계별 위기관리 절차

자료 : 육군대학(1993). 재구성.

2 갈등관리

갈등은 개인의 가치관에 따라 스스로가 정한 우선순위가 달라져 발생될 수 있다. 갈등의 사전적 단어를 살펴보면 두 가지 이상의 목표 또는 동기가 충돌했을 때 발생될 수 있는 현상으로 개인 내에서 발생될 수도 있고 집단의 내부 또는 외부에서도 발생할 수 있다(김남희, 2014).

기본적으로 개인은 자신의 욕구나 목표에 접근하고자 하는 경향과 회피하려는 경향이 존재하며, 두 경향의 충돌에 의해 갈등이 발생된다. 또한 집단의 내부와 외부, 집단과 집단 간에도 발생할 수 있다. 일반적으로 갈등은 양립될 수 없는 두 개의 욕구, 기회, 또는 목표 등을 마주했을 때 발생되는 것으로 사회적 대상의 내 · 외부에서 일어나는 부조화 상태라고 할 수 있다(Rakhim, 2010).

인지 부조화(cognitive dissonance)가 발생되면 사람은 심리적으로 불편한 감정을 느끼게 된다. 이후 이를 해소하기 위해 바꾸기 쉬운 신념으로 바꾸려는 시도를 한다. 예를 들면, 다이어트를 하고 있는 상태에서 무의식적으로 연 냉장고 안에서 아이스크림을 발견했다. 이내 내적 갈등을 겪을 것이고 '아이스크림은 다이어트에 나쁜 영향을 미친다'라는 신념과 '달콤한 아이스크림을 먹고 싶다'라는 정 반대의 욕구가 충돌하는 것이다. 이때 발생되는 것이 인지 부조화이며 '오늘은 조금 먹었으니, 하루쯤 아이스크림을 먹는 건 상관없어'라고 쉬운 신념으로 바꾸는 시도를 하는 것이다. 이를 통해 심리적 부조화 및 불편한 심리에서 조금은 벗어나는 것이다.

경쟁이 심화된 현대사회에서 집단 간 갈등은 피할 수 없는 문제일 것이다. Brewer (1979)는 이러한 사회적 갈등을 설명하기 위해 크게 두 가지 이론을 들어 설명하였다. 하나는 '현실적 갈등 이론(realistic conflict theory)'이다. 이는 제한된 자원을 더 많이 획득하고자 하는 시도로 야기되는 갈등이다. 제한된 자원을 먼저 소유하고자 하는 경쟁이 갈등을 야기하며 그 예시로 돈, 명예, 사회적 지위와 같은 것을 들 수 있다. 다른 하나는 '상대적 박탈 이론(relative deprivation theory)'으로 이미 소유하고 있는 것을 타인과 비교하며 그 크기에 대해 만족 또는 불만족을 느끼게 되고 마땅히 자신이 성취했어야 한다고 생각하는 정도와 실제 가진 것 사이의 괴리로 집단과 집단 사이의 갈등이 유발된다고 주장한다.

따라서 갈등을 이해하기 위해 개인 내부에서 일어나는 갈등과 내가 속한 집단의 내 · 외부에서 일어나는 갈등을 구분하여 살펴볼 필요가 있다.

1) 갈등의 유형

개인의 내부에서 발생할 수 있는 내적 갈등은 결과적으로 개인의 목표 달성에 방해 요소로 작용될 수 있다. 갈등을 극복하지 못하면 좌절이라는 감정을 경험하게 되는데 이후 이 감정은 스트레스를 유발한다. 따라서 갈등을 극복하는 것은 중요한 과제가 된다.

정신분석의 창시자이자 신경학자인 Freud는 인간의 마음을 원초아(id), 자아(ego), 초자아(super-ego)로 나누어 설명하였다.

'원초아'는 생물학적 구성요소로 쾌락의 원칙에 따라 일차 과정적 사고를 한다. 따라서 즉각적인 보상과 만족에 의해 무의적이고 충동적으로 작동되는 부분이다. '자아'는 심리적 구성요소로 현실의 원칙에 따라 이차 과정적 사고를 할 수 있다. 사회적으로 수용 가능한 결정이나 행동을 한다. '초자아'는 사회적 구성요소로 도덕적 규범을 따르는 이상적인 정신이다. 원초아와 반대로 주어진 상황 내에서 올바른 선택을 할 수 있도록 내재적인 통제를 한다. 이에 '자아'는 무의적인 즉각 반응을 보이는 원초아와 엄격한 도덕적 원칙을 내세우는 초자아 사이의 균형을 유지하므로 매우 중요한 역할을 하고 있다고 설명하고 있다. 만약 자아가 충분한 중재 역할을 수행하지 못하면 원초아와 초자아 간의 갈등이 지속되어 고통스러운 심리적 상태가 발생할 수 있다고 주장했다.

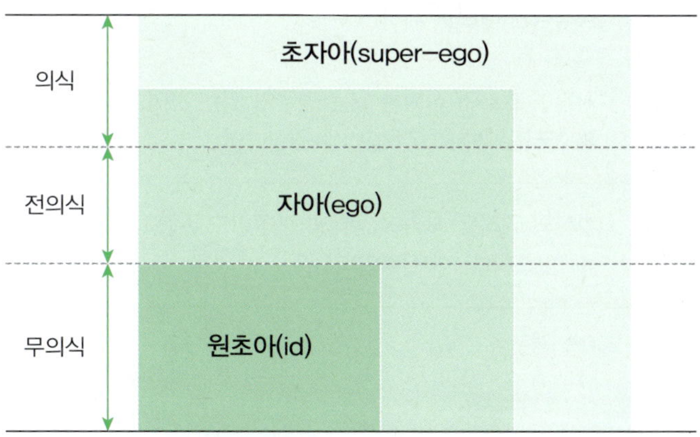

그림 11-2 Freud의 자각 수준

우리의 '자아'는 이런 갈등의 상황에 대처하기 위해 충동적인 행동을 유발하거나 불안한 생각을 유발하는 의식으로 외부로 밀어내거나, 거부하며, 때로는 자신의 생각을 정당화하는 등의 전략을 사용하여 갈등을 조절하고 자신을 보호한다.

갈등은 유형은 크게 '공격적 행동', '비주장적 행동', '수동-공격적 행동', '주장적 행동'과 같이 4가지 행동 양식으로 나뉠 수 있다. 그 내용은 다음 〈표 11-1〉과 같다.

표 11-1 갈등 유형

갈등 유형	내 용
공격적 행동	• 자신의 권리를 지키기 위해 타인의 권리에 도전하는 유형
	• 도전적인 말을 하는 것이 특징 ㉠ "경고하는데..", "당신은 반드시 ~를 이루어야 한다." 등
비주장적 행동	• 갈등 자체를 선호하지 않으며 갈등을 마무리하고자 하는 유형
	• 시간이 지나 쌓았던 불만을 터뜨리는 경우가 있는 것이 특징 ㉠ "아마..해야 할 거예요.", "난 절대 할 수 없어요."
수동-공격적 행동	• 공격적인 주장을 하지 않거나 갈등을 회피하다 지속적으로 상태가 유지되면 공격적인 태도를 취하는 유형
	• 시간이 흐르면 신뢰를 잃는 경우가 있는 것이 특징 ㉠ "글세.. 네가 그런 방법을 원한다면.."
주장적 행동	• 자신의 권리를 지키며 상대방의 권리도 존중하려는 유형 ㉠ "맞습니다. 제 실수입니다."

자료 : Bill Withers(조진경 역, 2008). 재구성.

2) 갈등관리의 유형

앞서 살펴본 이유로 갈등에는 반드시 관리가 필요하다. 한국갈등관리 · 조정연구소에서는 갈등을 원천적으로 막는 것은 불가능하므로 효과적인 대처와 지속적인 관리가 중요하다고 강조하였다. 또한 갈등관리를 다섯 가지 역량으로 나누어 조직 여건에 맞는 적정 수준의 갈등을 유지하는 것이 보다 현실적이라고 조언하였다.

표 11-2 갈등관리의 5가지 역량

갈등관리 역량	내 용
갈등 인식	갈등 증상, 갈등 유형, 갈등 결과의 파악
갈등 진단	구성원 특성, 인간관계 맥락, 조직 구조, 내 · 외부 환경 분석
갈등 역동	갈등 발생 과정, 갈등 고조 분석
갈등 대처	행동 패턴 파악 및 해결 전략 분석
갈등 예방	갈등의 잠재적 요소 파악, 갈등 고조 저지, 갈등 처리, 만성적 갈등 예방

자료 : 한국갈등관리 · 조정연구소. http://conflict.kr/manage/ 재구성.

지속적으로 발전하고 있는 현대사회에서 비일비재하게 일어나는 갈등이 개인의 성장뿐만 아니라 조직 발전의 장애요소로 작용하고 있다. 갈등관리는 일상생활에서도 조직 생활에서도 필수적인 요소인 원활한 대인관계 형성에서도 중요한 요인이 된다. 다양한 관계 속에서 나타날 수 있는 갈등을 해결하기 위한 갈등관리 유형은 [그림 11-3]과 같다.

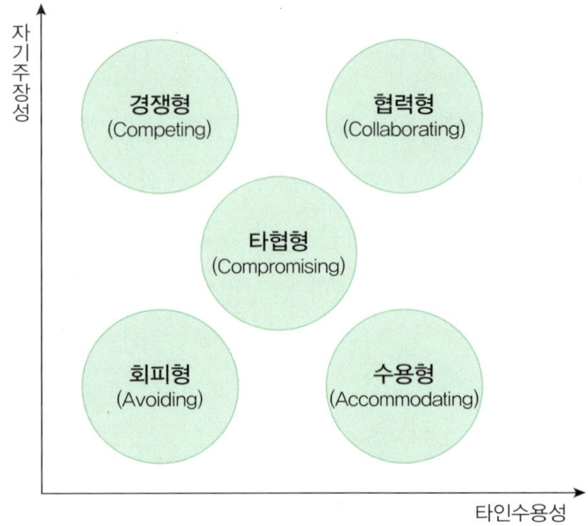

그림 11-3 갈등관리의 유형

자료 : 박원우(1997). 재구성.

갈등관리 과정은 갈등 상황에서 보여질 수 있는 개인의 행동을 '자기 주장성' 측면과 '타인 수용성'의 측면에서 설명하는 것이다. 자기 주장성은 자신의 관심을 만족시키기 위해 노력하는 정도로 설명할 수 있으며, 타인 수용성은 타인의 관심을 만족시키기 위해 노력하는 정도로 설명할 수 있다. 두 가지 측면을 기준으로 분류한 다섯 가지 갈등관리 유형은 다음과 같다.

첫째, 경쟁형(Competing)이다. 자기 주장성이 높고 타인 수용성이 낮은 형태로 자신의 방식을 고수하는 것을 주된 목적으로 한다. 비상시와 같은 상황에서 신속하고 결단력이 요구되는 경우, 또는 규범 · 규칙 준수나 비용 절감과 같은 조치의 시행이 필요한 경우, 조직 전체 생존을 위해 필요한 경우 적합한 형태이다.

둘째, 협력형(Compromising)이다. 자기 주장성도 높고 타인 수용성도 높은 형태로 이 방식은 문제를 함께 해결하려는 노력을 하므로 자신과 상대방 모두 공정하게 취급하려고 하는 경향이 있다. 쌍방향의 관심사를 모두 중요하게 여기기 때문에 타협을 보기 어려운 상황에서 의견을 통합해야 할 경우, 갈등해결의 목적이 상대방의 입장을 배우려고 하는 경우, 관계형성에 방해 요인이 될 수 있는 감정상의 문제를 극복하고자 하는 경우 적합하다.

셋째, 타협형(Compromising)이다. 자기 주장성과 타인 수용성이 적당히 조화를 이룬 형태이다. 이 방식은 합의를 신속하게 하려고 하는 데 중점을 두기 때문에 조건 형성에 매우 탁월하다. 따라서 괴로움을 느끼게 하는 갈등을 싫어한다. 복잡한 문제에 대한 잠정적 해결책을 얻으려는 경우, 강압적인 방법을 사용하여 목표달성을 시도하여 나타난 부정적 효과가 너무 큰 경우, 임기응변적 해결안이 필요한 경우 등에 적합하다.

넷째, 회피형(Avoiding)이다. 자기 주장성도 낮고 타인 수용성도 낮다. 이 유형은 갈등 자체를 회피하려 하는 경향이 있다. 따라서 문제 자체가 해결되지 않아 다각적인 면에서 괴로움을 느끼게 될 수 있다. 나의 관심사를 만족시킬 수 있는 방향성이 보이지 않을 경우, 즉각적인 결정을 내리기보다 정보 수집이 우선일 경우, 제3자가 갈등을 더욱 효과적으로 해결할 수 있는 상황에 유용한 유형이다.

다섯째, 수용형(Accommodating)이다. 자기 주장성이 낮고 타인 수용성이 높은 유형이다. 이 경우 타인을 화나지 않게 노력하므로 문제 해결에 대한 의견을 쉽게 내놓지 않는다. 때문에 타인에 의해 이용당할 여지가 다분하다. 논제의 중요성이 타인에게 보다 큰 경우나 타인과의 조화가 유독 필요한 경우 등에 적합한 유형이다.

갈등관리 기법이 모든 개인이나 조직에게 맞는 것은 아니다. 오히려 비능률을 초래할 수 있으므로 정확한 상태를 파악하는 것이 선행되어야 한다. 분석을 통한 갈등관리 기법의 적용은 갈등 상황에서 자신이 주로 어떻게 대처하는 유형인지 알 수 있으며, 이를 통해 갈등 상황을 효과적으로 해결할 수 있고 나아가 그 상황을 예방할 수 있다.

3) 조직 내 갈등관리

조직은 구성원들의 공통된 목표를 달성하기 위해 유 · 무형의 자원을 투입하고 전환시켜 산출하는 과정을 거쳐 이루는 하나의 체제이다. 앞서 다룬 바와 같이 조직 역시 조직의 내 · 외부적으로 갈등을 겪는다. 조직 구성원들의 공식적 직무수행 및 비공식적 인간관계 등에서 흔히 갈등을 경험한다. 하지만 적당한 갈등이 있어야 조직은 보다 올바른 방향으로 발전된다는 시각 역시 간과해서는 안 된다. 건강한 갈등은 서로 연관된 일련의 사건을 거쳐 단계를 밟는데 다음과 같다.

표 11-3 갈등과정 진행 단계

- 1단계 : 갈등상황에 놓여 갈등이 야기될 수 있는 잠재적 조건이 형성됨
- 2단계 : 구성원들이 갈등상황을 지각하며 갈등의 의미를 확인함
- 3단계 : 구성원들이 갈등상황의 지각에 따라 감정(긴장, 적개심, 불만 등)을 갖고 갈등 의도를 형성
- 4단계 : 갈등에 대한 행동(대립적, 적대적 등)을 표면화
- 5단계 : 갈등이 해소되거나 억압되는 등의 결과가 드러남
- 6단계 : 갈등의 영향이 잔류되는 단계

자료 : 김영훈(2006); 이경우(2007); 정다운(2009); 정일환 외(2013); 김은영 외(2016). 재구성.

언제나 이 단계가 순차적으로 끝까지 진행되는 것은 아니다. 갈등상황이 조성된 후 시간이 흘러 조직 내 부서에서 또 다른 부서로 옮겨져 사라졌던 갈등이 다시 부각될 수 있다. 다시 말해, 여러 가지 이유로 갈등은 사라지지 않는다고 할 수 있다.

(1) 조직 내 갈등관리 전략

갈등을 관리하는 것은 매우 복잡한 일이다. 특히 조직과 같이 유기적인 관계로 얽혀 있는 경우, 더더욱 복잡하다. 부정적인 면과 긍정적인 면을 동시에 활용해야 하는 어려움이 있기 때문이다. 이에 갈등관리의 기본적 전략은 다음과 같다.

표 11-4 갈등관리의 기본적 전략

① 갈등상황을 야기한 원인을 근본적으로 변화시키지 않는다.
: 구성원이 직접 갈등을 야기한 상황과 원인에 대응하도록 만든다.

② 조직 내 계층적 구조를 적극적으로 변화시킨다.
: 갈등상황을 제거한다.

③ 조직을 위해 긍정적 갈등을 조성한다.
: 긍정적이라고 판단되는 갈등을 조성하여 발전을 도모한다.

자료 : 정일환 외(2013). 재구성.

(2) 조직 내 갈등관리 방법

갈등의 모습은 매우 다양한 형태로 공식적 · 비공식적으로 다가오기 때문에 갈등관리 전략을 실행하는 방법 또한 매우 다양하다. 이에 갈등을 해소하기 위해 처해 있는 상황 및 원인에 따라 적합한 방법을 선택하는 것이 중요하다. 이에 몇 가지 전략적 방법으로는 다음과 같다.

표 11-5 갈등관리 실행의 전략적 방법

① 직접적인 문제해결 방법
: 갈등을 일으키는 당사자와 직접 접촉하여 갈등 문제를 해결함

② 상위 목표 제시의 방법
: 공동으로 추구해야 할 상위 목표 제시로 갈등을 완화시킴

③ 공공의 적을 제시하는 방법
: 공공의 적을 확인해 주어 잠정적 갈등을 해소하거나 그 문제를 잠복시킴

④ 자원 증대의 방법
: 한정적인 자원 획득을 위한 경쟁으로 인해 초래되는 갈등을 해소함

⑤ 회피하는 방법
: 단기적 측면으로 갈등을 완화하는 방법으로 근본적 갈등해결의 방법은 아님

⑥ 타협 및 협상의 방법
: 대립되는 주장 또는 다른 선호를 가지고 있을 때 공동의 결정에 도달하도록 함

⑦ 억압하는 방법
: 공식적 권한에 의거하여 명령에 의해 강제적으로 해소시킴

⑧ 예방하는 방법
: 갈등을 야기하거나 잠재적 가능성이 있는 구성원의 태도를 변화시킴

⑨ 구조적 요인을 변화시키는 방법
: 갈등을 근본적으로 해결할 수 있음

자료 : 정일환 외(2013). 재구성.

최근 자신이 겪었던 대인관계 갈등의 경험을 기록하고 앞서 제시된 다양한 갈등 관리 방법을 확인하여, 자신이 효과적으로 대처한 것과 아닌 것을 적어보자.

표 11-6 갈등관리 경험과 대처 실습

대인관계 갈등 경험	
자신이 가장 원하는 것	
현재 상황에서 처리해야 할 것 중 가장 급한 사항	
효과적으로 대처한 것	**비효과적으로 대처한 것**

자료 : 정명복, 유흥위(2013). 재구성.

3 낙관주의

1) 낙관주의와 Martin's의 행복 공식

Martin Seligman은 학습된 낙관주의는 실패와 좌절에 대처하는 인식의 기술이라고 설명하였다. 그는 『학습된 낙관주의』라는 그의 저서에 다음과 같이 말한 바 있다.

> "우울증에 대한 전통적 시각과 마찬가지로 성취에 대한 시각 또한 검증해야 할 필요성이 있다. 오늘날 학교나 직장은 구성원들의 재능과 열정의 결합만이 성공을 이끈다는 고정관념에 사로잡혀 있다. 그리고 실패할 경우, 이를 재능이나 열정 부족으로 돌린다. 하지만 재능과 열정이 충분하더라도 긍정적인 면이 부족하면 실패할 수 있다는 것을 알아야 한다."

비관적인 사람들은 실패를 경험하거나 불행하다는 감정을 느낄 때 모두 자신의 잘못으로 여기는 경향이 있다. 자신의 머리가 좋지 못하다는 생각을 하거나, 재능이 부족한 것 같거나, 못생겼다고 생각하는 것 모두 불행의 원인은 자신에게 있으며 바꾸려 노력할 필요가 없다고 믿는다. 물론, 무조건적으로 비관적인 사람은 드물다. 하지만 우리 대부분은 특정 사건에 대해 긍정적인 시선보다 비관적인 반응을 먼저 보이는 경우가 많다. 심리학에서는 이런 반응은 '정상적'이라고 설명하고 있다.

하지만 Seligman은 자기 자신에 대한 다른 해석양식을 통해 '위기'가 '우울'로 이어지는 것을 방지할 수 있다고 설명한다. 실제로 그는 수년간 계속되는 실패로 인한 무기력감이 이후 '우울증'으로 이어질 수 있는 '학습된 무기력(learned helplessness)'을 임상실험하였다. 그 결과 약한 전기적 충격을 계속 받은 개들은 그들이 어떻게 해도 전기충격이 끊어지지 않는다는 걸 깨닫는 순간 탈출을 포기한다는 결과를 도출했다. 이제 탈출할 수 있는 여건이 생겼음에도 불구하고 말이다.

또한 성공한 사람이 낙관적이라는 일반적인 통념과 달리, 그 반대로 낙관적인 사람이 성공한다는 견해를 보였다. 습관적이고 근본적인 낙관주의가 성공을 이끌 수 있다는 것이다. 실제로 비관론자라면 포기했을 것 같은 순간에도 낙관주의자들은 스스로를 긍정적 마음 안에서 보호하고 극복해 나가는 경향을 보인다. 이후 '학습된 무기력' 분야의 최고 권위자였던 Seligman은 30년간 우울증에 빠진 사람의 습관을 긍정적으로 변화시켜 누구나 낙관적인 사람이 될 수 있다는 '낙관성 치료법'을 개발하였다. 주어진 행복과 변화의 기회를 행여나 알아채지 못하는 것은 아닌지, 일반 사람들도 '무기력의 심리학'에서 벗어나는 훈련의 필요성이 있다고 강조하였다.

학습된 낙관주의에 의하면 낙관적인 마음을 갖게 되면 건강과 부, 그리고 행복을 위한 기회가 확실히 늘어난다. 이를 입증하기 위해 Seligman은 행복이라는 감정을 입증이 가능한 과학의 단계로 끌어올리기 위해 삶의 어떤 요인이 우리의 행복을 좌우하며 어떻게 하면 주어진 잠재적인 상황에서 최고 수준의 행복에 도달할 수 있는지 공식으로 제시하였다.

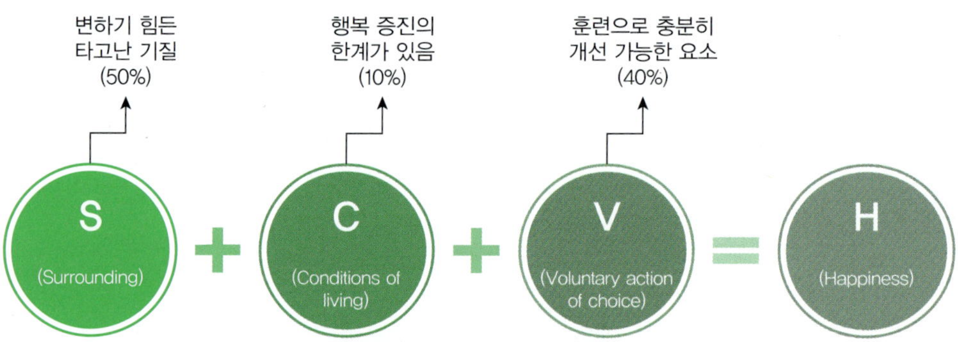

그림 11-4 Martin's 행복 공식

Seligman의 행복 공식에 따르면 행복의 수준은 유전적인 부분으로 우리의 통제 밖에 있는 요소(Surrounding-50%), 삶의 외적 환경(Condition of living-10%), 그리고 자발적으로 통제 가능한 내적 환경(Voluntary action of choice-40%)의 합으로 이루어진다. 그 내용은 다음과 같다.

통제 밖에 있는 요소(Surrounding)는 이미 설정된 행복의 범위로서 유전적인 특성이나 쾌락의 늪이 이에 해당된다. 삶의 외적 환경(Condition of living)은 돈, 결혼, 원만한 사회생활, 나이, 건강, 교육 수준, 날씨, 인종, 성별, 종료, 부정적 정서가 이에 해당된다. 자발적으로 통제 가능한 내적 환경(Voluntary action of choice)은 미래에 대한 낙관주의이자 현재의 행복한 감정을 찾고자 하는 열망, 지나간 과거에 대한 만족도 및 감사와 같은 항목이 해당된다.

'Martin's의 행복 공식'에는 몇 가지 생각해 봐야 할 시사점이 있다. 우선 우리가 느끼는 행복감의 50%는 유전적인 기질에 좌우된다는 것이다. 따라서 태어나기를 낙천적 기질과 긍정적인 정서를 가진 사람이 행복할 확률이 더 높다. 이 영역은 유전적인 것과 같이 타고난 것으로 우리의 통제 범위를 넘어서는 부분이다.

또 다른 부분은 사람들 대부분이 현재 행복해지기 위해서 많은 시간과 에너지를 쏟으며 연연하는 영역이다. 바로 '외부 환경', 하지만 공식에서 보다시피 행복 수준에 미치는 영향은 생각보다 미미하다. 그 이유가 무엇일까? 예를 들어, 사람들은 보통 돈을 많이 벌면 평생 행복해질 것이라는 생각을 한다. 하지만 일정 수준 이상의 부를 얻고 나면 액수가 자체가 자신의 행복에 미치는 영향은 아주 미약해진다. 건강 또한 마찬가지다. 일반적으로 건강을 잃으면 불행해하지만, 현재 건강한 것에 대해 평상시에 행복하다고 생각되어지는 것은 아니다.

'Martin's의 행복 공식'이 진짜 전하고 싶은 말은 바로 이 부분이다. 우리가 진짜 행복해지기 위해서 신경써야 할 부분. 바로 자발적으로 통제 가능한 내적 환경(Voluntary action of choice) 영역이다. 이 부분은 우리의 능력으로 통제가 가능한 개인의 영역이며 노력과 마음먹기에 따라 충분히 개선할 수 있기 때문이다. 보다 구체적으로 행복감을 높이는 비결은 과거와 현재, 그리고 미래를 대하는 마음가짐과 태도를 통제하는 것이다. 과거의 사건에 대해 미련을 갖지 않고 그 결과를 수용하며 만족하는 자세를 취하는 것이 바로 방법 중 하나이다. 또한 현재 나의 약점보다 강점에 집중해 내가 삶을 살아가는 이유인 나의 가치에 내 능력을 최대로 활용하는 것이다. 아직 일어나지 않은 일까지 걱정하며 귀한 나의 시간과 감정을 낭비하지 말고 낙관적인 태도를 유지하는 것이다. 우리는 인생의 대부분을 미미한 영향이 미치는 또는 순간적인 영향을 미치는 외적 환경에 치중하며 행복을 바란다. 보다 현명한 행복해지기 위한 방법은 삶을 바라보는 관점과 행복에 대한 시각부터 바꿀 수 있는 스스로의 노력이다.

2) 낙관주의적 사고방식

낙관주의는 앞서 설명된 바와 같이, 학습과 노력에 의해서 훈련될 수 있다. 낙관주의적 사고방식은 실제로 정신적 행복과 나아가 신체적 건강과 같은 삶의 질에 직접적인 영향을 미칠 수 있다. 이러한 낙관주의적 접근 방식은 약간의 인내심과 마음을 다스리는 과정을 통해서 삶의 긍정적 면들을 강조시키는 것만으로도 훈련이 가능하다.[1)]

(1) 감정을 수용하기

낙과주의가 반드시 '행복감'을 느껴야만 하는 것은 아니다. 실제로 정신적으로 충격을 받은 후 억지로 행복감을 느끼려 노력하면 건강에 좋지 않은 영향을 미치기도 한다. 따라서 긍정적 감정과 부정적 감정을 모두 이해하고 다양한 종류의 감정과 조화를 이루도록 노력해야 한다.

(2) 삶 속에서 긍정적인 면을 찾을 것

스스로 삶에서 긍정적인 면들에 초점을 맞추도록 자신을 훈련시킬 필요가 있다. 몸과 마음을 위한 긍정적 생각의 효과는 우울증과 정신적 고통을 감소시키고, 면역력을 향상시키며, 정신과 신체의 행복을 증진시킨다. 또한 스트레스에 노출되더라도 대처하는 능력이 향상된다.

1) https://ko.wikihow.com/낙관적으로 되는 방법 2단계/감정을 수용하는 법

(3) 진정한 낙관주의는 맹목적인 것과 다르다는 걸 인지할 것

진정한 낙관주의는 어려움과 같은 부정적 감정과 경험의 필요성을 인지하고 있다. 맹목적인 낙관주의의 경우, 나쁜 일이 전혀 일어나지 않을 것을 믿는 것이며 이는 실망이나 위험한 상황의 결과를 초래할 수 있다. 하지만 진정한 낙관주의는 부정적인 감정과 경험이 왔을 때, 이를 헤쳐나갈 수 있다고 믿는 것이다.

(4) 매일 긍정적인 격언을 적어볼 것

매일 접하는 긍정적인 격언은 성취하고자 하는 일에 대한 잠재력을 믿게끔 도와준다. 왜냐하면 긍정적 격언을 통해 세상을 바라보는 관점이 변화될 수 있기 때문이다.

(5) 타인과 나를 비교하지 않을 것

항상 나보다 못한 사람이 있음을 기억하며 부정적인 비교를 피하고, 긍정적인 것에 집중해야 한다. 한 연구에 따르면, 문제점에 대해 불평하고 남이 가진 것에만 집중하는 경우, 우울증 및 불안감이라는 부정적 정서를 형성하게 된다고 한다. 따라서 일상의 삶에서 감사하는 연습을 통해 부정적인 비교의 순환 고리를 끊을 수 있도록 노력하는 것도 좋은 방법이다.

(6) 자주 미소를 지을 것

기분 좋은 미소를 지으면 실제로 현재와 미래에 더욱 낙관적이며 행복하다는 생각을 하게 된다고 한다. 긍정적 감정을 반영하기 위해 얼굴 근육을 의식적으로 변화시키면, 이러한 정보가 뇌에 유사하게 전달되어 실제로 기분이 좋아질 수 있기 때문이다. 표정 인식 이론에 따르면, 미소는 행복감과 같은 긍정적인 사고의 흐름을 유지시켜 주는 데 도움이 된다고 한다. 미소는 자연스러운 스트레스 해소법이다.

한편, 낙관적이고 긍정적인 사고방식의 확립을 위해 Beck(1976)은 부정적 사고방식의 오류에 대해 다음과 같이 정리하였다.

표 11-7 부정적인 사고방식의 오류

부정적 사고방식 오류	내 용
이분법적 오류	세상의 이치를 흑백 논리적 두 개의 상방된 가치로 평가하는 인식의 오류
	선과 악, 자신을 좋아하는 것 혹은 싫어하는 것 등
과잉일반화의 오류	몇 번 일어나지 않은 사건을 다른 상황에서도 마찬가지로 발생할 것이라고 섣불리 단정짓는 오류
	한두 번 겪은 일로 "저 사람은 항상..." 하고 단정짓는 것
선택적 추상화의 오류	일부만을 추출하여 전체를 판단하는 인식의 오류
	전체적으로 좋은 내용이었음에도 불구하고 특정 부분이 마음에 들지 않을 경우, 내용이 좋지 않다고 생각하는 것
의미 확대 및 축소의 오류	부정적인 의미를 확대하고 긍정적인 의미를 축소하는 것
	자신에 대한 부정적 평가를 오래 간직하고 긍정적 평가는 불신하거나 과소 평가하는 경우
개인화의 오류	자신과 상관없는 일을 자신과 결부시켜 평가하는 오류
	자신을 미처 보지 못하고 지나가는 동료를 보고 자신을 싫어한다고 판단하는 것
독심술적 오류	충분한 근거를 갖고 있지 않으면서 타인의 마음을 읽을 수 있다고 생각하는 오류
	자신만의 기준으로 타인에 대한 평가를 단정하고 마음의 벽을 쌓는 경우

자료 : 정명복 · 유흥위(2013). 재구성.

제시된 바와 같이, 삶 속에서 발생할 수 있는 다양한 부정적 사고방식의 오류는 수정하고 낙관주의적 사고방식 방법을 습관화한다면 여러 가지 환경 속에서 겪을 수 있는 난관들을 보다 현명하게 극복하고 좋은 결과를 창출할 수 있다. 인간은 본능적으로 삶에서 잘 되는 면보다 잘 안 되는 면에 초점을 맞추는 경향이 있다. 하지만 부정적인 사건을 검토하는 과정 속에서도 밝은 면을 찾아 극복할 수 있는 지혜가 필요하다. 이는 낙관주의의 핵심적 요소이자 스트레스, 우울증, 나아가 대인관계 등에 도움이 된다. 낙관주의는 하나의 순환 고리이다. 스스로 갖고 있는 긍정적 생각과 행동에 집중하면 집중할수록 일상 속에서 더더욱 쉽고 자연스럽게 낙관적인 성향을 유지할 수 있을 것이다. 다음 〈표 11-8〉에 제시되어 있는 예시를 참고하여 적절한 사고방식을 생각하여 적어 보도록 하자.

표 11-8 다양한 사고방식의 예시

침착한 사고
예 화를 내는 것은 결코 도움이 되지 않으니, 침착하게 냉정히 대하자.
▶

문제해결을 위한 사고
예 상대방이 화를 느끼는 것은 당연한 결과야. 하지만 문제를 해결할 노력을 해봐야지.
▶

자신 있는 사고
예 나는 이 상황을 견딜 수 있고 이 감정을 잘 조절할 수 있어.
▶

사고의 전환
예 내가 바보라 항상 무시를 당하는 거야. ⇒ 저 사람이 나를 이해하지 못하는구나.
▶

자료 : 정명복 · 유흥위(2013). 재구성.

리더되기
비전 로드맵

Chapter **12**

1. 자기 이해
2. 셀프 비전 로드맵 구축
3. 셀프 리더십 따라 하기

학습목표

1. 진정한 나를 알고 이해하는 방법을 터득한다.
2. 자신의 비전을 실천하기 위하여 자신을 탐색하여 볼 수 있다.
3. 나의 비전과 인생항로를 계획할 수 있다.

주요내용

1. 자신에 대한 이해
2. 자신에 대한 탐색 실시
3. 꿈을 실천하기 위한 비전과 인생항로 구축

인성과 리더십

4차 산업혁명시대 스워라밸

study-work & life balance leadership

12 리더되기 비전 로드맵

1 자기 이해

내가 누구인가에 대한 궁금증과 함께 자기를 이해하기 위한 노력은 동서고금을 막론하고 계속되어 왔다. 그리스 철학자 Socrates는 델포이 신전에서 아테네 사람 중에서 가장 현명하다는 신탁을 전해 듣게 되면서 "너 자신을 알라(know yourself)"라고 말하였다. 그는 명망 있는 정치가, 예술가, 학자들과 대화한 후 놀라운 공통점을 발견하게 되었는데 그 누구도 자신이 모른다는 사실을 모르고 있다는 것을 알게 되었다. 자신을 안다는 것은 매우 어렵고 힘든 일로서 공자를 비롯한 성현들은 Socrates와 비슷하게 '내가 모른다는 것을 알고 있다'는 것을 다음과 같이 주장하고 있다.

표 12-1 3대 성현들의 자신의 이해

공자	노자	석가모니
아는 것을 안다고 하고 모르는 것을 모른다고 하는 것, 그것이 진정으로 아는 것이다.	모른다는 것을 아는 것이 으뜸이요, 모르면서도 안다고 하는 것은 병이다.	모든 고통의 원인은 지혜를 모르는 무지에서 비롯된다.

1) 자기 이해

인간은 자기와 외부세계의 경계가 허물어질 때, 가장 심각한 정신 병리[1]를 겪게 된다. 자기(self)는 '나'에 대한 심리학적 용어이며 세상은 '자기'와 '외부세계'로 나뉜다.

① 인간이 가지고 있는 '자기'에 대한 관심은 그 무엇보다 크다. 나는 누구인가?(정체성), 나는 어떤 사람인가?(성격 특성), 나는 어떻게 이루어져 있는가?(구성요소)

② '나 자신을 아는 것'은 가장 큰 지혜이자 경외의 대상이다. 따라서 내성(內省, introspection)을 통하여 자기 자신을 끊임없이 관찰하게 된다.

③ 인간관계의 50%를 구성하는 중요한 요소이다. 자기에 대한 이해는 인간관계에 대한 이해이며, 자기의 성숙은 인간관계의 성숙이라고 말할 수 있다.

표 12-2 학자별 자기에 대한 접근

학자	자기에 대한 이해
William James	① 물질적 자기 : 육체, 건강, 소유 등을 포함하는 가시적인 측면 ② 심리적 자기 : 성격, 능력, 적성 등과 같은 내면적 특성 ③ 사회적 자기 : 타인과의 관계 속에서 드러나는 위치와 신분 ※ 인간관계의 관점에서 볼 때, 자기는 타인과의 관계를 통하여 규정된다. 예) 엄마, 아들, 동생, 선생, 부하, 리더 등
Pervin	① 자기는 경험세계의 주된 부분이다. : 대화, 상담의 과정에서 가장 많이 언급된다. ② 자기는 세상을 해석하는 양식을 반응한다. : 경험의 중재자로서 기능한다. ③ 자기는 다양한 상황에서의 다양한 기능에 통일성을 부여한다. : 일관성, 고유성을 갖게 된다.
Higgins	① 현실적 자기(A: actual self) : 현실적이고 실제적인 자신의 모습 ② 이상적 자기(I: ideal self) : 이상적으로 보유하고 싶어 하는 자신의 모습 ③ 의무적 자기(O: ought self) : 의무적으로 보유해야 한다고 여기는 자신의 모습 ④ 가능한 자기(P: possible self) : 앞으로 노력하면 달성가능하다고 여기는 자신의 모습

1) 정신분열증 환자들의 환각경험, 망상

④ 인간은 자기에 대한 이해 또는 자기들 사이의 불일치(괴리)를 지각할 때 심리적 고통을 경험하며, 이러한 불일치를 감소시키고자 하는 동기를 가지고 있다.

⑤ 현실적 자기에 불만족할 뿐만 아니라 이상적 자기나 의무적 자기와도 불일치한다고 하더라도 가능한 자기의 중요성을 인식하는 것이 필요하다.

- 자신이 노력하면 그러한 기준에 도달할 수 있다는 자신감과 효능감이 있으면 불안과 불만은 일시적으로 그치게 되고, 심리적인 압박감과 부담감이 감소될 수 있다.
- 아무리 노력해도 이상적 자기나 의무적 자기에 도달할 수 없다고 느낄 때는, 좌절감과 절망감이 더욱 심해져서 무기력하게 되거나 우울증상을 보이게 된다.

2) 자기의 발달과정

① 초기 아동기 : 기분, 선호, 혐오를 중심으로 자기를 기술

　예 나는 기분이 좋아, 나는 아이스크림을 좋아해, 나는 고양이가 싫어.

② 후기 아동기 : 타인이나 규준과의 비교를 중심으로 자기를 기술

　예 나는 동생보다 힘이 세, 나는 철수보다 공부를 잘 해.

③ 초기 청년기 : 인간관계의 특징을 중심으로 자기를 기술

　예 나는 외향적이고 활달한 사람이야, 나는 남의 말을 잘 듣는 편이야.

④ 후기 청년기 : 신념, 철학, 도덕 등을 중심으로 자기를 기술

　예 나는 세상이 살아갈 만한 곳이라고 생각하는 사람이야, 나는 낙관적인 사람이야.

3) 자기 이해의 방해요인

사람은 지금보다 더 나은 삶을 살아가기 위하여 자신을 제대로 이해하는 것이 매우 중요하다. 나를 제대로 이해하기 위해서는 자신이 얼마나 알고 있는지를 스스로 자기 점검(self-awareness)과 자기 인식을 해볼 필요가 있다. 내가 좋아하는 것은 무엇인지, 내가 잘하는 것은 무엇인지, 어떤 것을 갈망하며 이루고 싶은지, 어떤 사람과 어울리기를 좋아하고, 어떤 삶을 살고 싶은지를 진지하게 생각해 볼 필요가 있다. 즉, 자기 인식은 자신에 대한 관찰과 평가를 통하여 본성과 성격, 가치관과 신념, 기대와 열망, 감정과 행동패턴 등에 대하여 바르게 지각하는 것이라 할 수 있다. 자기 인식을 위해서는 자기 중심적이고 편향적인 사고를 지양하는 것이 필요하다.

표 12-3 자기 위주 편향 극복방법

구분	내용
360° 피드백	자신은 물론 상사 · 동료 · 후배들로부터 본인의 행동에 대하여 설문이나 인터뷰를 하여 객관적으로 자신을 피드백하는 것이다. 주기적 · 지속적으로 실시하여 극복하는 것이 바람직하다.
자기-타인 일치법 (self-other agreement)	자신의 평가와 다른 사람들의 자기에 대한 평가가 어느 정도 차이가 나고 일치하는가를 보는 것이다. 이를 통해 자기인식의 정확도를 높여준다.
자기 사례 기술법 (self-narative)	자신의 인생노정(성공 · 실패 등 결정적 주요사건)을 기술하는 과정에서 삶의 지혜를 얻는 방법이다. 자신의 경험을 지속적으로 기술하고 관찰 · 성찰해 가는 과정에서 리더십을 개발해 나갈 수 있다.

자료: Day, D. V. 외(2014).

4) 자기를 이해하는 방법

자기를 이해하기 위해서는 나는 누구인가?라는 질문과 그에 대한 답을 찾는 다음과 같은 노력으로부터 시작한다.

첫째, 자기에 관한 지식의 근원이 어디에서 나왔는지에 대한 출처를 알아본다.

둘째, 대학생으로서 주어진 사회 환경에서 다양한 관점은 다양한 질문을 만들게 되고 다양한 질문은 자신을 이해하는 데 도움이 된다.

셋째, 자신의 과거, 현재 미래와의 대화를 통하여 자신을 이해하게 된다.

넷째, 성격검사 도구를 포함한 여러 가지 자기 탐색 도구를 활용하는 방법 등이 있다.

(1) 자기에 관한 지식(self-knowledge)의 출처

① 자신의 내면을 관찰함으로써 자기가 누구인지 알게 된다.

인간이 지닌 반성적 능력, 내성 능력을 통해서 자기를 파악할 수 있다. 또한 자신의 생각, 감정을 관찰하여 다른 사람들이 모르는 자신의 측면을 발견하고자 한다.

㉺ 성적인 생각이 자주 떠오르는 사람 → "나는 속물이야"

② 자신의 외면을 관찰함으로써 자기가 누구인지 알게 된다. 자신의 외적인 행동을 근거로 자기를 파악할 수 있다.

㉺ 대통령을 지지하는 글을 쓰게 함 → 대통령을 지지하는 글을 씀 → 자신의 행동(대통령 지지 글 작성)을 근거로 자신의 태도를 추론한다(나는 대통령을 지지하는 사람이다)

③ 타인의 피드백을 통해서 자기가 누구인지 알게 된다.

타인의 입장에서 자신을 들여다봄으로써 자기를 파악할 수 있다. 특히, 자신을 대하는 타인의 행동으로부터 자기를 추론한다.

㉺ 아빠가 나를 향해 웃는 것을 보니, "나는 착한 사람이야", 엄마가 나를 야단치는 것을 보니, "나는 참 몹쓸 아이야"

(2) 자기 이해 4가지 관점의 질문

자기를 이해하는 데에는 다양한 관점에서 입체적으로 바라보는 것이 필요하다. 특히 자신이 아닌 상대방의 입장에서 나에게 질문해 보고 바라보는 연습이 중요하다. 즉, 가정, 학교, 직장 및 조직 속에서 내가 생각하는 나, 다른 사람이 바라보는 나, 내가 원하는 이상적인 나의 모습을 비교하게 되면 자신을 이해하는 데 도움이 된다. 자신을 이해하는 데 도움이 되는 4가지 관점에서의 질문은 다음과 같다.

첫째, 나의 생각과 감정을 인식하고 행동으로 나타나는 나를 표현하는 단계이다. 나의 관점에서 나를 바라보는 연습으로서 내 안에서 일어나는 현상을 주의 깊게 관찰해 본다.

둘째, 가족 간의 관계 속에서 나를 바라보는 연습이다. 부모나 형제 그리고 나 사이에서 나의 느낌과 감정을 통해 일어나는 정서의 변화를 인식하고 표현해 본다. 또한 부모 및 형제자매의 입장에서 나를 바라보는 연습을 한다.

셋째, 대학 생활 간에 나를 바라보는 연습을 해 본다. 대학 재학 중 교수와 나, 선배와 나, 동급생과 나, 후배와 나, 이성 친구와 나 사이에서 일어나는 기대, 욕구, 열망 등을 표현해 본다. 추가로 교수 입장에서 선후배 동료 입장에서, 이성 친구 입장에서 나를 바라보는 연습을 한다.

넷째, 대학생은 재학기간 중에 직업 선택과 진로에 대한 준비를 하게 된다. 따라서 졸업 후 근무하게 될 직장 안에서 나를 바라보는 연습을 미리 해본다. 상사와 나, 동료와 나, 팀원과 나 사이에서 나의 느낌과 감정을 인식하고 표현하는 예행연습을 한다. 반대로 상사의 입장에서 동료의 입자에서 팀원의 입장에서 나를 바라보고 평가하는 연습을 추가해 본다.

(3) 자기 탐색도구 활용

자기를 탐색하는 도구는 MBTI, 에니어그램, K-TDRA 성격검사 등이 있는데 본서에서는 진로 적성검사를 통하여 자신을 탐색해 보도록 한다.

2 셀프 비전 로드맵 구축

인간은 누구나 꿈을 지니고 있으며 특히 대학생 시절은 더욱 이루고 싶은 많은 꿈을 품고 사는 시기이다. 누구나 그 꿈을 실현해 나가기 위하여 노력하지만 꿈을 실현하기도 하고 이루지 못하고 좌절하는 경우도 있다. 따라서 대학생으로서 자신이 계획한 인생의 목표에 도달하고 꿈을 실현하기 위한 전략이 필요하다. 이를 위해 유흥위(2015)가 개발한 『My 꿈의 노트』 '내 꿈으로 진로를 로드맵하자'를 참고로 하여 셀프 비전 로드맵을 다음과 같이 구축해 나가도록 하였다.

단 계	내 용
1단계 자기 탐색 프로그램	• 나는 누구일까? • 나를 알고 꿈의 여행을 떠나자 – 나를 알기 : 홀랜드 적성검사
2단계 나의 비전과 인생항로	• 나의 인생항로 그리기 • 꿈 목록 작성하기 • 꿈의 시각화 • 꿈 멘토 만들기 • 꿈 편지 쓰기(미래의 나에게) • 꿈 명함 만들기

3 셀프 리더십 따라 하기

1) 1단계 : 자기 탐색하기

(1) 나에 대한 이해

나는 누구인가?
나는 어떤 사람일까?
나를 알고 꿈(비전)을 찾아 떠나보자

이름 ____________ 나이 ____ 대학 ____________ . 전공 ____________ 학년 ____

끼		
꾼		
꿈		

※ 본인이 생각하고 있는 끼. 꾼. 꿈을 정리한다

(2) 홀랜드 적성탐색 검사지(약식)

① 전혀 그렇지 않다 ② 그렇지 않다 ③ 그렇다 ④ 매우 그렇다

구분	좋아한다	내 용	잘한다
R 유형	① ② ③ ④	자동차와 관련된 일	① ② ③ ④
	① ② ③ ④	운동 등 몸을 움직이는 일	① ② ③ ④
	① ② ③ ④	동물을 돌보는 일	① ② ③ ④
	① ② ③ ④	모형을 조립하거나 만드는 일	① ② ③ ④
	① ② ③ ④	컴퓨터나 기계를 다루는 일	① ② ③ ④
	① ② ③ ④	실외(바깥에서 일하는) 일	① ② ③ ④
		⇦ 점수 합계 ⇨	
I 유형	① ② ③ ④	퍼즐(문제) 맞추기	① ② ③ ④
	① ② ③ ④	실험하기	① ② ③ ④
	① ② ③ ④	과학과 관련된 연구하기	① ② ③ ④
	① ② ③ ④	수학 문제 푸는 일	① ② ③ ④
	① ② ③ ④	관찰, 발견하는 일	① ② ③ ④
	① ② ③ ④	문제, 상황, 경향 등을 분석하는 일	① ② ③ ④
		⇦ 점수 합계 ⇨	
A 유형	① ② ③ ④	독립적으로(혼자서) 일하는 것	① ② ③ ④
	① ② ③ ④	예술 또는 음악에 대한 책을 읽는 것	① ② ③ ④
	① ② ③ ④	창조적으로(남과 다르게) 일하기	① ② ③ ④
	① ② ③ ④	그림 그리기	① ② ③ ④
	① ② ③ ④	악기를 연주하거나 노래하는 일	① ② ③ ④
	① ② ③ ④	글쓰기	① ② ③ ④
		⇦ 점수 합계 ⇨	

구분	좋아한다	내 용	잘한다
S 유형	① ② ③ ④	사람을 가르치거나 교육하는 것	① ② ③ ④
	① ② ③ ④	다른 사람의 문제해결을 돕는 것	① ② ③ ④
	① ② ③ ④	조직을 만들어 함께 일하는 것	① ② ③ ④
	① ② ③ ④	사람들을 편안하고 즐겁게 해주는 일	① ② ③ ④
	① ② ③ ④	사람들을 돕는 일	① ② ③ ④
	① ② ③ ④	사람들을 위로하기	① ② ③ ④
		⇦ 점수 합계 ⇨	
E 유형	① ② ③ ④	자신의 목표를 세우는 것	① ② ③ ④
	① ② ③ ④	사람들을 설득하거나 영향을 주는 것	① ② ③ ④
	① ② ③ ④	물건 파는 일	① ② ③ ④
	① ② ③ ④	새로운 책임을 맡는 것	① ② ③ ④
	① ② ③ ④	연설하기	① ② ③ ④
	① ② ③ ④	지도자가 되는 것	① ② ③ ④
		⇦ 점수 합계 ⇨	
C 유형	① ② ③ ④	컴퓨터로 문서를 만드는 일	① ② ③ ④
	① ② ③ ④	서류, 사무실 등을 정리하는 것	① ② ③ ④
	① ② ③ ④	하루 생활을 짜임새 있게 계획하는 일	① ② ③ ④
	① ② ③ ④	명확한 지시사항이 있는 일 하기	① ② ③ ④
	① ② ③ ④	숫자나 그림을 이용하는 일	① ② ③ ④
	① ② ③ ④	사무실 안에서 일하는 것	① ② ③ ④
		⇦ 점수 합계 ⇨	

홀랜드(RIASEC) 검사 프로파일

유 형		실재형(R)	탐구형(I)	예술형(A)	사회형(S)	기업형(S)	관습형(C)
순위	좋아한다						
	잘한다						

코드	유 형	성격 적성	대표적 직업
R	실재형	• 신체적으로 건강하며, 말이 적으며 과묵함 • 솔직하고, 성실하고, 검소하며, 소박하고 순박함 • 기계를 다루는 적성이 높음	기술자, 엔지니어, 농부 자동차 정비사, 전자수리기사 전기기사, 운동선수
I	탐구형	• 지적인 호기심과 탐구심이 많고, 논리적 · 분석적 · 합리적이며, 혼자서 하는 일을 잘함 • 수학적 · 과학적 적성이 높음	과학자, 의사, 생물학자, 화학자, 인류학자, 물리학자
A	예술형	• 상상력이 풍부하고, 감수성이 강하며 자유분방하며 개방적임 • 예술에 소질이 있고 창의적 적성이 높음	예술가, 연예인, 소설가, 미술사, 음악가, 무용가, 디자이너
S	사회형	• 타인에게 친절하고, 이해심이 많음, 봉사적임 • 남을 도와주는 것이 즐겁고, 인간관계 능력이 뛰어나며, 사람들과 함께하는 것을 좋아함	심리상담가, 사회복지사, 교사, 종교인, 간호사, 유치원, 어린이집 교사
E	기업형	• 열정적이며 여심을 가지고 경쟁심이 있음 • 리더십이 있고, 설득력이 뛰어남 • 외향적이고 통솔력이 있음 • 언어적성이 뛰어남	정치가, 경찰, 판 · 검사 영업사원, 보험회사원
C	관습형	• 규범적이고 책임감이 뛰어나며, 계획성이 있음 • 전통을 중시하고 변화를 좋아하지 않음 • 사무적 능력과 계산 능력이 높음	세무사, 회계사, 경리 행정공무원, 은행원, 감사원

(3) 진로 포트폴리오 및 진로·직업 우선 순위 정하기

진로 · 직업
포트폴리오

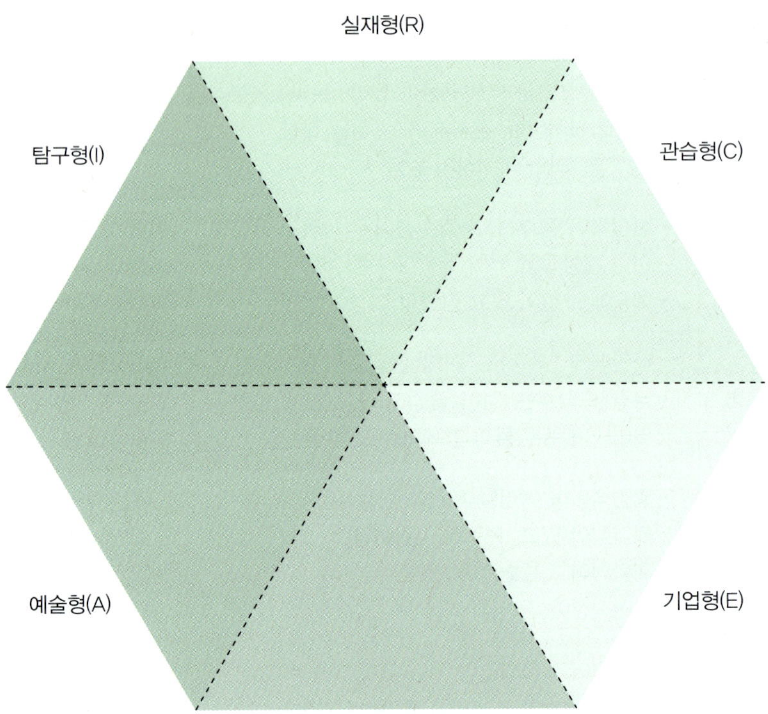

* 홀랜드 육각형에 분야별로 직업을 찾아서 자신이 하고 싶은 직업이 있으면 작성한다.

진로 · 직업 우선순위

1

2

3

4

5

자신이 하고 싶은 직업 5가지를 우선순위에 따라 작성한다.

코이의 법칙을 아시나요?

관상어 코이라는 물고기가 있답니다.
신기하게도 코이를 작은 어항에 넣어두면 최대 10cm까지밖에 자라지 않고, 커다란 연못이나 수족관에 넣어두면
최대 25cm나 자라게 되며, 강물에서는 90~120cm 까지 자랍니다.

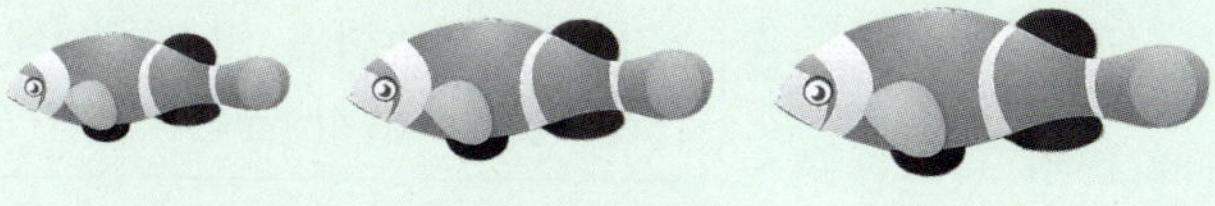

여러분! 물론 작은 어항에서는 위험도 작아요.
그러나 강물에서는 생존하는 데 위험과 난관이 크게 된답니다.
여러분들의 꿈이 클수록 어려운 난관이 있겠지만 꿈이 크면 클수록
여러분의 성취도와 보람도 크게 될 겁니다.

2) 2단계 : 나의 비전과 인생항로

(1) 나의 인생항로 그리기

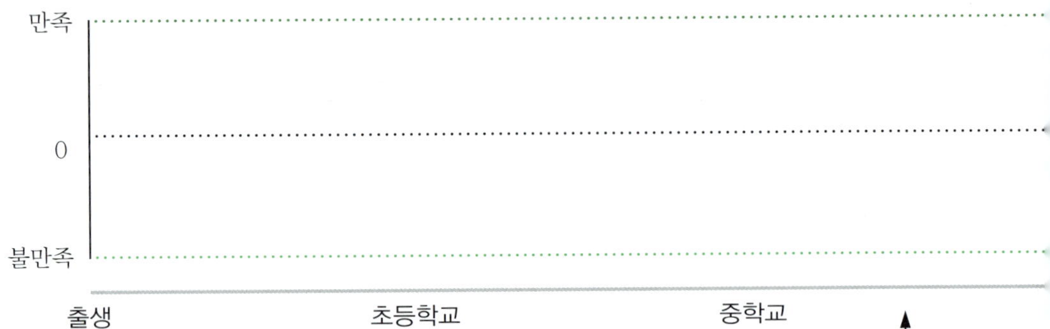

반기문 전UN사무총장의 비전 실현 과정

1단계 꿈 씨앗 뿌리기
중학 3년 겨울방학 때 'TIME' 잡지를 보고
영어공부 시작(인생 항로에 큰 영향을 미침)

교훈	뚜렷한 목표와 꿈을 이루기 위한 공부 자기의 부족함을 알고 채우는 노력 꾸준한 책 읽기 습관
반기문 총장의 충고	자기가 하는 일에 '몰두하라', 만나는 사람에게 '겸손하라', 어떤 위기가 닥쳐도 '꿈을 포기하지 마라!'

고등학교 대학교 성인

2단계 꿈(비전) 태동

영어교사(김성태)를 만나 미국인과 영어공부 시작
김교사의 멘토링으로 외교관의 꿈을 키움

3단계 비전 선언

고3(1962년) 외국인 미국연수프로그램(VISTA)으로
미국 연수 43개국 117명 학생 중 반기문에게 케네디
미대통령이 장래희망을 질문하자 "외교관"이라고
당당하게 답변

(2) 꿈 목록 작성하기

꿈목록 작성하기

존 고다드를 아세요?
존 고다드는 15세 때 자신만의 꿈 목록을 작성했습니다.

독수리 스카우트 단원 되기, 높이뛰기 1M 50cm 기록 세우기 같은 소박한 꿈부터 내셔널 지오그래픽 지에 기사 싣기, 북극과 남극 여행하기, 에베레스트 산 오르기, 배를 타고 지구를 일주하기 등등 크고 작은 꿈 127개를 작성합니다.

그리고 그것을 하나씩 이루어 나갔죠.
15세에 기록한 127개의 꿈 중 111개를 이루고, 500개가 넘는 꿈들을 더 이뤄냈습니다. 재밌게 보이지 않으세요?
자, 우리도 꿈의 목록을 작성해 봐요.

꿈을 작성할 땐, 현실에도, 형식에도, 한계에도, 그 어떤 것에도 구애받지 말고 주욱~ 적어보세요.
곧 그 꿈이 현실로 나타날 것입니다.^^

나의
꿈 목록

(구체적으로 작성)

1.

2.

3.

4.

5.

6.

7.

8.

9.

10.

11.

* 별도의 꿈목록 노트를 만들어 작성해 보자

(3) 꿈의 시각화

꿈을 꾸는 것은 누구나 할 수 있습니다.
하지만 꿈을 이루려는 노력과 시간에 대한 투자가 없다면 단지 마술램프 속 지니에게 이룰 수 없는 소원을 비는 것과 같습니다.

꿈을 꾸셨나요?
그렇다면 그 꿈을 이루기 위한 구체적인 목표를 세우고 실천을 할 때입니다.

여러분의 꿈을 밖으로 내보이고 구체적이고 체계적으로 꿈을 시각화 해 보세요.

여러분의 꿈을
시각적으로 스크랩하세요

(4) 꿈 멘토 만들기

꿈 멘토 만들기

Q. 내가 제일 존경하고 닮고 싶은 사람은?

Q. 나에게 가장 큰 영향을 준 사람은?

Q. 내가 제일 좋아하는 사람은?

Q. 내가 이 사람을 존경하는 이유는?

Q. 내가 이 사람처럼 되기 위해 노력해야 할 부분은 무엇일까?

존경하는
사람의 사진을 붙이세요

(5) '꿈' 편지 쓰기(미래의 나에게)

'꿈' 편지 쓰기
(미래의 나에게)

5년 후______________에게

* 이후 10년 단위로 미래의 나에게 편지를 작성한다

(6) 미래의 내 명함 만들기

미래의 명함 만들기

자기의
미래 명함을 만들어 보세요

(앞)

(뒤)

참/고/문/헌

강정애 · 이상욱 · 이상호 · 이호선 · 차동옥(2011). 『현대조직의 리더십이론』. 시그마프레스.

강성법 · 정수용(2017). 『비즈니스 문서작성의 기술』. 영진닷컴.

권정호 · 김동원 외(2008). 『인간관계와 리더십』. 양서원.

김광수 외(2003). 『대학생과 리더십』. 학지사.

김경섭 · 김원석 역(1994). 『성공하는 사람들의 7가지 습관』. 김영사.

김남희(2014). 『심리학용어사전』. 한국심리학회.

김동윤(2013). 『인간관계 이론』. 커뮤니케이션북스.

김영희 · 이건웅 · 이슬철(2012). 『누구도 피할 수 없는 우리 행동의 4가지 특성』. 학이시습.

김영훈(2006). '병원종사자의 조직구조 및 조직문화 인식과 조직갈등 경험. 조직몰입 간의 관계'. 한국학술정보(주).

김세우(2007). 비전 : 『인생을 성공으로 이끄는 셀프리더십』. 한솔아카데미.

김유정 외(2007). 『개인 · 관계 · 사회』. 양서원.

김은영 · 김대곤 · 김미영 · 김이영 · 박정연 · 심정묘 · 이행기 · 임용숙 · 정다운 · 최병태 (2017).
『인성과 리더십』. 양성원.

김이영 · 이우언 · 배기효 · 김병찬 · 정선화 · 정왕용(2013). 『정신건강론』. 양서원.

김주엽 · 송계충 · 정범구 · 박상언(2012). 『조직행위론』(제3판). 경문사.

김창걸(2003). 『교육조직 행위론』. 형설출판사.

나은영(2016). 『인간커뮤니케이션과 미디어』. 한나라아카데미.

동의과학대학(2010). "성공적인 직무수행을 위한 자기개발능력 교수용 매뉴얼". 한국전문대학교육협의회.

디로이트(2015). 『위기관리 리더십(Crisis Management)』. Enterprise Risk Service Governance, Regulatory & Risk(리스크 관리).

로타르 자이베르트(Rothar J. Seiwert)(이은주 역, 2005). 『자이베르트 시간관리』. 한스미디어.

마틴 셀리그만(김인자, 2009). 『마틴 셀리그만의 긍정심리학』. 물푸레.

말콤 글래드웰(노정태, 2009). 『아웃라이어』. 김영사.

박권생 · 최이순(2008). 『문제해결요법』. 학지사.

박유진(2009). 『현대사회의 조직과 리더십』. 양서각.

박유진 · 이영우(2010). 『리더십의 이론과 진단』. 양서각.

박윤희(2011). 『진로 탐색 및 직업 선택』. 시그마프레스.

박원우(1997). 임파워먼트 실천 매뉴얼. 시그마 인사이트 그룹.

박완순 · 이정근(2012). 『인성공부』. 벗나래.

배수진(2000). 『최신 스트레스 관리』. 학문사.

보건복지부(2010). 『요양보호사 공통 표준교재』. 들샘.

배정훈 · 송경수(2014). 『리더십 에센스』 개정증보 3판. 형설출판사.

변상우 · 허갑수(2014). "비전이 학교생활에 미치는 영향에 관한 연구". 경영과 정보 연구, 33(3), 155-166.

부산대학교 교수학습지원센터(2009). 『나의 성공학습 프로젝트』.

송영선(2006). "현대 경영 패러다임에 적합한 켄 블랜차드의 상황대응 리더십Ⅱ 모델의 한국 기업 적용 효과성 연구", 역량개발학습연구.

세계교육정책 인포메이션(2016). "미래 사회가 요구하는 21세기 핵심역량과 한국 교육". 세계교육정책 인포메이션 6호.

신유근(1993). 『조직론』. 다산출판사.

신응섭 · 이재윤 · 남기덕(2016). 『리더십의 이론과 실제』. 학지사.

신철우(2002). 『조직행동론』. 문영사.

신화식 · 이순창 · 윤길근 · 이희경 · 주은희 · 진성애 · 이영미 · 김상림(2013). 『대학생과 리더십』. 교문사.

유종연(2012). 『보고서 불변의 법칙』. 미래와 경영.

유흥위(2015). 『My 꿈의 노트』. 고양여성인력개발센터 · 한국심리상담지도협회.

육군대학(1993). 『합동참모장교지침서』. 군사과학자료 제203호.

윤대혁(2010). 『인간관계와 커뮤니케이션』. 탑북스.

이경우(2007). 『커뮤니케이션과 대인관계』. 역락.

이동훈(1999). 『위기관리의 사회학』. 집문당.

이용규(2009).『대학생을 위한 진로지도』. 신광문화사.

이지성(2005).『18시간 몰입의 법칙』. 맑은소리.

이학종 · 박헌준(2004).『조직행동론』. 법문사.

이해선 · 김은미(2011).『인성과 자기계발』(개정판). 정민사.

정다운(2009). "보육시설의 조직 커뮤니케이션과 갈등 몰입에 관한 연구" 가톨릭대 학교 대학원 박사학위 논문.

정명복 · 유홍위(2015).『삼위일체 리더십』. 양서각.

정일환 · 정현숙 · 김정희(2013).『교육행정 및 교육경영』. 대구가톨릭대학교 출판부.

정철상(2011).『가슴 뛰는 비전』. 중앙생활사.

조성진(2015).『진로설계와 코칭리더십』. 정민사.

조성진 · 지희진(2016).『인성함양과 자기계발』. 양성원.

조성진(2017).『인성함양과 자기계발 이해와 실천』. 양성원.

조성진 · 지희진(2014).『바른 인성과 자기계발』. 정민사.

조용현(2005). "상황적 리더십 이론의 확장 : 상황변수와 분석수준을 중심으로". 한국인사 · 조직학회. 3-27.

톰 버틀러 보던(이정은 역, 2009).『내 인생의 탐나는 자기계발 50』. 흐름출판.

최병순(2011).『군 리더십 이론과 사례를 중심으로』. 북코리아.

최은수 · 권기술 · 진규동 · 손판규 · 김민서(2013).『뉴 리더십 와이드』. 학지사.

하이럼 스미스(김경섭 · 이경재 역, 1998).『성공하는 시간 관리와 인생 관리를 위한 10가지 자연법칙』. 김영사.

한림학사(2007).『통합논술 개념어 사전』. 청서출판.

Bass, B. M. (1985). *Leadership and Performance Beyond Expectations*. New York : Free Press.

Beck, A. T. (1976). *Cognitive therapy and emotional disorders*. NY : International Universities Press.

Bill Withers(조직경 역, 2008).『갈등관리』, Credu.

Brewer, M. B. (1979). In-group bias in the minimal intergroup situation : a cognitive-motivational analysis. *Psychological Bulletin*, 86, 307-324.

Burns, J. M. (1978). *Leadership*. New York: Arper & Row.

Cohen, M. R., & Anthony, W. A., Farkas, M. D. (1997). Assessing anddeveloping readiness for psychiatric rehabilitation. *Sychiatric Services*.

Conger, J. & Kanungo, R. (1987). Toward a Behavioral Theory of Charismatic Leadership in Organizational Setting. *Academy of Management Review*, 12, 637–647.

Dansereau, F. Green, G., & Haga, W. (1975). *A vertical dyad linkage approach to leadership in formal organizations*. Organizational Behavior and Human Performance.

Development of Leader–Member Exchange(LMX) Theory of Leadership Over 25 years : Applying a Multi–Level, Multi–Domain Perspective. *Leadership Quarterly*.

Greenleaf, R. K (2002). *Servant Leadership: A Journey into the nature of Legitimate Power and Greatness*. Mahwah, Paulist Press.

Golemen, D. Boyatzis, R., & McKee, A. (2002). *Primal leadership: Realizing the power of emotional intelligence*. Boston, MA : Harvard Business School Publishing.

Graen & Uhl–Bien(1995). Relationship–based approach to leadership : Development of Leader–Member Exchange(LMX) Theory of Leadership Over 25 years : Applying a Multi–Level, Multi–Domain Perspective. *Leadership Quarterly*.

House, R. (1971). A Path–Goal Theory of Leader Effectiveness. *Administr ative Science Quarterly*, 16.

Hitt, W. D. (1988). *The Leader-Manager: Guidelines for Action*. Columbus, OH : Battelle Press.

Kelly, R. E. (1988). In Praise of Followship. *Harvard Business Review*.

Macleod, & Les, (2012). Making SMART Goals Smarter. *Physician Executive*. 38(2), 68–70.

Miller, W, R., & Rollinick, S. (2002). *Motivational interviewing*

Presthus, R. (1978). *The Organizational Society*, Revised ed., New York : St. Martin's Press.

Rahim, M. A. (2010). *Managing Conflict in Organizations*. Transaction Publishers. Retrieved 11 October 2012.

Rechardson, J. (1988). *Crisis Management : A Critical Repraisal*, Gilbert Winham, ed., New Issues in International Crisis Management, Bounder; Westview Press.

Schein, E. H. (1970). *Organizational Psychology*, 2nd ed., Englewood Cliffs, N. J. : Prentice–Hall.

Scott, R. (2003). *Organization : Rational, natural, and open system*(4th edition). Upper Saddle River, New Jersey : Prentice Hall/Pearson Inc.

Sims, H. P., & Lorenzi, P. (1992). *The New Leadership Paradigm: Social Learning & Cognition in Organizations*. New Bury Park, California : Sage Publications, Inc.

Vecchio, R. P. (1987). Situation leadership theory : An examination of a prescriptive theory. *Journal of Applied Psychology*.

Weber, M. (1947). *The Theory of Social & Economic Organization*. New York : The Free Press.

https://www.authentichappiness.org

https://www.ko.wikihow.com

찾/아/보/기

인명

내용

저자 약력

구자억

중국 베이징사범대학 교육학박사

현) 서경대학교 대학원장 겸 인성교양대학장

서경대학교부설 학교교육컨설팅 연구소장, 한국창업교육학회장

한국교육기관 컨설팅학회 회장, 사)한중교육교류협회 회장, 한중미래전략포럼회장

전) 교육부정책자문위원회 위원, 한국교육개발원 선임연구위원, 기획처장, 대학통계평가본부장

저서 및 논문

학교자체평가론(공저), 한국의 미래학교 이야기(공저), 동서양 주요 국가들의 영재교육

학교컨설팅의 이론과 실제(공저), 주요선진국의 대학발전 동향 이론과 실제(공저) 외

유흥위

공주대학교 대학원 문학박사

현) 공주대학교 안보대학원 교수

한국군사회복지학회장, 한국심리상담지도협회장, 교육협동법인 Fun&Rock 이사장

사)경기도청소년보호연맹장, 경기뉴스탑 논설주관, 교육복지재단 에벤에셀 상임이사

전) 한국청소년상담심리학회장

저서 및 논문

삼위일체리더십(공저), 생활지도와상담(공저), 청소년꿈의노트, 군사회복지론, 직업상담사(공저)

군복지와 상담(공저), K-TDRA성격유형검사, KHEI한국진로학습유형검사(초 · 중 · 고용) 외

유연웅

한세대학교 대학원 사회복지학박사

현) 극동대학교 교수

한국군사회복지학회 부회장, 국회부설 한국폭력학대예방협회 대외협력실장

서경대학교 한국학교컨설팅연구소 연구위원

전) KC대학교 평생교육원장, 전국대학평생교육원협의회 이사

저서 및 논문

사회초년병 필살기, 군사회복지와 상담(공저), 대학생들의 국가안보의식에 관한 연구
군사회복지론(공저), 긍정적 부모양육태도와 정서적 문제행동 간의 인과관계 연구 외

안수진

경희대학교 대학원 관광학박사

현) 서경대학교 인성교양대학 외래교수
 서경대학교 한국학교컨설팅연구소 연구위원, 복합리조트게이밍연구센터 연구원
 미식문화관광협회 재무이사, 한식교육협회 총무이사, 한국관광학회 호텔외식경영분과 이사

전) KC대학교 웨딩파티산업경영학과 겸임교수

저서 및 논문

스마트 호텔 속성에 따른 이용과 충족에 관한 연구, 예비창업자, 재창업자, 기존창업자의 지속가능한 외식 창업에 관한 연구, 지자체 관광수용태세 경쟁력 종합분석 외

최선애

선문대학교 대학원 교육상담학 박사수료

현) 한국복지사이버대 초빙교수
 해밀마음치유센터장, 한국군사회복지학회 총무분과위원장, 사)경기도청소년보호연맹 사무처장
 경기도군인가족지원센터장, The American of Counseling & Psychotherapy 교육상담분과위원

전) 태안성문화센터장, 한국청소년상담심리학회 총무분과 위원장

저서 및 논문

군복지와 상담(공저), 전문직업큐레이터(공저), 청소년 진로 꿈 노트(공저), 직업상담사(공저)
특수아동지도, 군사회복지론(공저), 다문화 군대를 대비한 민과 군의 준비방향 관한 제언 외

4차 산업혁명시대 스워라밸 인성과 리더십

1판 1쇄 발행 2019년 2월 15일
1판 4쇄 발행 2024년 7월 30일

지 은 이 | 구자억 · 유흥위 · 유연웅 · 안수진 · 최선애
발 행 인 | 박철용
발 행 처 | 양서원
주 소 | 경기도 파주시 직지길 522 파주출판도시
전 화 | 031-955-8000(代)
팩 스 | 031-955-8005
홈페이지 | www.yswpub.co.kr
이 메 일 | yswgroup@naver.com
출판등록 | 1987년 11월 24일 제 406-2003-037 호

ISBN 978-89-994-0881-6

정가 19,000원